의사결정의 최고권위자

ony

계를 전문으로 하는 경

영대학원인 HEC파리

겸임교수로 경영전략, 의사결정, 문제해결을 가르치고 있다. 또한 옥스퍼드대학교 사이드비즈니스스쿨의 부연구원을 겸하고 있다.

1991년부터 2015년까지 25년간 맥킨지앤컴퍼니에서 프랑스와 미국을 오가며 글로벌 기업의 최고경영자와 고위 임원들에게 전략적 조언을 제공했으며, 소비재 및 소매 부문 리더를 역임했다.

전략적 의사결정 분야의 권위자인 올리비에 시보니는 30년간 탁월한 결정을 내리는 데 도움을 주는 실용적인 도구와 솔루션을 찾기 위해 노력해왔다. 그는 기업의 리더와 조직이 저지르는 끔찍한 실수에는 공통점이 있다며,《선택 설계자들》에서 리더와 조직을 함정에 빠뜨린 9가지 편향을 선별하고, 이를 극복하게 하는 40가지 기법을 제시한다. 그의 30년 연구 성과를 오롯이 담은 이 책은 "비즈니스 의사결정 분야의 결정판"으로 평가받으며, 2019년 맨파워재단Manpower Foundation으로부터 최우수 경영서상을 수상했다.

전략적 의사결정에 대한 저술과 강연을 활발히 이어가고 있는 올리비에 시보니는 대니얼 카너먼과《노이즈Noise》,《중대한 의사결정을 하기 전에Before you make that big decision》를 공저했으며, 그의 연구 논문들은 〈하버드 비즈니스 리뷰Harvard Business Review〉 및 〈MIT 슬론 매니지먼트 리뷰MIT Sloan Management Review〉 등에 소개되었다.

선택 설계자들

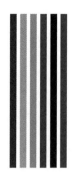

선택 설계자들

어떻게 함정을 피하고
탁월한 결정을 내릴 것인가

올리비에 시보니 지음 | 안종희 옮김

INFLUENTIAL
인 플 루 엔 셜

- 경영 의사결정에 관한 연구를 바탕으로 한 역작! 놀랍게도, 읽는 재미 또한 대단하다.

—**대니얼 카너먼**
노벨 경제학상 수상, 《생각에 관한 생각》의 저자

- 당신은 결정을 망치는 많은 편향에 익숙할 것이다. 문제는 경영 전략을 세울 때 편향을 어떻게 극복할 것인가다. 올리비에 시보니는 설득력 있는 해답을 제시한다. 그는 맥킨지에서의 폭넓은 경험과 행동과학에 관한 탁월한 지식을 활용하여 당신의 팀이 모든 구성원보다 더 현명해지는 법을 설득력 있게 제시한다.

—**애덤 그랜트**
펜실베이니아대학교 와튼스쿨 조직심리학 교수, 《오리지널스》의 저자

- 이 책은 실패한 의사결정에 관한 매력적이고 오싹한 이야기로 가득하다. 아울러 확증 편향이나 휴리스틱스와 같은 학문적 개념도 매우 쉽게 설명한다.

—**〈파이낸셜 타임스〉**

- 드디어 나왔다! 수십 년간 축적된 의사결정 관련 지식을 담은, 리더를 위한 실전지침서. 간결하고 정확하며 공정하다. 정말 좋다!

—**앤절라 더크워스**
펜실베이니아대학교 심리학과 교수, 《그릿》의 저자

- 뛰어나고 재미있고 현명하다. 사업 경영과 일상생활에서 합리적인 의사결정에 대한 탁월한 안내서다. 생생한 이야기와 중요한 교훈으로 가득한 이 책은 올해 최고의 투자가 될 것이다.

—캐스 선스타인
하버드대학교 로스쿨 교수, 《넛지》의 공저자

- 이 책은 인간의 판단에 관한 최고의 학문적 성과를 명쾌하고 멋지게 통합한다. 삶에 대한 열망의 크기와 상관없이 누구에게나 유용한 책이다.

—필립 테틀록
펜실베이니아대학교 심리학 및 정치학과, 와튼스쿨 교수
《슈퍼 예측, 그들은 어떻게 미래를 보았는가》의 공저자

- 올리비에 시보니는 사업 분야에 가장 훌륭하고 재미있고 유용한 인지 편향 안내서를 썼다. 결정을 내리는 사람이라면 이 책을 꼭 읽어야 한다.

—사피 바칼
《룬샷》의 저자

- 올리비에 시보니는 복잡한 개념을 쉽게 이해할 수 있는 이야기로 풀어내는 보기 드문 능력을 지니고 있다. 더 나은 의사결정 방법에 관한 실천적인 조언으로 가득한 이 책은 의사결정을 개선하고 싶어 하는 모든 이들을 위한 필독서다.

—애니 듀크
《결정, 흔들리지 않고 마음먹은 대로》의 저자

- 본인의 선택에 한 번이라도 의문을 품은 적이 있다면, 심리학과 행동경제학에서 알려주는 우리의 의사결정 편향들을 주목하라! 올리비에 시보니는 이러한 편향들이 기업과 정부 조직의 선택에 따라 어떻게 나타나는지를 풍부한 예시를 통해 설명하고, 선택 편향의 덫에 걸리지 않기 위한 현실적인 방안들을 설득력 있게 제시하고 있다.

　　　　　　　　　　　　　　　　　　　　　　　—최승주
　　　　　　　　　　　　　　　　　　　서울대학교 경제학부 교수

- 지난 100년간 선형적 성장시대에는 직관에 기반한 '나를 따르라'식의 의사결정이 가능했다. 그러나 모두 알다시피, 이제 시대가 변했다. 디지털·복잡계의 시대를 살아가는 리더들은 빠른 의사결정의 속도를 요구받을 뿐만 아니라, 엄청난 정보·불평등·극단적 관점·갈등이 주는 편향과 싸워야 한다. 이 책은 의사결정이나 문화에 있어 우리가 가질 수 있는 무의식적 편향을 흥미로운 최신 사례들과 함께 조목조목 짚어준다. 뿐만 아니라 리더가 실제 의사결정에 있어 고려해야할 도구와 태도에 대해서도 풍부한 통계와 이론에 기반해 빠짐없이 정리해놓았다. 이 순간 힘든 의사결정을 앞에 둔 리더라면, 이 책을 곁에 두고 도움을 받아라. 뛰어난 의사결정 지원자로서 조언을 해줄 것이다.

　　　　　　　　　　　　　　　　　　　　　　　—장은지
　　　　　　　이머징리더십인터벤션즈 대표, 前 맥킨지 리더십센터장

Part 3 함정을 기회로 바꾸는 선택 설계자들

일러두기

- 국립국어원의 표준어규정 및 외래어 표기법을 따랐으나 일부 인명, 지명 등은 실제 발음을 따랐다.
- 저자가 언급한 도서 중 국내에 번역 출간된 경우 한국어판 제목을 표기했고, 국내 미출간 도서의 경우에는 번역하여 원서 제목과 함께 병기했다.
- 독자의 이해를 돕기 위한 옮긴이의 주석은 본문 내 괄호 안에 '-옮긴이'로 표기했다.

우리는 왜 실수를 반복하는가

당신이 동굴에 10년 정도 갇혀 살지 않았다면 인지 편향이라는 말을 들어보았을 것이다. 특히 대니얼 카너먼Daniel Kahneman이 《생각에 관한 생각》을 출간한 이후, '자기과신self-confidence', '확증 편향confirmation bias', '현상유지 편향status quo bias', '기준점 효과anchoring effect'라는 용어를 일상 대화에서도 쓰는 사람들도 늘어났다. 인지심리학자들과 그들에게 영감을 받은 행동경제학자들이 수십 년 동안 연구한 덕분에 이제 생각에 관한 단순하지만 매우 중요한 사실들이 널리 알려지게 되었다. 이를테면 판단과 선택을 할 때(무엇을 사고 어떻게 저축할지 등) 우리가 '항상 합리적이지는' 않다는 것이다. 또는 적어도 좁은 의미의 경제이론 측면(우리는 몇 가지 목표를 최적화하는 방향으로 의사결정을 내린다)에서 '합리적'이지 않다.

CEO의 의사결정은 언제나 합리적인가

이런 사실은 경영 의사결정에 그대로 적용된다. 인터넷 검색창에 '경영 의사결정의 편향성'을 검색하면 경험 많은 관리자의 수많은 글이 나타난다. 기업 임원이 의사결정(중요한 전략 결정조차도)을 할 때 그들의 사고 과정은 경영학 교과서에 나오는 합리적이고 신중하며 분석적인 방법과는 거리가 멀다.

난 행동과학에 대해 듣기 오래전부터 이런 사실을 알고 있었다. 맥킨지McKinsey & Company에 기업분석가로 갓 입사했을 때였다. 내가 배정받은 첫 고객사는 미국에서 대규모 기업 인수를 고민하고 있는 유럽의 중견 기업이었다. 이상적인 목표는 기업 인수에 성공해서 기업 규모를 2배 이상으로 확대하고 글로벌 그룹으로 성장하는 것이었다. 하지만 수개월 동안 인수 기회를 조사하고 분석한 결과, 해답은 분명해졌다. 기업 인수가 합리적이지 않다는 것이었다. 합병을 통한 전략상, 경영상의 이익은 제한적이었고 기업 간의 통합도 힘들 것으로 예상되었다. 가장 중요하게는 수지 계산이 맞지 않았다. 고객사가 지불해야 할 인수 가격이 높은 데 반해 기업 인수에 따른 주주가치 창출을 전혀 기대할 수 없었다.

우리는 고객사 CEO에게 조사보고서를 제출했다. 그는 우리의 전제조건에 이의를 제기하지 않았다. 하지만 그는 우리가 예상하지 못했던 주장을 펴면서 우리의 결론을 무시했다. 그는 우리가 인수 가격을 미국 달러화로 모델링함으로써 중요한 고려 사항을 놓쳤다고 했다. 우리와 달리, 그는 계약과 관련된 모든 숫자를 자국 통화로 바꾸었다. 게다가 미국 달러화가 곧 자국 통화에 대해 평가절상될 것이라고 확신했다. 자국 통화로 바꿀 경우, 새로 인수할 미국 기업의 달러화 기준 현금흐름이 늘어나 인수 가격은 쉽게 정당화되었다. CEO는 확신에 차서 기업 인수 자금을 자국 통화 기준으로 차용할 계획을 세웠다.

나는 믿을 수 없었다. 이건 하나의 범죄를 덮기 위해 다른 범죄를 저지르는 것과 같았다. CEO를 포함해 회의실에 있던 다른 모든 사람도 이런 사실을 알고 있었다. 그것은 일종의 도박이었다. 환율이 미래에 어떤 방향으로 움직일지는 아무도 예측할 수 없었기 때문이다. 달러 가치가 절상되지 않고 계속 떨어진다면 이번 인수 계약은 최악의 거래가 될 것이었다.

이상을 꿈꾸는 20대 신입사원에게 이것은 충격이었다. 나는 철저한 분석과 여러 옵션에 대한 신중한 숙고, 진지한 토론, 다양한 시나리오에 대한 계량적 평가를 기대했다. 하지만 그런 것은 없었다. 그저 자신의 직감을 신뢰하고, 별다른 정보 없이 정당화될 수 없는 위험을 감수하려는 CEO만이 있을 뿐.

내 동료들은 대부분 나보다 더 진저리를 쳤다. 그들의 태도는 두 갈래로 나뉘었다. 동료들은 대부분 그저 무시하면서 그 CEO가

완전히 미치광이(좀 더 세련된 용어를 사용했지만)라고 말했다. 그들은 그의 오판이 곧 드러날 것이라면서 기다려보자고 했다. 하지만 다른 동료들은 정반대의 입장을 보였다. 그 CEO는 전략적 비전을 만들고 우리 같은 컨설턴트들은 이해할 수 없는 기회를 포착해내는 천재라는 것이었다. 그가 통계에 의존하는 우리의 근시안적 분석을 무시한 것은 그의 탁월한 통찰력을 보여주는 증거였다. 그들은 기다려보자고 했다. 그가 옳다는 사실이 입증될 것이라면서 말이다.

나는 어느 쪽의 말도 만족스럽지 않았다. 그가 미친 사람이라면 어떻게 CEO가 되었을까? 그가 탁월한 전략적 판단력을 갖춘 천재라면 왜 군이 우리에게 분석을 의뢰하고 우리의 결론을 무시해버리는 걸까?

실패한 결정의 유형은 거의 비슷하다

시간이 흐르면서 몇 가지 진실이 드러났다. 그 CEO는 확실히 미친 사람은 아니었다. 그 거래 이전과 이후에도 그는 자국에서 당대 가장 존경받는 기업인으로 평가받았다.

또한 그의 기업 인수는 놀라운 성공을 거두었다(그렇다, 달러 가치가 실제로 올랐다). 이후 몇몇 큰 거래(그중 다수가 똑같이 위험했다)를 통해 그는 거의 파산 직전이던 지방 기업을 선도적인 글로벌 기업으로 탈바꿈했다. 내 동료 중 일부는 "거봐, 천재라고 했지!"라고 했다.

하지만 문제는 그렇게 단순하지 않다. 이후 25년 동안 나는 다국적기업의 CEO와 고위 임원을 대상으로 컨설팅하면서 앞의 경우와 비슷한 전략적 의사결정을 지켜볼 기회가 많았다. 나는 교과서에 나오는 의사결정 과정과 실제 의사결정 방식의 차이가 나의 첫 고객만 보여준 우연이 아님을 곧 깨달았다. 그것은 일반적인 현상이었다.

그런데 나는 의사결정 과정 못지않게 중요한 그 결과에도 충격을 받았다. 사실 이런 특이한 의사결정은 대부분 좋지 않은 결과로 이어졌다. 의사결정상의 오류도 흔히 나타났다. 의구심이 든다면 이를 가장 가까이에서 관찰한 사람들에게 물어보라. 2,000명의 임원을 대상으로 설문 조사한 결과 28퍼센트만이 자신들의 회사가 '대개는' 좋은 전략적 결정을 내린다고 답했다. 60퍼센트는 좋은 결정 못지않게 나쁜 결정도 이루어진다고 생각했다.

사실 우리 회사는 기업의 리더들에게 나쁜 결정의 위험을 경고하는 많은 보고서를 정기적으로 발표했다. 다른 컨설팅 기업들이나 교수들과 마찬가지로, 우리는 특별히 위험한 특정 유형의 전략적 결정에 대해 경고해야 한다는 의무감을 느꼈다. 하시만 아무도 귀담아듣는 것 같지 않았다. 우리는 인수 가격이 지나치게 높은 기업을 인수하는 것을 주의하라고 경고했다. 하지만 기업 임원들은 나의 첫 고객처럼 더 크고 더 비싼 기업들을 인수하여 주주의 가치를 손상하곤 했다. 우리는 투자 계획이 지나치게 낙관적이라고 경고하고 투자 예산을 신중하게 짜라고 제안했다. 하지만 그들은 낙관적인 태도를 유지했다. 우리는 가격전쟁에 뛰어들지 말라고 썼다. 하지만 고객이 이런 조언에 주의를 기울일 때쯤이면 이미 참호 깊숙이 들어간 뒤였다. 우리는 경쟁자가 신기술을 개발해 당신을 '파괴'하지 못하게 하라고 경고했다(하지만 차기 임원들은 기업이 망하는 모습을 지켜볼 수밖에 없었다). 우리는 손실을 줄이고 망해가는 벤처 기업에 대한 재투자를 중단하라고 조언했다. 하지만 이런 조언 역시 쇠귀에 경 읽기였다.

이 책에는 이런 실수를 보여주는 몇 가지 구체적인 사례가 소개된다. 매우 매력적이고 인상적인 데다 남의 실패에 쾌감을 느끼게 한다는 점에서는 흥미롭기까지 하다(이 책에서 더 많은 이야기, 그러니까 35가지 이야기를 보게 될 것이다).

하지만 각각의 이야기가 중요한 것이 아니다. 핵심은 특정 유형의 의사결정으로 인해 성공보다는 실패가 훨씬 더 자주 발생한다는 것이다. 물론 철칙은 아니다. 일부 CEO는 기업 인수를 통해 가까스로 가치를 창출했고, 일부 CEO는 파산 직전에 핵심 사업을 다시 살려냈다. 이런 성공은 똑같은 상황에 직면한 사람들에게 어느 정도 희망을 주었다. 하지만 통계적으로 말하면 그들은 예외적인 경우였다. 일반적으로는 실패였다.

간단히 말하면, 우리 고객 중에는 무모한 전략적 의사결정을 내리고도 결과적으로 성공한 경우가 있었다. 나의 첫 고객처럼 때로 규칙을 깨고 특이한 방식으로 행동한 덕분이었다. 하지만 실패한 기업들은 새롭고 창의적으로 행동한 경우가 거의 드물었다. 반대로 그들은 이전의 다른 기업들과 똑같이 형편없는 의사결정을 내렸다. 톨스토이Leo Tolstoy가 《안나 카레니나》에서 보여준 여러 가족에 대한 통찰(이 소설은 "행복한 가정은 모두가 엇비슷하고, 불행한 가정은 저마다 다른 이유로 불행하다"라는 문장으로 시작된다-옮긴이)과는 정반대였다. 전략적 차별화를 연구하는 학자들이 오래전에 이론화했듯이, 모든 성공적인 전략은 제각각이다. 하지만 전략적 실패는 모두 엇비슷하다.

위대한 리더도 잘못된 결정을 한다

이상과 같은 실패에 관한 표준적인 설명은 동료들이 나의 첫 고객에 대해 말했던 내용과 같다. 나쁜 사람들, 무능한 사람들, 미친 CEO를 비난하는 것 말이다. 기업이 곤경에 빠질 때마다 우리는 각종 경제지에서 CEO를 대놓고 비난하는 기사를 본다. 실패를 자세히 다루는 책들은 대개 책임자들의 '변명의 여지없는 실수'를 나열하고는 주저 없이 그들의 성격적 결함이 원인이라고 주장한다. 흔히 언급되는 결함은 800년 전에 일곱 가지 대죄로 규정된 것들이다. 나태(기업 친화적인 명칭은 '자기만족'이다), 교만(보통 '자만'이라고 한다), 그리고 탐욕(딱히 다른 표현이 필요 없다)이 목록의 선두를 차지한다. 분노와 시기, 탐식[•]도 잠깐씩 나타난다. 나머지 하나는 정욕이다……. 글쎄, 이 죄에 대해서라면 뉴스를 읽어보길.

우리는 성공한 기업의 리더들을 치켜세우는 것처럼(리더십과 성공에 관한 위인 이론), 실패에 관해서는 나쁜 사람 이론을 받아들이는 것 같다. 이를테면 좋은 CEO가 좋은 결과를 만들고, 나쁜 CEO가 나쁜 결과를 만든다는 식이다. 이런 설명은 도덕적으로 만족스러운 데다 CEO에게 책임을 물을 근거(성공에 대한 많은 보상을 포함하여)를 제공한다. 언뜻 보기에는 논리적인 것 같다. 만약 수많은 사전 경고에도 불구하고 CEO들이 다른 경영자들과 같은 실수를 반복한다면, 그들에게 무언가 심각한 문제가 있는 것이 틀림없다.

• 물론 탐식도 포함된다. 〈포춘Fortune〉은 JC페니J.C.Penny에 관한 이야기를 커버스토리로 실었다. 이 내용은 1장에서 다룰 것이다. "이사들이 기대한 만큼 이사회 회의에 집중하지 않은 정황이 나타났다. 액크먼은 페니의 이사회 회의 때 제공된 초콜릿 칩 쿠키에 대해 끊임없이 불평했다……. 페니의 다른 이사들 역시 회의 때 제공된 요리의 등급에 대해 불만을 나타냈다."

하지만 깊이 생각하지 않아도 이 이론의 문제점을 알 수 있다. 첫째, 최종적인 결과를 기준으로 좋은 의사결정과 좋은 의사결정자를 정의하는 것은 순환논리이며, 따라서 무익하다. 만약 당신이 의사결정을 내린다면(또는 의사결정을 내릴 사람을 선정한다면), 결과가 나오기 전에 무엇이 효과적일지(또는 누가 좋은 사람인지) 알아낼 방법이 필요하다. 실제로 내가 첫 고객에 대한 동료들의 엇갈린 반응에서 배웠듯이, 의사결정을 내릴 당시 누가 좋은 사람이고 누가 나쁜 사람인지 확실히 알아낼 방법은 없다. 개별적인 의사결정이 '좋은 것인지' 또는 '나쁜 것인지'를 알아내려면 미래를 판단하는 능력이 필요하다.

둘째, 모든 기업이 똑같은 실수를 저지르는 경향이 있다면, 이런 실수를 의사결정자의 탓으로 돌리는 것은 전혀 논리적이지 않다. 매번 의사결정자가 다르기 때문이다. 물론 무능한 의사결정자는 아마 나쁜 의사결정을 내릴 것이다. 하지만 우리는 그들이 다양한 종류의 나쁜 의사결정을 내릴 것이라고 예상해야 하지 않을까? 1,000개의 동일한 실수를 관찰하게 되면 1,000개의 설명이 아니라 하나의 설명이 필요하다고 느끼게 된다.

가장 중요한 셋째, 이런 CEO를 무능하다거나 미쳤다고 여기는 것은 터무니없는 일이다. 대기업의 CEO들은 수십 년 동안 열심히 일하고 다양한 역량을 계속 입증하면서 성공 가도를 달려온 사람들이다. 그러니 최고 권력의 나쁜 영향력과 관련된 설명하기 힘든 심리적 변화를 언급하지 않고는('신은 사람들을 파멸시키기 전에 먼저 미치게 만든다'), 그렇게 많은 대기업 리더들이 평범한 전략가이자 나쁜 의사결정자라고 추정하는 것은 타당하지 않다.

실패에 관한 나쁜 사람 이론을 배제한다면 이제 흥미로운 문제가 남는다. 나쁜 리더가 나쁜 결정을 내리는 것이 아니라는 점이다. 나쁜 결정은 매우 성공하고 신중하게 선택된, 존경받는 개인들에 의해 이루어진다. 이런 리더들은 유능한 동료와 조언자들로부터 조언을 얻고, 모든 정보를 이용하며, 일반적으로 건전하고 적절한 동기를 갖고 있다.

이들은 나쁜 리더가 아니다. 예측 가능한 나쁜 의사결정을 내리는 사람은 좋은, 심지어 위대한 리더들이다.

'넛지'로 세상을 구할 수 있는가

이 수수께끼에 대해 행동과학은 매우 긴요한 해결책을 제시한다. 인간은 경제학자들의 합리적인 의사결정 모델을 따르지 않기 때문에 실수를 저지른다. 단순한 실수가 아니라 체계적이고, 규칙적이며, 예측 가능한 실수다. 경제적 합리성에 대한 이런 체계적인 이탈은 오류의 일종인 편향에 해당한다. 미친 의사결정자를 가정할 필요가 없다. 우리는 CEO를 포함한 정상적인 사람들이 이전에 다른 사람이 저지른 실수를 똑같이 반복할 것이라고 예상해야 한다.

이런 인식은 기업과 정부의 리더들 사이에서 행동과학이 인기를 끄는 이유를 설명해준다. 하지만 지금까지 가장 분명하게 인기를 모은 분야는 CEO의 의사결정이 아니라, 무의식적 편향과 넛지nudge(타인의 선택을 유도하는 부드러운 개입-옮긴이)였다.

훈련을 통해 없애려는 '무의식적 편향'은 우리가 특히 소수집단에 속한 사람들과 교류할 때 나타난다. 점점 더 많은 조직이 성차별주의, 인종차별주의 같은 편견으로 인한 문제를 인식하고는 직원들이 이를 깨닫고 맞서도록 훈련시킨다. 직원들은 교육훈련을 통해 자신이 이런 편향에 약하다는 것을 깨닫고, 무의식인 연상을 바꿔줄 다양한 이미지나 모델을 접하게 된다(이러한 의무적인 교육훈련이 효과적인지 여부는 뜨거운 논쟁의 주제이지만 이책의 주제는 아니다).

편향을 없애기 위한 이런 시도와는 달리 두 번째 접근방법은 편향을 생산적으로 활용하는 것이다. 리처드 탈러Richard Thaler와 캐스 선스타인Cass Sunstein이 동명의 책에서 처음 주창한 '넛지' 말이다.

그 출발점은 정치학만큼이나 오래된 논쟁 주제다. 이를테면 시민들의 선택이 판단 기준으로써 최적의 결과를 낳지 못한다면 정부는 어떻게 해야 할까? 어떤 사람들은 정부가 적극적으로 개입해야 한다고 주장한다. 예를 들어 사람들이 저축을 충분히 하지 않는다면 세금 인센티브를 주는 식으로, 사람들이 너무 많이 먹을 경우에는 세금을 부과하고 금지 법률을 실시하는 식으로 개입할 수 있다. 하지만 이에 대해서는 어른이라면 스스로 선택해야 하고, 그에 따른 실수에도 스스로 책임져야 한다는 반론이 나온다. 사람들의 선택이 남에게 피해를 주지 않는다면 정부가 무엇을 하거나 하지 말라고 말할 필요가 없다.

탈러와 선스타인의 탁월한 통찰은 앞의 두 가지 관점, 즉 개입적인 관점과 자유의지적 관점 사이에 제3의 길이 있음을 보여준다. 그들은 이 관점에 '자유주의적 개입주의libertarian paternalism'라는 이름을 붙였다. 어떤 식으로든지 강요하지 않고 부드럽게 개입하는 방식으로 사람들이 최선의 행동을 선택하게 할 수 있다. 예를 들어 선택지를 제시하는 순서, 특히 개인이 아무것도 하지 않을 경우 자동적으로 선택될 옵션을 바꾸면 상황을 크게 바꿀 수 있다.

영국 정부는 넛지팀으로 불리는 행동통찰팀Behavioural Insights Team을 최초로 만들어 넛지를 정책 도구로 활용했다. 국가, 지역, 지방의 정부 기관(200개 이상의 경제 협력 및 개발 기관)이 자체적으로 넛지팀을 만들어 세금 납부와 공공보건부터 폐기물 처리에 이르기까지 다양한 분야의 정책결정자를 지원하고 있다.

기업들도 '넛지'라는 용어를 채택하여 때로 '기업 행동과학팀'을 만들기도 했다. 특히 금융 분야 기업들은 거래 관련 행동의 체계적 변칙들을 자신에게 유리한 방향으로 활용했다. 하지만 기업들이 행동경제학을 통해 '발견한' 방법들은 대부분 새로운 것이 아니다. 탈러는 다른 곳에서 이렇게 썼다. "넛지는 그저 도구일 뿐이다. 이런 도구들은 선스타인과 내가 주창하기 오래전에 이미 있었다." 사실, 정당하든 그렇지 않든 다른 사람의 편향을 활용하는 것은 오래된 사업 방식 중 하나다. '행동마케팅' 분야 전문가들이 소비자들의 편향을 분석해서 그들에게 영향을 미쳐야 한다고 주장하는 경우, 대개는 이전에 널리 쓰인 광고 기법이 다시 조명을 받곤 한다. 물론, 탈러는 비꼬듯이 이렇게 말한다. "사기꾼들은 우리 책을 읽지 않아도 자신들의 사업을 잘해나간다."

전략적 의사결정에서 편향을 배제하는 법

행동과학을 이용하는 세 번째 방법이 있다. 의사결정자들이 굳이 직원들의 편향을 고치려고 하지 않는 것이다. 아울러 넛지 팀과 같은 것을 만들어서 다른 사람들의 편향성을 활용하려고도 하지 않는 것이다. 대신 그들은 자신의 전략적 결정에 내재된 편향을 없애고 싶어 한다.

상당히 타당한 방법이다. 자신의 전략적 결정이 중요한 영향을 미칠 수 있다고 믿고, 또한 의사결정에 포함된 편향 때문에 오류가 발생한다는 점을 받아들인다면, 당신의 편향은 전략적 오류를 낳을 수 있다. 아무리 유능하고 신중하며 열심히 일하는 임원이라 해도 결국 피할 수 있고 예측 가능한 실수를 저지를 수 있다. 이것은 앞서 논의한 문제, 즉 좋은 리더가 나쁜 결정을 내리는 이해하기 힘든 문제와 정확히 이어진다. '다른 사람들'이 아니라 당신이 문제라는 점만 제외하면 말이다. 그리고 이것은 이해하기 힘든 문제가 아니라 행태적인 문제다.

학계에서 행동 전략behavioral strategy이라고 부르는 새로운 흐름의 전략 연구가 이 주제를 주로 다루고 있다. 일부 선도적인 연구자들에 따르면, 행동 전략은 "조직의 전략적 경영에 인간의 인지, 감정, 사회적 행동에 관한 현실적인 가정을 제시하는 것"을 목표로 삼는다. 인지, 심리학, 행동, 감정과 같은 핵심 용어는 이제 학문적인 전략 연구에 자주 등장한다(2016년, 이 용어들은 《전략경영 저널Strategic Management Journal》에 실린 전체 논문 중 5분의 1 이상에 등장했다). 현장 실무자 중심의 발표 자료도 이 주제에 대한 관심이 점점 늘고 있음을 보여준다. 연구 결과, 많은 의사결정자가 의사결정의 질을 개선하기 위해 편향 문제를 해결해야 한다고 느끼고 있었다. 맥킨지가 800명의 기업 이사들을 대상으로 조사한 결과 '의사결정의 편향성을 줄이는 것'이 이사회의 최우선 과제라는 답변이 많았다.

요약하면, 기업 리더들은 자신의 전략적 결정에 포함된 편향에 대해 무언가 해야 한다고 느끼고 있다. 하지만 정확히 무엇을 해야 할까? 이 질문에 대답하는 것이 이 책의 핵심 내용이다.

편향을 극복하는 3가지 아이디어

짧게 설명하자면 위의 질문에 대한 답변은 세 가지로 요약할 수 있다. 각 아이디어는 이 책의 세 부분에서 하나씩 다루어진다.

첫 번째 아이디어: 우리는 편향 탓에 길을 잃긴 하지만 그렇다고 제멋대로 나아가진 않는다. 우리의 어리석은 행동에도 나름의 규칙이 있다. 행동경제학자인 댄 애리얼리Dan Ariely가 말했듯이, 우리는 비이성적으로 행동하지만 예측 가능하다. 조직의 전략적 의사결정에서 여러 편향이 결합하여 우리가 인식할 수 있는 전략적 오류 패턴이 반복된다. 이런 패턴은 특정 유형의 전략적 의사결정에 따른 나쁜 결과가 자주 관찰되는 이유를 설명해 준다. 즉 특정 유형의 의사결정에서 실패는 예외적인 것이 아니라 규칙적인 것이다. 1부에서는 편향에 따르는 아홉 가지 의사결정 패턴의 함정을 소개한다.

두 번째 아이디어: 편향을 해결하는 방법은 그것을 극복하려

고 애쓰지 않는 것이다. 관련 글들에 나오는 조언들과는 달리 대부분의 사람들은 자신의 편향을 극복하지 못할 것이다. 사실 그럴 필요도 없다. 회의주의자들이 행동과학에 대해 제기하는 질문을 생각해보라. 인간은 수많은 한계에도 불구하고 어떻게 그렇게 많은 성취를 이루었을까? 또는 "우리가 그렇게 어리석다면 어떻게 달에 갈 수 있었을까?" 그 대답은 '우리'에 있다. 곧 개별적인 인간은 달에 가지 못했다는 것이다. 달에 착륙한 것은 지적 수준이 높은 대규모 조직인 미 항공우주국NASA이었다. 인간은 극복할 수 없는 인지적 한계를 갖고 있지만 조직은 인간의 결점을 만회할 수 있다. 조직은 개인의 의사결정보다 편향이 더 적고 더 합리적인 선택지를 만들 수 있다. 2부에서 제시하듯이 여기에는 두 가지 핵심적인 요소인 협업collaboration과 프로세스process가 필요하다. 협업이 필요한 이유는 많은 사람이 한 사람의 의사결정자보다 편향을 감지할 가능성이 더 높기 때문이다. 여러 사람의 통찰에 따라 행동하려면 좋은 프로세스가 필요하다.

세 번째 아이디어: 조직이 저절로 개인의 편향을 극복할 수 있는 것은 아니다. 집단이나 조직이 뜻대로 하도록 내버려둔다면 개인의 편향을 막는 데 도움이 되지 않는다. 오히려 그들은 개인의 편향을 악화시킨다. 편향과 싸우려면 의사결정 방법에 대해 비판적으로 생각하거나 '의사결정 방법을 결정해야' 한다. 따라서 현명한 리더는 자신을 단순히 건전한 판단을 내리는 사람으

로 보지 않는다. 혼자서는 결코 최적의 의사결정자가 될 수 없다는 사실을 알고 있기 때문이다. 그는 자신을 조직의 의사결정 프로세스를 설계하는 의사결정 설계자decision architect로 바라본다.

3부에서는 의사결정 설계자가 전략적 의사결정의 프로세스를 설계하면서 사용할 수 있는 세 가지 원칙을 제시한다. 나는 이 원칙들을 전 세계 조직들이 실천하는 40가지 실무 기법으로 자세히 다룰 것이다. 이 실무 기법들은 당신이 월요일 아침에 적용해야 할 '40가지 습관'이 절대 아니다. 이 목록을 참고하여 당신의 조직이나 팀에 적합한 것들을 선택하고, 더 나아가 자신만의 실무 기법을 만들기 바란다.

이 책의 핵심 목적은 팀, 부서, 기업에서 당신 자신을 의사결정 프로세스 설계자로 바라보게 하는 것이다. 이제부터 중요한 의사결정을 내리기 전에 의사결정 방법에 대해 잠시 생각한다면 끔찍한 실수를 피하고 올바른 방향으로 나아갈 수 있을 것이다.

Part 1

합리적 결정을 가로막는 9가지 함정

위대한 리더들도 잘못된 결정을 한다. 그러나 이들의 전략적 오류는 단순한 실수라기보다는 체계적이고, 규칙적이며, 심지어 예측 가능하다! 여러 편향이 결합하며 특정한 패턴이 반복되기 때문이다. 편향은 똑똑한 사람들은 물론 객관적인 판단에도 영향을 미친다. 1부에서는 편향에 따르는 아홉 가지 의사결정의 함정을 소개하고, 세계적인 기업과 리더들에게서 반복적으로 나타난 함정의 사례를 면밀히 살펴본다.

Chapter 1
터무니없는 이야기일수록 그럴듯하다
스토리텔링의 함정

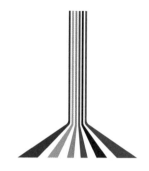

이 이야기는 정말 사실입니다. 내가 이 모든 걸 지었으니까요.

보리스 비앙, 《세월의 거품》

1975년 1차 오일쇼크 이후, 프랑스 정부는 에너지 절약 캠페인을 시작했다. 캠페인 문구는 이랬다. "프랑스는 석유가 나지 않지만 우리에겐 아이디어가 있습니다." 같은 해 두 사람이 프랑스 국영 정유회사인 엘프아키텐Elf Aquitaine을 방문했다. 그들은 정유산업에 대한 경험이 전혀 없었지만 굴착 작업 없이 매장된 석유를 발견하는 혁신적인 방법을 찾았다고 주장했다. 바로 특수 장비를 갖춘 비행기를 이용해 높은 고도에서 석유 냄새를 '탐지하는' 방식이었다.

물론, 그들이 제안한 기술은 사기였다(특별히 정교한 기술도 아니었다). 사기꾼들은 그 신기한 기계를 시험할 때 보여줄 이미지를 미리 조작해두었다. 그리고 시험 중에 리모컨을 이용해 석유가 매장된 이미지가 화면에 나타나게 했다.

이 이야기는 어이없어 보인다. 하지만 연구개발부의 과학자들과 CEO를 포함하여 엘프아키텐의 경영진은 그 기술을 곧이곧대로 믿었다. 새로운 기술을 본격적으로 시험하기 위해 거액을 투자할 시기가 되자 그들은 투자를 승인해달라고 프랑스 총리와 대통령을 설득했다. 놀랍게도 이 사기는 4년 이상 진행되었고 회사는 약 10억 프랑을 지출했다. 1977년부터 1979년까지 사기꾼들에게 지불한 금액은 엘프아키텐이 대주주인 프랑스 정부에 지불한 배당금보다 훨씬 더 많았다.

정말 믿기 힘든 이 이야기를 요즘 젊은 층에게(특히 그들이 프랑스인이 아닌 경우) 들려주면 이해가 안 된다는 표정으로 연민을 보이거나 아주 심한 경우 프랑스 리더들의 지능(또는 도덕성)을 공격한다. 프랑스 정부는 물론, 프랑스 최대 기업의 고위 경영진이 어떻게 그렇게 뻔한 사기에 속아 넘어갔을까? 도대체 어떤 사람들이 비행기로 석유 냄새를 탐지하는 것이 가능하다고 믿을 정도로 어리석을 수 있을까? 신중한 사업가라면 그런 터무니없는 이야기에 절대 속지 않을 것이다!

혹시 다른 사람들도 속을까? 시간을 빠르게 앞으로 돌려 2004년의 캘리포니아로 가보자. 테럴리언스Terralliance라는 스타트업이 투자금을 모으고 있다. 이 기업의 창업자 얼렌드 올슨 Erlend Olson은 석유 산업에 대한 경험이 전혀 없었다. 그는 전직 미 항공우주국 엔지니어였다. 그렇다면 그의 주장은 무얼까? 바로 맞혔다! 그는 비행기를 이용한 석유탐사 기술을 완성하고 싶어 했다.

무대와 배우만 바뀐 채 똑같은 사기가 다시 벌어졌다. 이번 투자자들은 골드만삭스Goldman Sachs, 벤처캐피털 기업 클라이너 퍼킨스Kleiner Perkins, 그리고 몇몇 유명한 투자 기업들이다. 이 '발명가'는 텍사스 카우보이처럼 투박한 매력이 있었다. 이 시험에는 엘프아키텐이 구입한 단순한 보잉 707기 대신 러시아군에서 구입한 수호이 제트기가 이용된다.

역사는 거의 똑같이 반복된다. 물가상승률을 고려할 때 이전과 비슷한 액수인 5억 달러가 투자된다. 말할 것도 없이, 결과는 예전 프랑스 사람들이 그랬듯이 매우 실망스럽다. 분명한 점은 비행기를 이용해 석유 냄새를 탐지하고 매장된 석유를 찾는 것이 무척 어렵다는 사실이다.

자기 분야에서 고도로 숙련되고 똑똑하며 능숙한 전문가들이 중대한 결정 앞에서 이상하게도 맹목적일 수 있다. 그들이 경계심을 버리고는 무턱대고 위험을 감수하기로 결정하기 때문은 아니다(두 건의 사례에서 투자자들은 상당한 주의를 기울였다). 그들은 나름 비판적으로 여러 사실들을 조사한다고 생각했지만 사실은 이미 결론을 내려놓고 있었다. 그들은 스토리텔링의 마법에 걸려 있었던 것이다.

스토리텔링의 마법에 걸린 경영자들

스토리텔링의 함정은 일상적인 결정을 포함하여 경영 관련 의사결정에서 문제를 일으킬 수 있다. 실제 이야기를 활용한 다음 사례를 생각해보라.

당신은 매우 경쟁적인 시장에서 활동하는 기업의 영업부 책임자다. 그리고 방금 최우수 영업직원 중 한 명인 웨인에게서 심란한 전화를 받았다. 가장 만만찮은 경쟁사인 그리즐리가 연속 두 번이나 당신의 회사를 따돌리고 계약을 성사시켰다는 것이다. 심지어 그 두 건의 계약에서 그리즐리는 당신 회사보다 훨씬 낮은 가격을 제시했다. 또한 웨인은 최우수 영업직원 두 명이 방금 사직했다는 것과 그들이 그리즐리에 입사할 거라는 소식을 들었다고 했다. 무엇보다도 그리즐리가 당신의 가장 오래되고 충성도가 높은 일부 고객들을 적극적으로 설득하고 있다는 소문이 돈다고 했다. 전화를 끊기 전에 웨인은 다음 경영진 회의에서 가격 수준을 다시 검토해줄 것을 제안한다. 고객과 매일 만나보니 기존 가격을 계속 유지하기는 어려울 것 같다면서 말이다.

충분히 우려할 만한 상황이다. 하지만 노련한 전문가인 당신은 냉정을 잃지 않는다. 물론 당신은 방금 들은 정보를 확인해 보아야 한다는 것을 알고 있다.

당신은 즉시 전적으로 신뢰하는 영업직원인 슈미트에게 전화를 건다. 그도 평소와 달리 지나치게 경쟁적인 분위기를 감지했을까? 사실, 슈미트도 이런 상황을 당신에게 전할 작정이었다! 주저 없이 그는 그리즐리가 최근 특별히 공격적이었다고 말한다. 슈미트는 그리즐리가 제시한 가격이 15퍼센트 더 낮았음에도 가장 충성도가 높은 고객 한 사람과 방금 계약을 갱신했다. 슈미트가 가까스로 갱신에 성공한 건 그 기업 사장과의 끈끈하고 오래된 개인적인 친분 덕분이었다. 그는 다른 계약도 곧 갱신해야 하는데 그리즐리와의 가격차가 지금처럼 크다면 더 이상 계약을 유지하기 어려울 것이라고 덧붙인다.

당신은 슈미트에게 시간을 내준 것에 대해 고맙다고 말하며 전화를 끊는다. 그다음 인사관리부 책임자에게 전화를 걸어 퇴사한 판매직원이 경쟁사에 입사할 예정이라는 웨인의 보고를 확인한다. 인사관리부에 따르면 퇴직자 면접 때 두 명의 판매직원은 더 많은 성과급을 약속한 그리즐리로 갈 거라고 말했다.

여러 정보를 확인한 당신은 불안해지기 시작한다. 슈미트의 보고는 그다지 중요하지 않을 수도 있지만 당신은 곰곰이 그 문제를 검토했다. 웨인의 말이 옳을까? 가격 인하를 고려할 필요가 있을까? 적어도 당신은 그 문제를 다음 임원회의 안건으로 내놓을 것이다. 당신은 가격 전쟁을 시작할 것인지 아직은 결정을 내리지 않았다. 그러나 이 문제는 이제 검토 대상이 되었고 매우 파괴적인 결과를 초래할 가능성이 있다.

당신이 이런 반응을 보이게 된 이유를 이해하기 위해 웨인의 보고에 대한 당신의 추론을 되짚어보자. 의도적이든 아니든, 웨인의 이야기는 스토리텔링의 진수를 보여준다. 그는 독립적인 사실들에 의미를 부여함으로써 하나의 이야기를 만들었다. 하지만 그의 이야기는 결코 분명한 것이 아니다.

동일한 사실을 비판적으로 생각해보자. 두 영업직원이 퇴사했는가? 판매직원들의 이직률을 고려할 때 이는 전혀 특별한 일이 아닐 수 있다. 그리고 두 직원이 최대 경쟁 회사로 이직하는 것 역시 이상한 일이 아니다. 그들이 어디로 갈 가능성이 높겠는가?

또한 웨인과 슈미트는 경쟁사의 공격적인 영업에 대해 불평하면서 위험 경고를 울린다. 힘들게 재계약을 하고 고객 유지에 성공한 그들은 모든 공을 자신의 것으로 취하면서 자신들의 탄탄한 인간관계가 위력을 발휘한 것이라고 말한다. 놀라운 일이 아니다. 가장 중요한 것은 몇 건의 계약이 언급되고 있는가다. 웨인은 두 명의 신규 고객 유치에 실패했지만 기존 고객을 잃지는 않았다. 슈미트는 기존 고객을 유지하고는 곧 다가올 재계약에 대한 당신의 예상을 조종하고 있다. 사실 지금까지 당신은 단 한 건의 계약도 해지되거나 체결되지 않았다! 이렇게 정보에 포함된 왜곡된 시각을 배제해버리면, 사실 그다지 심각한 내용은 없다.

그렇다면 당신은 왜 가격 인하를 심각하게 고려하게 되었을 까? 스토리텔링의 함정이 작동되었기 때문이다. 당신은 자신이 웨인이 말한 사실을 객관적으로 확인하는 중이라고 믿었지만 사실은 그가 말한 내용을 확증하려고 했다.

만약 웨인의 이야기를 제대로 확인하려면 이런 질문을 던질 수도 있었다. 다른 영업직원들이 최근 몇 주 동안 얼마나 많은 신규 고객과 계약을 체결했는가? 실제로 시장점유율이 떨어지 고 있는가? 그리즐리가 당신의 고객에게 제시한 낮은 가격은 우리 회사와 똑같은 서비스에 대한 것인가?

이런 질문들을 던졌다면 가격 인하를 정당화해줄 유일한 문제, 즉 경쟁 기업에 비해 당신 회사가 고객에게 제공하는 가치가 현저하게 감소했다는 사실을 발견하는 데 도움이 되었을 것이다. 그리고 이런 문제라면 당신은 가격을 낮추고 싶었을 것이다. 하지만 당신은 이렇게 질문하지 않았다. 당신의 문제 정의는 웨인이 처음 들려준 이야기에 의해 이루어졌다. 그 이야기가 틀렸음을 입증하는 자료를 찾는 대신, 당신은 본능적으로 그것을 긍정하는 정보를 찾고 있었다.

이와 동일한 사고방식이 어떻게 길을 헤매게 만드는지 쉽게 이해할 수 있다(여기에는 프랑스 정유회사의 경영진과 미국 벤처캐피털 투자자들도 포함된다). 누군가 우리에게 어떤 이야기를 들려주면 우리는 본능적으로 그에 부합하는 요소부터 찾는다. 그리고 찾아낸다. 우리는 자신이 엄격하게 사실 확인을 하고 있다고 생각한다. 물론 사실 확인은 반드시 필요하다. 예를 들어 웨인의 정보는 사실상 틀린 것일 수 있었다. 하지만 어떤 사람은 정확한 사실에서 잘못된 결론을 이끌어낸다. 사실 확인은 내용을 확인하는 것과는 다르다.

스토리텔링의 힘은 이야기에 대한 만족할 줄 모르는 욕구에 기초한다. 나심 니콜라스 탈레브Nassim Nicholas Taleb 는 《블랙 스완》에 이렇게 썼다. "우리의 정신은 놀라운 설명 기계여서 거의 모든 것에서 의미를 끄집어낼 수 있으며 온갖 종류의 현상에 대해 설명을 끼워 맞출 수 있다." 몇 가지 독립적인 사실을 경험한 웨인처럼 당신 역시 어떤 실마리들을 갖게 되면 거기서 만들어지는 패턴이 우연이라고 생각하지 못한다. 즉 그것들이 서로 아무런 연관이 없을 수도 있다고 생각하지 못하는 것이다. 우리의 첫 번째 충동은 그것들을 일관성 있는 스토리로 바라보는 것이다.

확증 편향이 만드는 생각의 오류

우리를 이런 함정에 빠지게 하는 정신적 메커니즘은 확증 편향이다. 이것은 추론 오류reasoning error를 발생시키는 여러 일반적인 원천 중 하나다.

확증 편향은 특히 정치 분야에서 강력한 영향을 미친다. 우리는 정치적 논쟁이 각자의 견해에 민감하게 영향을 받는다는 사실을 오래전부터 알고 있었다. 지지자들은 후보자들의 논쟁을 똑같이 지켜보면서 자신이 지지하는 후보자가 '이기고 있다'고 생각한다. 또한 자신이 지지하는 후보자의 주장을 더 잘 받아들이고 상대 후보자의 장점에는 주목하지 않는다. 이런 현상은 아전인수 편향myside bias이라고도 한다.

정치적으로 상반된 진영에 속한 사람들이 특정 주제에 대해 자신의 입장에 부합하는 사실과 주장을 받아들이는 것 역시 마찬가지다. 양 진영이 정보의 출처를 선택할 때 이런 현상이 훨씬 더 강하게 나타난다. 정보의 출처를 입맛에 맞게 고르면 자신의 입장과 모순되는 불편한 자료를 무시하기가 훨씬 더 쉬워지기 때문이다.

소셜미디어가 등장하면서 확증 편향은 정치적 견해에 더욱 강력한 영향을 미치게 되었다. 소셜미디어는 이용자들의 글이 그들의 친구들에게 과도하게 노출되도록 설계되어 있다. 친구들은 서로 같은 견해를 갖는 경향이 있기 때문에 소셜미디어의 설계 방식은 이용자들의 기존 견해를 더욱 강화시킨다. 이러한 현상을 반향실 효과echo chamber effect(메아리가 방 안에서만 크게 울리듯 특정 정보에 갇혀 새로운 정보를 받아들이지 못하는 현상-옮긴이) 또는 필터 버블filter bubble(소셜미디어 기업들이 이용자 맞춤형 정보를 제공하면서 편향된 정보에 갇히는 현상-옮긴이)이라고 한다. 아울러 소셜미디어는 부정확한 또는 오도된 정보인 '가짜 뉴스'를 퍼트린다. 확증 편향이 있는 소셜미디어 이용자들이 자신의 신념을 지지하는 가짜 뉴스를 액면 그대로 받아들이는 것은 거의 의심의 여지가 없는 사실이다.

확증 편향이 단순히 정치적 견해에만 영향을 미치는 것이 아니다. 심지어 과학적 사실을 읽을 때도 확증 편향에 휘둘린다. 주제가 기후 변화든 백신이든 유전자 변형 농산물이든 상관없이, 우리는 자신의 의견에 부합하는 기사를 무비판적으로 받아들이는 반면, 자신의 견해와 상충하는 기사에 대해서는 그것을 무시할 이유를 즉각 찾아낸다.

이런 현상이 교육과 지능의 문제라서, 아둔하고 정신이 산만하거나 지독히 편파적인 독자들이나 이런 함정에 빠질 거라고 생각하는가? 절대 그렇지 않다. 아전인수 편향은 지능과 거의 관련이 없다. 예를 들어 미국인에게 독일 자동차의 위험성을 보여주는 연구 결과를 제시하자 78퍼센트가 미국에서 독일 자동차의 운행을 금지해야 한다고 주장했다. 하지만 포드의 익스플로러 자동차가 독일에서 위험한 차량으로 간주되고 있음을 보여주는 똑같은 자료를 미국인들에게 보여주자 51퍼센트만이 독일 정부가 조치를 내려야 한다고 주장했다. 이것은 아전인수 편향의 명백한 예다. (자국을 선호하는 태도가 똑같은 사실을 다르게 해석하게 한다. 심란하게도 이런 실험 결과는 피험자의 지능에 따라 달라지지 않는다. 가장 지적인 피험자들도 지능이 낮은 사람들과 똑같은 반응을 보인다. 지능은 확증 편향을 막지 못한다.)

물론 모든 사람이 똑같이 순진하거나 잘 믿는 것은 아니다. 일부 연구에 따르면 가장 우스꽝스러운 가짜 뉴스를 믿는 경향은 과학적 호기심이나 강한 비판적 사고 능력과 음negative의 상관관계가 있었다. 그러나 비판적 사고 능력과는 관계없이 우리는 우리를 불편하게 하거나 우리 의견에 이의를 제기하는 이야기보다는 우리 의견을 지지하는 이야기를 훨씬 더 쉽게 믿는다.

확증 편향은 우리가 완전히 객관적이라고 생각하는 판단에도 스며든다. 예를 들어 유니버시티 칼리지 런던의 인지신경학 연구자 이티엘 드로Itiel Dror가 수행한 일련의 연구에 따르면, 법의학자들(CSI 시리즈와 같은 TV 드라마로 유명해졌다) 역시 확증 편향에 영향을 받는다.

드로는 자신의 연구에서 지문 판독자들에게 한 쌍의 '잠재적 지문'과 '견본 지문'(달리 말하면, 범죄 현장에서 채취한 지문과 지문

데이터베이스에 등록된 지문)을 보여주고 두 지문의 일치 여부를 물었다. 이 전문가들은 몇 개월 전에 이 한 쌍의 지문을 이미 조사한 적이 있었다. 하지만 그들은 매년 조사하는 수백 쌍의 지문 중에 이 지문들이 있었다는 사실을 알아차리지 못했다. 그들은 새로운 사건에서 나온 새로운 지문을 조사하는 것이라고만 생각했다. 그 '증거'는 조사자들에게 편견을 갖게 할 만한 정보(예를 들어 '용의자의 자백' 또는 '용의자의 확실한 알리바이')와 함께 제시되었다. 많은 경우 전문가들은 제공된 '편향적인' 정보에 부합하는 결론을 제시하기 위해 기존의 지문 판독 결과와 상반된 견해를 제시했다. 아무리 유능하고 꼼꼼하다고 해도, 우리는 무의식중에 편향의 희생자가 될 수 있다.

신뢰가 만들어낸 확증 편향

확증 편향이 작동하려면 드로가 지문 실험에서 제시했듯이 매우 그럴 듯한 추정이 있어야 한다. 그리고 이 추정이 설득력이 있으려면 추정하는 사람이 믿을 만해야 한다.

웨인의 전화를 받은 영업부 책임자가 그의 말을 믿은 것은 그를 신뢰하기 때문이었을 것이다. 만약 영업 실적이 가장 저조한 직원으로부터 같은 내용의 전화를 받았다면 무능력자의 불평

쯤으로 여기고 무시해버렸을지도 모른다. 우리는 어떤 사람을 다른 사람보다 더 신뢰하곤 한다. 문제는 메시지의 전달자에 대한 인식이 메시지의 신뢰성에 영향을 준다는 점이다. 한마디로 우리는 신뢰할 만한 출처에서 나온 이야기에 매우 쉽게 넘어간다. 메신저의 평판이 그가 전달하는 정보의 가치를 과대평가하게 만들 때, 프로젝트를 추진하는 사람이 프로젝트보다 중요해질 때, 우리는 챔피언 편향champion bias에 빠진다.

우리가 가장 신뢰하는 챔피언은 누굴까? 바로 우리 자신이다! 어떤 상황을 이해해야 하는 경우 즉각적으로 우리 머릿속에 떠오르는 이야기, 즉 우리가 사실 확인을 위해 살펴보는 이야기는 겉보기에 비슷했던 상황에 대한 우리의 기억이나 경험에서 비롯된다. 이것이 경험 편향experience bias이다.

챔피언 편향과 경험 편향은 JC페니 사례에 동시에 등장한다. 2011년 1,100개 지점을 보유한 대형 백화점 체인인 JC페니는 노쇠한 기업에 생명력을 불어넣을 새로운 CEO를 찾고 있었다. 이사회는 회사를 구원할 완벽한 경력을 가진 '챔피언'을 찾았다. 그가 바로 론 존슨Ron Johnson이었다. 진정한 소매 사업가인 존슨은 유통 체인점 타겟Target에서 상품 구매와 판매 활동을 성공적으로 혁신했다. 무엇보다도 그는 애플스토어Apple Store를 만들어 발전시키는 데(물론 스티브 잡스와 함께) 기여했다. 애플스토어는 전자제품 판매를 혁신하여 소매업 역사상 가장 놀라운 성공 사례 중 하나가 되었다. JC페니가 새로운 혁신의 선봉장으로 존슨보다 더 나은 리더를 찾을 수 있었을까? 존슨이 애플에서처럼 놀라운 성과를 보여줄 것이라고 모두 한 치의 의심도 없었다.

존슨은 기존 전통과의 과감한 단절을 제안하고 이를 의욕적으로 추진했다. 본질적으로 그는 애플스토어의 성공 전략에서 영감을 얻었다. 판매점을 혁신적으로 디자인하고 새로운 소비자층의 관심을 끌기 위해 매장 내에서 새로운 경험을 제공했다. 하지만 그는 이 전략을 애플스토어보다 JC페니에서 훨씬 더 철저하게 적용했다. 새로운 기업을 설립하는 것이 아니라 기존 회사를 새롭게 바꾸는 것이었기 때문이다.

변화에 대한 존슨의 열정은 끝이 없었고 그가 애플스토어에서 얻은 영감은 명확했다. 존슨은 브랜드 파워가 애플스토어의 성공에 핵심적인 역할을 했음을 알았기 때문에 주요 브랜드와 값비싼 독점 계약을 맺고, 품목별이 아니라 브랜드 중심으로 매장을 재구성했다. 애플이 자사 제품을 위해 돈을 아끼지 않고 고급스러운 매장을 꾸몄던 것처럼 많은 돈을 투자해 JC페니 매장을 재설계하고 브랜드명도 'jcp'로 바꾸었다. 존슨은 세일과 할인을 하지 않고 정가제를 시행하는 애플을 그대로 본받아 페니의 논스톱 프로모션과 어디에서나 사용 가능한 리베이트 쿠폰 제도를 중단했다. 대신 상시 저가격 판매와 매월 적당한 수준의 세일을 실시했다. 존슨은 JC페니의 직원들이 이런 변화를 적극적으로 따르지 않을 것을 우려해 많은 경영진을 전직 애플 임원들로 교체했다.

놀라운 점은 기업 전체에 이런 변화를 실시하기 전에 소규모 나 포커스 그룹을 대상으로 미리 시험해보지 않았다는 점이다. 왜 그랬을까? 존슨의 설명에 따르면, 애플은 시험 때문에 엄청 난 성공이 중단되는 것을 절대 받아들이지 않았다. 누가 이런 철저한 전략 단절에 의구심을 품었겠는가? 존슨은 이렇게 대답 할 것이다. "나는 부정적인 것을 좋아하지 않습니다. 회의주의 는 혁신의 생명력을 빼앗아갑니다."

이 전략은 참패였다고 말하는 것조차도 절제된 표현일 것이 다. JC페니의 단골고객들은 더 이상 그곳을 찾지 않았다. 존슨 이 새로운 'jcp'로 열광시키고 싶어 했던 다른 고객들 역시 별로 반응이 없었다. 2012년 말, JC페니의 매출액은 25퍼센트 감소했 으며, 비용 절감을 위해 2만 명의 직원을 해고했음에도 연간 손 실액은 10억 달러에 달했다. 주가는 55퍼센트 하락했다.

존슨은 JC페니의 CEO로 일한 지 1년 반 만에 해임되었다. 그가 CEO로 취임한 지 17개월 만에 이사회는 결국 실험을 중 단했다. JC페니는 존슨의 전임자를 다시 고용하여 존슨이 시행 했던 모든 것을 되돌리기 위해 최선을 다했다.

이사회는 자신의 챔피언을 믿었고, 그 챔피언은 자신의 경험 을 신뢰했다. 둘 다 멋진 스토리에 빠졌다. 다시 한번 모든 규칙을 깨뜨림으로써 자신의 놀라운 성공을 재현하겠다는 구원자의 약속만큼 솔깃한 이야기가 있을까? 그 이야기에 홀딱 빠진 이사회(그리고 CEO 자신도)는 실패의 징후를 모두 무시했다. 오히려 그들은 자신들의 첫 신뢰를 확인시켜줄 이유를 찾았다. 확증 편향과 스토리텔링의 힘이 작용했던 것이다.

JC페니에 불어닥친 챔피언 편향과 경험 편향

물론 우리는 자신이 JC페니의 이사였다면 존슨의 이야기를 믿지 않았을 거라고 생각한다. 존슨의 실수가 항공기를 이용해 석유 냄새를 탐지하겠다는 제안에 넘어간 엘프아키텐의 리더들처럼 우스꽝스러워 보인다. 그들은 틀림없이 매우 무능하고 자만에 빠진 사람들일 것이다!

우리가 이런 반응을 보이는 것은 당연하다. 배가 난파된 뒤 우리는 선장을 비난한다. 경제 신문은 한결같이 대기업의 실패를 기업 리더의 실수 탓으로 돌린다. 많은 경영서는 자만, 개인적 야심, 과대망상, 왕고집, 경청 능력 부족, 탐욕 등 리더의 성격적 결함에 초점을 맞춘다.

모든 재앙을 개인의 결점 탓으로 돌리면 얼마나 마음이 편한가! 그러면서 나라면 절대 그런 실수를 저지르지 않았을 것이라고 생각할 수 있다. 그러고는 이런 오류가 분명 매우 이례적인 일일 것이라고 결론을 내릴 수도 있다. 안타깝지만 둘 다 사실이 아니다.

우선, 분명한 사실부터 말해보자. 여기서 살펴본 리더들은 어리석은 사람들이 아니다. 절대 그렇지 않다! 이런 실패 이전에 그리고 때로는 그 이후에도 그들은 매우 노련한 임원, 더 나아가 사업의 마술사, 선견지명 있는 전략가, 동료 임원들의 역할 모델로 평가받았다. 프랑스식 능력주의의 결과물인 엘프아키텐의 경영자들은 분명 순진한 사람들이 아니었고, 골드만삭스나 클라이너 퍼킨스 투자자들 역시 마찬가지였다. 론 존슨이 애플을 퇴사할 당시 어느 신문 기사는 그를 "겸손하고 상상력이 넘치는 사람", "걸출한 인물", "산업계의 아이콘"이라고 묘사했다. 그의 평판을 보여주는 분명한 증거는 그가 JC페니의 CEO로 취임한다는 발표가 있고 나서 JC페니의 주가가 17퍼센트 급등한 것이다.

더 중요한 점은 이런 이야기들이 매우 극적이지만 결코 예외적이지 않다는 것이다. 계속 살펴보겠지만 오류와 비합리성이 예외적이 아니라 규칙적으로 나타나는 의사결정 유형이 많다. 달리 말하면, 이런 사례들(이후의 사례들도 마찬가지다)은 특별해서가 아니라 오히려 너무나 일상적이어서 선택되었다. 이 사례들은 잘못된 방향으로 리더들을 몰아넣는 예측 가능하지만 반복적인 오류의 전형을 잘 보여준다.

이런 사례들을 예외적인 것으로 치부하는 대신 우리는 스스로에게 간단한 질문을 던져보아야 한다. 신중한 엘리트 팀의 지원을 받고, 오랜 시간 검증된 조직을 이끌며, 세상의 찬사를 받는 의사결정자들이 어떻게 우리가 보기에 매우 조잡한 함정에 빠질 수 있을까? 단순한 대답은 이렇다. 멋진 스토리에 사로잡히면 확증 편향에서 벗어날 수 없게 된다는 것이다. 나중에 보겠지만, 이와 똑같은 논리가 앞으로 소개할 여러 편향에 그대로 적용된다.

팩트와 숫자는 어떻게 함정에 빠뜨리는가

많은 임원이 자신은 스토리텔링의 함정에 빠지지 않는다고 믿는다. 그들은 간단한 해결책이 있다고 말한다. 스토리가 아니라 사실을 믿는 것이다. 팩트와 숫자 말이다! 그들이 어떻게 함정에 빠지겠는가?

그런데도 그들은 함정에 빠진다. 우리가 사실에만 기초해 결정을 내린다고 믿을 때조차도 이미 우리는 스스로에게 이야기하고 있다. 우리는 객관적인 사실을 숙고할 때면 의식적이든 아니든 반드시 객관적인 사실에 의미를 부여할 스토리를 찾는다. 이런 위험성을 잘 보여주는 한 가지 사례는 사실에 집중하고 확증 편향에 영향을 받지 않아야 할 과학자들이다.

지난 20년 동안 발표된 많은 과학적 연구 결과가 재현이 불가능한 것으로 밝혀졌다. 특히 의학과 실험심리학 분야에서 '재현성 위기replication crisis'가 극심하다. 이 문제와 관련하여 가장 많이 언급되는 논문은 〈대부분의 연구 결과 발표가 왜 거짓인가?〉이다. 물론 이런 현상에 대해 많은 설명이 있지만 확증 편향이 핵심이다.

이론상 과학적 방법은 확증 편향의 위험을 경계해야 한다. 예를 들어 새로운 약물을 실험하고 있다면 그 목표는 약효가 있다는 가설을 입증하는 것이 되어서는 안 된다. 그 대신 우리는 약물이 효과가 없다는 '귀무가설null hypothesis'을 검증해야 한다. 연구 결과가 충분한 확률로 이 귀무가설을 기각할 때에만 대안 가설(약물이 효과가 있다)이 설득력 있으며, 그 연구 결과는 긍정적이다. 이론적으로 보면 과학적 발견 과정은 우리의 자연적 본능과 상반된다. 즉 과학적 발견 과정은 최초의 가설이 틀렸음을 입증하려고 노력하는 과정이다.

그러나 실제 상황은 좀 더 복잡하다. 연구 프로젝트는 연구자들이 오랜 기간 많은 의사결정을 내리는 활동이다. 연구자들은 연구 과제를 정의하고, 실험을 실시하고, 어떤 '이상치' 데이터를 배제할지 결정하고, 통계분석 기법을 선택하고, 어떤 결과를 발표할지 고른다. 그들은 많은 방법론적 문제에 직면하고 몇 가지 수용 가능한 해답 중에 하나를 선택할 수도 있다. (드문) 과학적 사기 사례를 제외하면 이런 선택은 확증 편향이 스며들 수 있는 구멍이 된다. 최선의 의도와 완벽한 선의를 가진 연구자도 자신이 바라는 가설을 지지하는 방향으로 연구 결과에 영향을 미칠 수 있다. 이런 영향력이 매우 미묘하다면 전문가의 심사 과정에서 발견되지 않을 수도 있다. 이는 과학적 연구가 결국 '거짓 양성false positives' 연구로 밝혀지는 이유 중 하나다. 이를테면 연구 기법이 탄탄하고 통계적 유의성 검증을 통과했음에도 다른 연구자들이 연구 결과를 똑같이 재현하지 못하는 것이다.

예를 들어 2014년 《심리학, 공공정책, 법률Psychology, Public Policy, and Law》에 실린 한 논문의 저자들은 해당 논문에 "통계분석 오류로 인해 연구 결과가 과대평가되었다"는 수정 문구를 추가해야 했다. 이 논문의 주제는 무엇이었을까? 정신건강 전문가의 법정 증언에 인지 편향, 특히 확증 편향이 미치는 영향이었다! 저자들이 수정 문구에서 보여주듯이, 그들의 실수는 역설적이게도 이 논문의 핵심 요점을 입증해준다. 즉 편향을 피하기 위한 고도의 훈련과 동기를 지닌 사람들마저도 인지 편향에 의해 쉽사리 오류에 빠질 수 있다.

이 논문은 역설적이게도 다음과 같이 강력하게 말하고 있다. 우리가 '객관적'이려고 얼마나 노력하든지 간에, 사실과 수치에 대한 해석은 항상 편향에 영향을 받는다. 우리는 자신이 무의식적으로 확신하는 이야기의 프리즘으로 사실과 수치를 바라볼 뿐이다.

듣고 싶은 이야기만 하는 사람을 주의하라

석유 냄새를 탐지한다는 항공기에 관한 두 가지 이야기로 돌아가보자. 확증 편향과 스토리텔링의 힘은 똑똑하고 노련한 사람들이 왜 상황을 완전히 망쳐놓는지 잘 설명해준다. 1975년의 사기 사건과 2004년의 허황된 유사 사건은 세부 내용은 다르지만 모두 노련한 '날조자'들이 피해자의 상황에 맞게 이야기를 꾸며냈음을 잘 보여주었다.

1975년 프랑스는 1차 오일쇼크로 크게 동요했다. '이야기 날조자들'은 엘프아키텐과 프랑스 정부에 그야말로 새로운 유형의 에너지 독립을 약속했다. 프랑스는 에어버스 항공기와 세계 최고 수준의 핵 프로그램을 갖고 있었고, 혁신적인 고속철도 TGV를 개발하고 있었다. 프랑스는 자국의 탁월한 기술 역량과 행운을 믿었다. 프랑스는 세계 어느 국가도 아직 발견하지 못했거나 감히 상상도 못 한 기술(과거의 영광을 회복해줄 혁신적인 기술)을 발명할 수 있다고 믿었다. 아울러 사기꾼들은 엘프아키텐의 이사회 회장이 전 국방부장관이었다는 사실을 알고는 자신들의 기술에 군사적 잠재력이 있다며 설득했다(지하의 석유도 탐지하는데 바닷속의 전략 잠수함을 탐지하지 못하겠는가?).

호언장담하는 발명가들은 공학기술이 전혀 없는 대신, 청중의 귀에 솔깃한 이야기를 만들어내는 데는 탁월했다. 그런 상황에 놓인 당시 사람들은 그 이야기를 뿌리칠 수 없었다. 사건이 터진 뒤, 엘프아키텐의 회장이 이렇게 고백했다. "전반적으로 신뢰하는 분위기가 사람들을 사로잡으면서 의심하는 사람들은 입을 열 수 없었습니다."

물론 그렇다고 해서 그와 그의 동료들이 용서받을 수 있는 것은 아니다. 이 사건에 대한 신랄한 수사 보고서에는 "이런 고려 사항들이 관계자들의 경계심과 비판적 사고를 막지 않았어야 했다"라고 쓰여 있다. 아울러 "발명가들과 그들의 기술에 체계적으로 이의를 제기하는 대신…… 아무런 조사나 검증 없이 그들의 말을 받아들였다"라는 말이 덧붙여졌다. 경영진은 "항공기 탐사가 가져올 홍보 효과를 강조하고…… 석유 탐지 장치에 대한 테스트와 정밀 조사를 위한 실험을 단 한 차례만 시행하려고 했다". 탐지 기술을 배우고 파악하기 위해 엘프아키텐이 파견한 전문가들은 그 기술에 대해 체계적으로 질문을 제기하지 않았다. 보고서를 작성한 사람은 아마 '확증 편향'이라는 용어를 들어본 적이 없을 테지만 보고서는 이 용어의 핵심을 잘 요약해준다. 즉 초기 가설을 지지하는 증거만 찾으려 할 뿐, 그와 반대되는 증거를 찾으려는 노력에는 소홀했다.

이야기를 상대의 상황에 맞게 구성하는 기술이 2004년 사건에도 분명하게 드러난다. 이번 발명가들은 "석유와 가스 산업계의 구글"을 창조하는 "혁명"을 일으키겠다고 약속했다. 하지만 이것은 2000년대 초 야심만만한 발명가들이 꿈꾸었던 이야기에 지나지 않았다. 이를테면 그들은 전체 산업(바라건대 최대 규모의 산업)을 완전히 재편해줄 획기적인 기술 개발을 꿈꾸었다. 이런 관점에서 보면 모든 약점이 강점이 되었다. 모든 적색등은 녹색등과 붙어 있다. 투자자들은 올슨이 석유에 대해 아무것도 몰랐다는 점을 우려했을까? 반대로 모든 사람은 획기적인 혁신이 특정 산업의 내부자가 아니라 신선한 시각으로 시장의 판도를 뒤흔드는 모험적 기업가에게서 나온다고 알고 있었다! 거의 모든 전문가가 보인 매우 회의적인 입장은 어떻게 되었을까? 오히려 좋은 징조였다. 테럴리언스는 삽시간에 이런 보수적이고 무기력한 분야에 이목을 집중시킬 수 있었으니까!

멋진 스토리를 믿고 싶을 때는 모든 것을 대수롭지 않게 넘기게 된다. 벤처 투자로 일부 재산을 잃고 실망감에 빠진 투자자가 이렇게 말했다. "위성에서 그런 데이터를 얻을 수 있다는 말이 나로서는 이해되지 않았습니다. 하지만 나는 그냥 이렇게 말했습니다. '제길, 그래도 한번 생각해보는 게 좋겠어'라고요." 요약하자면, 이런 이야기는 인류의 역사만큼이나 오래되었다. 카리스마 있는 사람이 당신이 믿고 싶어 하는 흥미진진한 스토리를 들려주면 당신은 그냥 넘어가게 된다.

summary

- 단순히 우연일 수도 있는 사건을 일관성 있는 이야기로 만드는 스토리텔링의 함정은 경영 관련 의사결정에서 문제를 일으킨다.

- 우리가 의사결정에서 함정에 빠지는 이유는 기존 신념과 모순되는 정보를 무시하거나 경시하는 확증 편향 때문이다.

- 확증 편향은 똑똑한 사람들과 언뜻 보기에 객관적인 판단에도 영향을 미친다.

- 메신저의 평판이 그가 전달하는 정보의 가치를 과대평가하게 만들 때 챔피언 편향이 일어난다.

- 경험 편향은 자신의 경험에 비추어 상황을 판단하게 한다.

- 이야기의 내용이 우리가 듣고 싶은 것일 경우 특히 강력한 편향의 영향을 받는다.

터무니없는 이야기일수록 그럴듯하다

Chapter 2
모두가 스티브 잡스가 될 수는 없다
모방의 함정

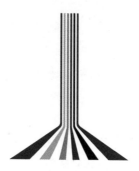

세상을 바꿀 수 있다고 생각할 정도로 미친 사람들이 실제로 세상을 바꾼다.
애플 광고

스티브 잡스Steve Jobs는 생각보다 이른 나이에 죽고 수년
이 지난 지금까지도 널리 존경을 받는다. 이런 존경심은 애플
창업자에 관해 우리가 알아야 할 모든 것을 들려준다고 약속하
는 수백 권의 책 덕분이다(여기에는 그의 혁신 비밀, 디자인 원칙, 발
표 기술, 리더십 스타일, 선Zen, 은밀한 습관, 심지어 패션스타일까지 포함
된다).

스티브 잡스에 대한 숭배는 예외적으로 광범위하게 퍼져 있
지만, 사실 기업 리더들을 존경하고 그들을 신에 버금가는 존
재로 추켜세우는 현상은 전혀 새로운 것이 아니다. 1981년부터

2001년까지 제너럴 일렉트릭(이하 GE) CEO를 역임한 잭 웰치Jack Welch와 투자자들의 우상 워런 버핏Warren Buffett은 숭배자들을 거느린 최초의 유명 인사였다. 다른 전설적인 기업가로는 앨프리드 슬론Alfred Sloan(제너럴모터스), 빌 게이츠Bill Gates(마이크로소프트), 래리 페이지Larry Page(구글), 최근의 일론 머스크Elon Musk(스페이스X와 테슬라)가 있다. 이러한 카리스마적인 인물들은 우리에게 모델로 제시되었고 지금도 그렇다.

모델의 필요성은 인정할 만하다. 경영자들이 다른 리더들과 자신을 비교하면서 점검하는 것은 좋은 태도다. 하지만 이렇게 모델을 추종하는 태도는 종종 세 가지 잘못으로 이어진다. 첫째, 우리는 모든 기업의 성공을 한 사람의 공로로 돌린다. 둘째, 그렇게 되면 그 개인의 모든 행동이 그를 성공으로 이끈 요인으로 보이게 된다. 마지막으로, 우리는 너무 성급하게 그 모델을 모방하려고 한다.

애플은 스티브 잡스가 천재였기 때문에 성공했다?

앞에서는 우리가 어떻게 본능적으로 의미를 만들어내는지 알아보았다. 애플 사례를 계속 언급하자면, 우리가 수백 번 들어온 이야기(몰락과 놀라운 재기 이후, 믿기 어려울 정도의 성공)는 영웅 서사의 구조와 훌륭하게 맞아떨어진다.

그러나 한 가지 문제가 있다. 이 이야기의 영웅은 스티브 잡스지만 성공을 거둔 것은 애플이라는 점이다. 무엇보다 애플은 시가총액 기준 세계 최대 기업 중 하나다. 잡스가 애플 역사에서 결정적인 역할을 한 것은 맞지만 6만 명(잡스가 사망한 2011년 기준)의 애플 직원 역시 나름대로 기여했다고 말하는 것이 옳다. 스티브 잡스의 사망 이후 애플의 지속적인 성과가 이런 사실을 확인해준다. 애플의 '창의적인' 측면(이를테면 혁신적인 제품의 지속적인 발명)에만 초점을 맞춘다고 해도, 스티브 잡스가 모든 공로를 차지할 유일한 인물이 아닌 것은 확실하다.

그렇다면 애플과 스티브 잡스의 이야기가 왜 우리 머릿속에서 서로 구분되지 않고 하나로 합쳐질까? 우리가 영웅 이야기를 간절히 듣고 싶어 하기 때문이다. 최고의 이야기는 탁월한 인간에 관한 이야기다.

우리는 모든 결과를 이 탁월한 인간의 공로로 돌린다. 그러면서 다른 구성원들의 역할, 환경과 경쟁자, 행운과 악운의 분명한 영향을 과소평가한다.

1장에서 론 존슨이 어떻게 성공 이야기(애플스토어를 만든 이야기)의 영웅이 되었는지 소개했다. 게이트웨이Gateway를 포함한 컴퓨터 제조사들도 자사의 판매망을 만들려고 시도했지만 모두 참패했다. 한 금융 분석가가 이렇게 썼다. "컴퓨터 제조사가 훌륭한 컴퓨터 소매기업을 만들 것이라고는 아무도 믿지 않았다." 애플스토어는 이런 비관론자가 틀렸음을 입증했다. 10년도 지나지 않아 90억 달러의 매출을 올리면서 애플스토어는 소매업 전체에 영감의 원천이 되었다.

애플스토어는 탁월한 매장 위치, 독특한 매장 디자인, 엘리트 고객에 대한 서비스, 기술 혁신(예를 들어 사람들은 계산대에 줄을 서서 기다릴 필요가 없다)을 통해 소매업의 전통적인 통념을 완전히 뒤집었다. 잡스의 영향도 있었지만 모든 것이 분명 존슨의 아이디어였다. 존슨은 소매업계의 미다스라는 평판을 얻었다. 한 산업 전문가는 이렇게 말했다. "론 존슨이 만지는 것은 모두 황금으로 바뀐다. 그는 내가 어디에서도 본 적이 없는 방식으로 소매업을 이해한다."

하지만 이 이야기를 완전히 다르게 읽을 수도 있다. 애플스토어가 성공한 원인을 혁신적인 매장 설계(그리고 매장 설계자)에서 찾는 바람에 우리는 너무나 빨리 중요한 요인을 놓친다. 소비재 역사상 가장 성공적인 세 가지 제품이 출시되었다는 사실 말이다. 애플스토어의 매출액 증가를 잠시만 살펴보아도 충분히 오해를 바로잡을 수 있다. 2001년 최초의 애플스토어가 개장한 시기는 획기적인 혁신 제품이었던 아이팟이 출시된 시기와 같았다. 2008년 아이폰 출시 이후 매출액은 50퍼센트 급증했다. 이후 매출액은 1년 동안 같은 수준을 유지하다가 아이패드가 시장에 출시된 2010년 갑자기 65억 달러에서 90억 달러로 폭증했다.

달리 말하면, 애플스토어의 매장 설계와 애플스토어의 성공 사이에 인과 관계는 미약한 수준이다. 애플스토어 앞에서 밤새 줄 서서 기다린 소비자들은 대리석 바닥이나 블론드 색의 나무 데코를 감상하기 위해 매장을 찾은 것이 아니었다. 그들은 다른 곳에서는 볼 수 없는 신제품을 구하기 위해 그곳을 찾았다. 여기에서 반사실적 사고counterfactual thinking에 관한 사고실험이 도움이 된다. 영감이 부족한 론 존슨이 고용되어 가령 베스트바이Best Buy와 같은 전통적인 전자제품 판매점과 비슷하게 '평범한' 애플스토어를 만들었다고 상상해보자. 이 경우 애플스토어는 성공을 거두지 못했을까? 아마 성공했을 것이다. 그들은 유통 역사상 최대의 성공으로 평가받았을까? 애플 제품에 대한 끝없는 수요와 애플스토어에서 최초로 애플 제품을 구입할 수 있다는 점을 고려하면, 거의 확실하게 역사상 최대의 성공이라는 평가를 받았을 것이다.

이런 통찰은 독창성이 아니라 자명함에 그 가치가 있다. 판매점의 성공이 주로 거기서 판매하는 상품 덕분이었다고 보는 것은 새로운 통찰이 아니다. 공정하게 말하면 론 존슨은 이런 사실을 확실히 알고 있었다. 기존 고객을 놓칠 위험을 무릅쓰고 JC페니의 판매 품목을 완전히 바꾸려던 존슨의 열망은 이런 관점으로만 설명될 수 있다. 하지만 1장에서 JC페니 이야기를 읽을 때 당신은 이런 생각이 들었는가? 아마 존슨이 JC페니에서 애플스토어의 성공을 그대로 재현하려고 시도한 것이 어리석었다고 생각했을 것이다. 당신은 그가 애플스토어의 성공에 크게 기여했다는 평가마저도 확실하지 않다고 생각했는가?

이런 생각이 떠오르지 않았더라도 상관은 없다. 당신만 그런 게 아니니까. 대중 매체, 주식시장, 그리고 당연히 JC페니 이사회도 존슨이 애플스토어의 성공에 결정적인 역할을 했다는 사실을 의심하지 않았다. 한결같이 그리고 아주 자연스럽게 그런 사실을 눈치채지도 못했다. 우리의 첫 번째 충동은 성공(또는 실패)을 주변 환경이 아니라 특정 개인과 그들의 선택 그리고 그들의 성격 탓으로 돌리는 것이다. 우리의 첫 번째 실수는 귀인 오류attribution error다.

그는 천재이기 때문에 그가 하는 모든 일은 탁월하다?

두 번째 실수는 우리가 모델에 감탄하면서 그의 삶과 의사결정, 사업 방식을 연구하고 그 의미를 찾을 때 발생한다. 미국 심리학자 에드워드 손다이크Edward Lee Thorndike는 1920년 이런 실수를 설명하면서 후광효과halo effect라는 이름을 붙였다. 일단 어떤 사람에 대한 인상을 갖게 되면 우리는 그의 다른 모든 특성도

첫인상의 후광 속에서 판단한다. 예를 들어 키 큰 사람들은 더 나은 리더로 간주된다(다른 조건이 모두 동일하다면, 그들은 더 많은 월급을 받는다). 또 다른 예는 유권자들이 후보자를 외모로 판단하는 것이다. 정치가는 '정치에 걸맞은 외모'가 있어야 한다. 요컨대 우리는 훨씬 더 어려운 평가 작업(예를 들어 리더십 능력이나 기술)을 피하기 위해 손쉽게 이용할 수 있는(키나 외모 등) 정보를 이용한다.

스위스 IMP(국제 경영개발원) 교수인 필 로젠츠바이크Phil Rosenzweig는 그의 책 《헤일로 이펙트》에서 후광효과가 사람뿐만 아니라 기업에도 어떻게 적용되는지 보여주었다. 기업 사례에서 가장 많이 이용되는 특성은 최고의 브랜드 인지도와 재무적 성과였다. 따라서 우리가 유명 제품을 만드는 기업 중에서 모델을 찾는 것은 놀라운 일이 아니다(당장 우리는 가장 가까운 애플 로고에서 몇 센티미터나 떨어져 있는가?). 우리가 주식시장에서 가장 놀라운 실적을 내는 기업으로부터 영감을 구하는 것은 충분히 예상할 수 있는 일이다.

이 두 번째 측면은 애플 이외에도 많은 기업을 연구와 모방의 대상이 되게 했다. 가장 좋은 사례는 잭 웰치가 스타 CEO로 재직했던 시기의 GE이다. 1999년 〈포춘〉이 '세기의 경영자'라는 이름을 붙인 잭 웰치는 유례가 없는 주주가치를 창출했다. 그의 재직 기간 동안 GE가 주주에게 지급한 총 배당금은 약 5,200퍼센트로, S&P500지수에 포함된 다른 미국 대기업들이 같은 기간 지급한 금액보다 훨씬 많았다.

오늘날 애플에서 보듯이 이런 성공은 끝없는 모방 충동으로 이어졌다. 사실 잭 웰치도 GE 내부에서 경영진과 '모범적 실천 사례'를 공유함으로써 서로 모방하라고 권장했다. 모범적 실천 사례가 거대 기업의 한 사업부에서 다른 사업부로 이전될 수 있다면 다른 기업에도 적용하지 못할 이유가 있겠는가?

이 질문에 대한 대답은 그다지 명확하지 않다. '모범적 실천 사례'를 모방하는 것은 상식적인 일처럼 보인다. 우리는 안일함을 물리치고 '외부에서 개발한 것을 인정하지 않는' 증후군과 싸우고 싶어 한다(이 증후군 때문에 기업들은 다른 곳에서 나온 아이디어를 거부한다). 우리가 선택한 실천 사례, 수단, 접근방법이 올바르다면 다행이지만, 안타깝게도 항상 그렇지는 않다.

그 이유는 후광효과 때문이다. 일반적으로 우리는 먼저 성공적인 기업들을 찾은 다음, 그중에서만 모방할 실천 사례를 선택한다. 이런 방식은 해당 실천 사례가 그 기업의 전체적인 성공에 기여할 거라고 가정한다. 하지만 애플이나 GE의 많은 실천 사례 중에 어느 것이 그들의 성공을 '설명'해주는지 알아내기는 쉽지 않다. 기업이 실천한(또는 하지 않은) 것 중에서 어느 것이 탁월한 성과를 낸 비결이라고 보아야 할까? 《초우량 기업의 조건》에서 《성공하는 기업들의 8가지 습관》에 이르기까지 수많은 경영서가 이 질문에 대한 해답을 찾으려고 시도했다. 경영서들은 '최고의 경영' 기업이나 가장 '선견지명이 있는' 기업들에 대한 연구를 통해 그들의 성과를 설명해줄(바라건대, 당연히 경영자가 통제할 수 있는) 결정적인 요인들을 찾아내려고 애쓴다. 아쉽게도 아직까지는 보편적인 성공 법칙에 대한 연구는 성과가 없었다.

GE 경영진의 모든 실천 사례 가운데 단연 주목을 받은 것은 1980년대에 시작된 '강제적인 직원 평가forced ranking 시스템'이었다. 이 시스템에서 각 관리자는 직원을 반드시 세 가지 범주(성과에 따라 상위 20퍼센트, 중간 70퍼센트, 하위 10퍼센트) 중 하나에 배정해야 했다. 잭 웰치는 이렇게 설명했다. "저성과자들에게는 개선의 기회를 주고, 1년 안에 성과를 올리지 못하면 해고합니다. 어쩔 수 없는 일입니다."

많은 기업이 이런 시스템을 적용하려고 했다. GE는 성공을 거둠으로써 사람들의 존경을 받았고, 강제적인 직원 평가 시스템의 논리에는 논쟁의 여지가 없는 것 같았다. 인재의 수준이 기업의 성공에 필수적이라는 사실에 누가 의문을 제기할 수 있겠는가? 저성과자를 해고함으로써 직원들의 평균 수준이 기계적으로 향상될 것이라는 사실에 누가 이의를 제기할 수 있겠는가?

하지만 이 시스템을 채택한 기업들은 대부분 이를 곧 포기했다. 이 시스템을 도입한 미국 기업의 비율은 2009년 49퍼센트에서 2011년 14퍼센트로 떨어졌다. 많은 기업에 따르면, 이 시스템은 사내 정치와 정실주의를 악화시켰고, 아울러 단체정신, 동기부여, 창의성에 부정적인 영향을 미쳤다. GE조차도 이 시스템을 포기하고 지금은 좀 더 섬세한 성과 평가 방법을 사용한다. GE의 성공에는 강제적인 직원 평가 시스템보다는 더 다양하고 복잡한 이유가 있는 것이 분명했다.

그러나 이것이 전부가 아니다. 애플이나 GE의 성공을 설명해줄 요인들을 확실하게 찾을 수 있다고 가정해보자. 그래도 어떤 요인이 특정 상황에서 적용 가능한지, 혹은 그렇지 않은지를 구별해야 한다는 과제가 여전히 남는다.

JC페니의 이야기를 다시 살펴보자. 론 존슨은 스티브 잡스가 새로운 가격 전략에 대한 테스트 결과를 거부하고 시장조사에 대해 부정적인 반응을 보였다는 유명한 일화를 들려주었다. 이와 비슷하게 많은 리더가 제품 출시 전에 자신의 직관에 의존한다. 그들은 이렇게 설명한다. "소비자들은 이미 익숙한 것을 요구할 뿐입니다." 그래서 그들은 정말 혁신을 원하는 사람은 여론보다는 창의성과 자기 확신을 중시해야 한다고 주장한다.

이런 추론은 타당하다. 획기적인 혁신이라면 말이다. 사실 기업이 소비자의 행태를 근본적으로 바꾸길 열망한다면 (적어도 가장 전통적인 방식의) 시장조사에 의구심을 갖는 것은 당연하다. 하지만 놀라운 점은 이런 주장이 제품 라인의 확대와 같은 점진적인 혁신이나 기존 제품을 대체하는 신제품에 대한 테스트를 거부하는 이유로 너무 자주 언급된다는 것이다. 최초의 아이패드를 출시하는 것과 새로운 맛의 쿠키를 출시하는 것에 어떤 차이가 있는지는 누구나 안다. 하지만 자신을 근본적인 혁신자와 동일시하고 싶은 유혹이 엄청나다.

모범적인 실천 사례 연구에는 문제가 있다. 기업들이 그들에게 실질적인 이익을 제공해줄 요소, 즉 차별화로부터 멀어지게 한다는 것이다. 좋은 전략은 다른 기업의 전략과 달라야 하기 때문에 경쟁자의 실천 사례를 모방하는 것은 절대 좋은 전략이 아니다.

더 자세히 말하면, 일반적으로 '모범적 실천 사례'라고 불리는 것에는 두 가지 유형의 실천 사례가 포함된다. 일부는 운영 도구(다수의 다른 기업에서 효과가 입증된 수단과 접근방법)들이다. 정보기술, 마케팅, 제조, 물류 등의 분야에서 이런 실천 사례들은 분명히 운영 성과를 개선해줄 것이다. 하지만 그 자체로는 지속적인 전략적 우위를 제공하지 못한다. 이유는 간단하다. 경쟁자들도 똑같이 모방할 수 있기 때문이다. 승리하기 위해 그런 접근방법에 의존하는 것은 전략을 운영상의 효율성과 혼동하는 것이다(이는 일반적이고 위험한 실수다).

모범적 실천 사례의 다른 유형은 전략적 포지셔닝과 관련된다. 경쟁자의 전략을 연구하고 그것을 '모범적 실천 사례'라고 부르는 것은 해당 업계에서 성공할 수 있는 단 하나의 일반적인 전략이 있다고 가정하는 것이다. 따라서 동일한 소비자층을 목표로 삼고, 같은 판매 채널을 이용하고, 동일한 가격 정책을 채택할 경우에만 성공을 거둘 수 있다. 항공사, 식료품 기업, 이동통신 기업들은 흔히 이러한 전략적 모방 패턴을 따른다. 그 결과 서로 간에 차별성이 없는 경쟁이 벌어지면서 소비자는 가격에 초점을 맞추게 되고 해당 산업의 모든 참여자의 이익이 잠식된다. 다른 기업의 전략을 모방하는 것은 설령 처음에는 효과적일지 몰라도 결국에는 막다른 골목이다.

모델은 유용할 수 있다. 하지만 우상 숭배는 그렇지 않다. 때로 우리는 모범적 실천 사례가 그것을 만든 기업에만 적용된다는 사실을 깨달아야 한다.

그의 탁월한 사례들은 모두 모방할 만하다?

천재를 모방하기 전에는 반드시 한 번 더 고민해보아야 한다. 내가 "스티브 잡스는 천재였다"고 말하고, "그래서 나는 그를 모방해야 한다"라고 결론을 내린다면 나는 삼단논법의 두 번째 전제인 '나 역시 천재다'를 빠뜨린 것이다. 이것이 바로 우리가 모델을 찾을 때 저지르는 세 번째 실수다. 예컨대 F1 챔피언은 분명히 운전의 달인이지만 당신은 운전석에서 그의 '모범적 실천 사례'를 모방할 생각은 절대 하지 않는다. 당신은 달인만이 그렇게 운전할 수 있다는 것을 알고 있다! 하지만 이른바 '사업의 달인'에 대해서는 너무나 자주 모방하려는 시도를 한다.

논란의 여지가 없는 투자의 귀재 워런 버핏의 예를 들어보자. 버핏은 지난 50년 동안 탁월한 실적을 올림으로써 2020년 순자산이 800억 달러에 달하는 세계 3위 부자가 되었다. 투자자들은 아마 버핏의 투자 전략을 연구할 것이다. 그의 투자 전략은 서민적이면서도 단순명료하게 보이기 때문이다(이를테면 당신이 이해할 수 있는 사업에 투자하라, 버블로 이어지는 열풍과 유행을 경계하라, 잠재력 있는 투자 대상이라면 10년, 20년, 심지어 30년 동안 계속 보유하는 것을 주저하지 마라, 지나치게 분산투자하지 마라). 매년 '오마하의 신탁(미국 네브래스카주 오마하 출신인 버핏은 오마하의 현인이라 불린다-옮긴이)'을 듣기 위해 오마하로 순례를 떠나는 버크셔해서웨이의 주주 수만 명은 그의 투자 원칙을 이해하고 직접 적용해보고 싶어 한다.

하지만 수익률을 시장 평균 이상으로 올리려는 시도는 불가능함을 보여주는 수많은 증거가 있다. 수많은 오마하 순례자 중 한 사람이라도 버핏과 비슷한 성과를 올릴 가능성은 매우 낮다. 사실 버핏 자신도 그런 시도에 대해 경고한다. 그는 펀드매니저들이 수수료를 받을 자격이 있는지 의구심을 나타내면서 개인 투자자들에게 인덱스펀드를 사라고 조언한다. 다른 분야와 마찬가지로, 투자 분야에서도 천재(만약 존재한다면)는 당연히 예외적인 존재일 뿐이다. 우리는 천재를 모방하려고 해서는 안 된다. 우리는 절대 그들과 같은 성취를 이룰 수 없기 때문이다.

물론 누구도 이런 말을 듣고 싶어 하지 않는다! 천재를 모방하려는 열정은 자신의 능력을 과대평가하는 성향에 의해 더욱 강화된다. 아무리 많은 추론이나 증거가 있어도 우리가 예외적인 사람이 될 수 없다는 사실을 납득시키지 못할 것이다. 하지만 스티브 잡스, 잭 웰치, 워런 버핏이 이런 경고에 주의를 기울였더라면 믿기 어려울 정도로 엄청난 성공을 거둘 수 있었을까? 이들을 비롯한 수많은 위대한 인물들이 우리가 예외적인 성과를 올릴 수 있다는 증거가 아닌가? 한때 우리의 마음에 새겨졌던 "세상을 바꿀 수 있다고 생각할 정도로 미친 사람들이 실제로 세상을 바꾼다"는 애플의 광고가 사실이지 않을까?

물론이다. 우리는 이런 탁월한 사람들에게서 영감을 찾을 수 있다. 하지만 그들에게서 실천적 교훈을 찾는다면 심각한 추론적 오류를 범하게 될 것이다.

우리가 감탄하는 성공을 거둔 모델들은 이미 성공한 사람들이다. '세상을 바꿀 수 있다고 생각할 정도로 미친 사람들' 중에 대다수는 세상을 바꾸지 못했다. 그래서 우리는 그들에 대해 전혀 들어본 적이 없다. 우리는 승리자에게만 초점을 맞추고 이런 사실을 잊어버린다. 우리는 생존자만 바라볼 뿐 똑같은 위험을 감수하고 똑같은 행동을 모방하다가 실패한 사람들은 보지 않는다. 이러한 논리적 오류가 생존자 편향survivorship bias이다. 우리는 생존자로만 이루어진 하나의 표본에서 결론을 도출해서는 안 된다. 그런데도 우리가 그렇게 하는 까닭은 생존자들만 바라보기 때문이다.

모델을 좇는 것은 우리에게 영감을 줄 수 있지만 길을 잃게 할 수도 있다. 온 세상이 모방하려고 애쓰는 소수의 우상들 대신, 우리와 비슷한 사람들, 탁월한 성공을 거두지 못한 의사결정자에게서 배움으로써 교훈을 얻을 수 있다.

더 좋은 방법으로, 최악의 실천 사례를 연구하면 어떨까? 사람들은 우리가 성공보다는 실수에서 더 많이 배운다는 점에 동의한다. 성공한 기업보다는 파산한 기업에 대한 연구가 더 많은 교훈을 줄 수 있다. 그들의 실수에서 배우는 것은 실패를 피하는 좋은 길이 될 수 있다.

summary

- 귀인 오류는 성공(또는 실패)을 한 사람 탓으로 돌리고 주변 환경과 우연의 영향을 과소평가하게 한다.

- 후광효과로 인해 우리는 몇 가지 현저한 특징에 기초해 전체적인 인상을 갖게 된다. 우리는 성공한 기업들의 실천 사례가 그들의 성과와 관련이 없을 때조차도 그 실천 사례를 모방하려고 한다.

- 생존자 편향은 성공 사례에만 초점을 맞추고 실패자에 대해서는 잊어버리는 것이다. 그 결과 우리는 위험 감수가 성공 원인이라고 생각한다.

Chapter 3
전략적 의사결정의 형편없는 안내자
직관의 함정

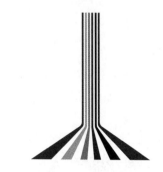

아무도 맹목적으로 믿지 말라, 자기 자신조차도.
스탕달

1994년 번창하던 독립 기업 퀘이커오츠Quaker Oats는 차를 기반으로 한 음료 브랜드 스내플Snapple을 인수하는 과정에서 다른 매수 희망자들보다 높은 가격을 불렀다. 입찰 가격은 17억 달러였다. 퀘이커오츠의 CEO 윌리엄 스미스버그William Smithburg는 기업 인수로 막대한 시너지 효과가 발생해 높은 입찰 가격을 만회해줄 거라고 확신했다. 그는 10년 전에 게토레이Gatorade를 인수해 최고의 브랜드로 만들었다. 그래서 그는 퀘이커오츠의 마케팅 역량을 활용하면 스내플도 똑같은 성과를 올릴 것이라고 자신했다.

이 인수는 엄청난 실패로 드러났다. 3년 뒤 퀘이커오츠는 스내플을 인수 가격의 5분의 1도 안 되는 가격에 재매각했다. 이 실수로 스미스버그는 CEO 직위에서 해고되고, 퀘이커오츠도 2000년에 펩시코Pepsico에 인수되었다. 투자 금융인들에게 '스내플'은 총체적인 전략적 실수를 뜻하는 용어가 되었다. 하지만 자신이 몸담은 업계에서 가장 노련하고 찬사를 받는 경영자였던 스미스버그는 자신의 직관을 믿었다.

직관을 '직감', '사업적 감각', '비전' 등 무엇이라고 부르든지 임원들은 대부분 전략적 결정을 내릴 때 자신의 직관에 의존한다고 주저 없이 단언한다. 역설적이지만 합리성을 강조하는 현대 세계는 이런 능력과 이런 능력을 소유한 사람들을 매우 높이 평가한다. 산 정상에 오른 정복자들이나 나무 밑에 앉아 있는 발명가들의 상투적인 표현 중 하나는 땀이 아니라 영감이다. 성공한 기업가나 탁월한 CEO 또는 위대한 정치 지도자에 관한 이야기를 읽어보면 그들의 합리성과 절제력보다는 비전과 직관이 부각되는 경우가 훨씬 더 많다.

사실 직관은 우리의 의사결정에 일정한 역할만이 아니라 종종 중요한 역할을 하기도 한다. 하지만 우리는 직관을 길들이고 제어하는 법을 배워야 한다. 또한 직관이 언제 유용한지, 언제 우리를 길을 잃게 만드는지 알아야 한다. 안타깝지만, 전략적인 의사결정에 관한 한 직관은 형편없는 안내자다.

직감으로 탁월한 의사결정을 내릴 수 있는가

　직관을 연구한 가장 중요한 학자로는 심리학자 게리 클라인 Gary Klein을 꼽을 수 있다. 그는 '자연적 의사결정naturalistic decision-making' 연구를 개척한 학자다. 자연적 의사결정은 군 지휘관, 경찰 간부, 체스 그랜드마스터, 신생아 집중치료실에서 근무하는 간호사 등 실제 상황에서 활동하는 전문가들을 대상으로 한다. 확실히 이들은 표준적인 '합리적' 의사결정 모델을 사용하지 않는다. 그들은 상황을 분석하고 대안을 정의하고 기존 평가 항목에 따른 장단점을 비교하여 최선의 행동을 선택할 시간이 없다. 그렇다면 그들은 무엇을 이용할까? 바로 직관이다.

　클라인은 자신의 책에서 불타는 주택이 왠지 당장 붕괴할 것 같다고 느낀 소방 대장의 이야기를 자세히 다룬다. 그가 대원들에게 대피하라고 명령한 지 수초 만에 주택의 바닥이 무너져 내렸다. 어떻게 그런 탁월한 결정을 내렸는지 묻자 소방 대장은 제대로 답을 하지 못했다. 그는 자신에게 일종의 초감각적 지각력이 있는 것은 아닌지 궁금해했다.

　소방 대장의 머릿속에서 어떤 일이 벌어진 것일까? 사람들의 생명을 구한 그의 직관은 어디서 생겨났을까? 물론 클라인은 초자연적인 능력을 믿지 않는다. 직관은 전혀 마술적인 것이 아니다. 나폴레옹은 이렇게 썼다. "전장에서 영감은 대개 기억에 지나지 않는다." 오늘날 연구자들은 대부분 이 견해에 동의한다. 그들에 따르면 직관은 이미 경험하고 기억한 상황에 대한 신속한 인식에 기초한다. 비록 그런 경험에서 얻은 교훈이 의식적으로 형성되지 않았다 해도 말이다. 클라인은 이것을 인식 촉발 recognition-primed 의사결정 모델이라고 부른다.

소방 대장 이야기가 이 모델을 완벽히 설명해준다. 주택에 들어갔을 때 그는 객관적인 징후를 인지했다. 특히 그는 높은 실내 온도를 감지했지만 아무런 소리도 듣지 못했다. 소방관이면 누구나 알듯이, 뭔가 불에 타면 시끄러운 소리가 난다. 소방 대장이 원래 예상했던 대로 그 화재가 주방 화재였다면 주방에서 소리가 났을 것이다. 그와 반대로 주방에서 난 불이 소리가 들리지 않을 정도로 매우 작았다면 열기가 강렬하지 않았을 것이다. 그가 인지한 징후는 그가 생각한 시나리오와 맞지 않았다. 나중에 일어난 상황은 이런 모순적인 징후를 설명해주었다. 즉 그 화재는 주방에서 난 작은 불이 아니라 지하실에서 발생한 큰불이었다. 지하실의 불은 곧 소방 대장과 대원들이 서 있던 바닥을 태워버렸다.

소방 대장의 결정은 알려진 상황에 대한 인식(더 정확히 말하면, 여러 징후가 그의 초기 가설과 일치하지 않았기 때문에 그 상황에 대한 부인)에 기초했다. 그는 경험 덕분에 이런 불일치를 알아차렸다. 그는 의식적인 추론 없이 즉각 이번 화재가 평범한 주방 화재가 아니라고 결론 내렸다.

경험을 이용해 미약한 징후를 즉각 인식하는 능력 덕분에 많은 분야의 전문가들이 순식간에 의사결정을 내릴 수 있다. 말콤 글래드웰의 저서 《블링크》가 이 주제를 다룬다. 이 책의 요점은 우리가 직감에 귀를 기울인다면 직관의 힘에 기초해 탁월한 의사결정을 내릴 수 있다는 것이다.

얼마나 대단한 주장인가! 우리는 모두 직관의 힘을 믿고 싶어 한다. 소방관과 같은 영웅들이 훌륭한 역할 모델이다(꼼꼼하고 사소한 일에 신경 쓰는 관리자들보다 훨씬 더 많은 영감을 준다). 이처럼 자신의 목숨을 거는 훌륭한 남녀들이 직관을 신뢰한다면 우리라고 우리의 직관을 신뢰하지 못할 이유가 있을까?

상황이 약간 더 복잡한 이유를 이해하기 위해 게리 클라인을 비롯한 자연적 의사결정 연구자들은 잠시 제쳐놓기로 하자. 그들이 극단적인 실제 상황을 관찰하여 이론을 만드는 동안 다른 학파로서 '휴리스틱스heuristics(시간과 정보가 충분하지 않을 때 합리적이고 체계적인 추론 대신 기존 경험, 지식과 직관에 기초하여 신속하게 판단하는 방법-옮긴이)와 편향'에 기초한 인지심리학자들은 실험실 실험에 초점을 맞추었다. 이런 접근법은 완전히 상반된 결론을 내놓았다.

대표적인 학자인 대니얼 카너먼과 아모스 트버스키Amos Tversky 는 1969년의 중요한 실험에서 노련한 통계 전문가들을 피험자로 이용했다. 그들이 통계 전문가들에게 부여한 과제는 연구에 필요한 최적의 표본 크기를 구하는 매우 간단한 것이었다. 최적의 표본 크기는 기술적인 문제이지만 중요하다. 표본의 크기가 너무 크면 불필요한 비용이 발생하고 너무 작으면 결론을 내릴 수 없는 애매한 연구 결과가 나온다. 물론 통계 전문가들은 최적의 표본 크기를 결정하기 위해 어떤 공식을 사용해야 하는지 알고 있었다. 하지만 이 공식을 수십 번 사용해본 전문가로서 그들은 계산 과정을 생략하고 비슷한 연구 경험을 바탕으로 대략적인 추정치를 산출하는 경향을 보였다. 경험이란 모두 이런 것이 아닌가? 우리는 소방관처럼 통계 전문가들이 더 빨리 올바른 답을 얻을 것이라고 예상할지 모른다.

하지만 그들은 올바른 답을 구하지 못했다. 이들 숙련된 통계 전문가들은 매우 부적절한 표본 크기를 제시했다. 그들은 자신의 판단을 신뢰함으로써 자신의 경험과 그에 기초한 자신의 능력을 과대평가했다. 완벽한 자신감을 품고서 말이다. 나중에 수행된 다른 분야의 연구들도 비슷한 결론에 도달했다. 휴리스틱스와 편향에 초점을 맞춘 연구자들은 자신의 직관을 너무 과신하는 전문가를 조심해야 한다는 결론을 내렸다.

학습 가능한 직관은 따로 있다

두 가지 관점, 즉 자연적 의사결정 관점과 휴리스틱스 및 편향을 활용한 관점은 양립할 수 없을 정도로 다른 것처럼 보인다. 하지만 '적대적 협력'의 일환으로서, 게리 클라인과 대니얼 카너먼은 2009년 의사결정에서 직관의 역할을 연구하기 위해 힘을 합쳤다. 그들은 두 가지 관점 가운데 어느 쪽이 옳은지가 핵심적인 질문은 아니라고 판단했다. 핵심 질문은 언제 옳은가였다. 놀랍게도, 질문을 이렇게 재설정하면서 두 심리학자는 결국 의견의 일치를 보였다. 그들이 쓴 공동 논문의 부제인 '실패에 대한 불일치'가 모든 것을 말해준다.

그렇다면 우리는 언제 직관을 신뢰할 수 있을까? 카너먼과 클라인의 의견이 일치할 경우에는 언제나 두 가지 조건이 충족되었다. 첫째, 우리는 동일한 원인이 대개 동일한 결과를 일으키는 '확실성이 높은' 환경 속에 있어야 한다. 둘째, 우리는 '장기간의 실천과 신속하고 분명한 피드백을 통해 환경을 학습할 적절한 기회'를 갖고 있어야 한다. 달리 말하면 직관은 이전에 경험했던 상황에 대한 재인식에 지나지 않기 때문에 그런 상황을 인식하고 올바로 대응하는 방식을 습득했다면 직관을 신뢰해야 한다.

이런 기준에 비추어 보면 우리는 전문 지식의 가치와 관련하여 다른 환경에서 수행된, 모순되어 보이는 연구 결과를 좀 더 잘 이해할 수 있다. 언뜻 놀라운 능력을 보여주는 소방관들이나 집중치료실 간호사들은 상대적으로 확실성이 높은 환경에서 일한다. 물론 그런 환경에 불확실성이나 위험이 없다는 뜻은 아니다. 그런 환경은 상황에 관해 합리적인 단서를 제공한다는 뜻이다. 화재가 발생한 빌딩이나 응급실 환자들을 관찰해보면 곧 어떤 일이 일어날지에 대한 신뢰할 만한 정보를 얻을 수 있다. 수년 동안 화재나 응급 상황이 발생한 직후 어떤 일이 벌어지는지 관찰하면서 소방관과 간호사들은 많은 교훈을 얻는다. 아마 의식적으로 깨닫는 것보다 더 많은 교훈을 얻을 것이다. 항공기 성능 시험 조종사, 체스 선수, 회계사에 대해서도 똑같이 말할 수 있다. 이들이 처한 상황은 규칙적이며, 대개(전부는 아닐지라도) 의사결정의 질에 관한 신속하고 명확한 피드백이 제공된다. 따라서 학습이 가능하다.

이런 환경을 정신과 의사, 판사, 주식 투자자가 직면하는 상황과 비교해보라. 이런 분야의 '전문가들' 역시 자신의 직관을 신뢰할 수 있다고 생각한다. 하지만 이런 환경은 복잡하고 상당히 예측 불가능하다. 피드백이 있다고 해도 모호하고 지연된다. 따라서 정확한 전문 지식을 획득하는 것은 불가능하다.

전문 지식이 발전할 수 없는 가장 극단적인 환경은 정치적, 전략적, 경제적 사건을 예측하는 일일 것이다. 심리학자 필립 테틀록_{Philip Tetlock}은 20년 동안의 정치경제적 추세에 관한 전문가 약 300여 명의 예측 자료를 정리(모두 8만 2,361개)하고 평가했다. 한 전문가가 경기침체를 예측했다면 실제로 그렇게 되었는가? 정치 평론가가 선거에서 압승을 예상했다면 실제로 그렇게 되었는가? 테틀록은 전문가들의 예측이 그들이 임의로 대답했을 때보다 좋지 않았다고 결론 내렸다. 오히려 아마추어의 대답보다 형편없었다. 극단적으로 합리성이 부족한 이런 분야에서 전문가들의 직관은 전혀 쓸모가 없었다.

그렇다면 실제적인 문제가 대두된다. 즉 우리의 의사결정은 어떤 범주에 해당하는가? 소방관이나 체스 선수처럼 의사결정을 내릴 때 직관에 의지해야 하는가? 아니면 정신과 의사와 주식 중개인처럼 직관을 멀리해야 하는가?

안타깝게도 확실한 규칙은 없다. 우리는 각각의 결정을 내릴 때마다 카너먼과 클라인의 원칙을 다르게 적용해야 한다. 어디에나 사용할 수 있는 직관 같은 것은 없다. 직관이 경영 관련 의사결정에 유용한 상황들이 있다. 단 이 경우에도 정확한 전문 지식을 개발할 수 있는 비슷한 상황을 여러 차례 충분히 경험했어야 한다. 하지만 이런 상황은 현실에는 그리 흔하지 않다.

예컨대 채용에 관한 의사결정은 어떨까? 당신의 직관에는 어떤 후보자를 채용해야 할지를 판단해줄 귀중한 지식이 내포되어 있는가? 당신이 동일 유형 직책의 지원자를 많이 채용해본 경험이 있고 그 채용 결정의 결과를 알고 있다면 그런 지식을 갖고 있는 것이다. 오랫동안 동일한 직급의 인력을 수백 명 채용해보고, 이후 그들의 업무 성과를 추적해온 인사관리자라면 훌륭한 직관적 판단력을 발전시킬 수 있었을 것이다. 하지만 이런 상황은 일반적이기보다는 예외적이다. 많은 면접 담당자는 인력 채용 전문가가 아니라 앞으로 함께 일할 직원을 채용하려는 단순한 관리자들일 뿐이다. 심지어 인사관리 전문가들도 같은 직급의 인력을 채용하는 업무를 반복적으로 맡을 가능성은 없기 때문에 경험을 얻기 어렵고, 따라서 직관을 신뢰할 수 없다. 아울러 이전의 채용(미채용) 결정을 체계적으로 추적하여 평가하는 조직도 거의 없다.

이런 상황에서는 카너먼과 클라인의 조건이 충족되지 않으며, 직관은 신뢰할 만한 안내자가 되지 못한다. 이런 사실은 수십 년간 직원을 선발해본 경험에 의해 확인된다. 면접 담당자가 지원자에 대한 전반적이고 직관적인 인상을 갖게 되는 전통적이고 '비체계적인' 채용 면접은 채용이 성공적일지를 예상해주지 못한다.

하지만 직관의 가치에 대한 우리의 믿음은 여전하다. 우리는 간단한 면접을 통해 지원자의 능력, 장단점, 동기, 기업 문화에의 적합성을 평가할 수 있다고 확신한다. 취업 시에 기업이 면접을 실시하지 않으면 우리는 충격을 받을 것이다. 압도적인 다수의 기업들이 비체계적인 면접에 계속 의존하면서 주로 면접 담당자의 직관에 기초해 채용 결정을 내리기 때문이다. 이러한 인재 선발 방식의 "당혹스러울 정도로 빈약한 타당성"을 관찰해온 세 명의 선도적인 연구자는 면접 방식이 누리는 지속적인 인기를 "끈질긴 환상"이라고 말한다.

직관에 기초한 의사결정의 또 다른 중요한 예로는 소비재와 사치재를 생산하는 기업의 신상품 출시가 있다. 어떤 임원들은 이 분야에 대한 독보적인 전문 지식에 자부심을 갖는다. 이 기업의 사장은 이렇게 말했다. "어떤 상품이 우리 브랜드에 걸맞은 가치가 있는지를 평가할 때 머릿속에 수많은 상품 출시 사례가 들어 있는 나보다 누가 더 나은 결정을 내리겠습니까?" 사실 이 사장의 사례는 직관적인 전문 지식의 조건을 충족하고 있다. 이 사장이 몸담아온 업계에서는 신상품이 출시되면 즉시 평가가 이루어졌다. 사장이 이 업계에서 오랫동안 쌓아온 폭넓은 경험은 소중했다. 신제품 제안에 대한 그의 판단(그의 심미적 판단을 포함하여)이 대부분 타당했다면, 그것은 그가 말한 것처럼 단순히 그의 '좋은 취향' 때문이 아니다. 그의 성공적인 실적은 수십 년간 열심히 일해온 결과였다. 그는 비교적 타당성이 높은 환경에서 시장에서 통하는 것(그리고 그렇지 않은 것)에 관한 직관적인 전문 지식을 획득했다.

따라서 더 젊은 임원으로 사장이 교체되기 전까지는 그가 모든 신제품 출시에 관해 최종 의사결정을 내리는 것이 전적으로 타당했다. 신임 사장은 뛰어났지만 해당 산업에 대한 경험이 없었다. 그의 직감은 신뢰성이 상당히 떨어졌다. 안타깝게도 자신의 직관에 대한 그의 자신감은 전임자만큼이나 확고했다.

이런 사례들이 암시하듯이 '채용'과 '신제품 출시'가 직관이 유용한 분야인지는 중요하지 않다. 중요한 것은 경험에 기초한 의사결정자의 직관이 당면한 구체적인 의사결정에 적합한가다. 경험 많은 경영자들은 자신의 직관이 가치가 있다고 믿는 경향이 있고, 그런 확신은 대체로 옳다. 하지만 그들 가운데 가장 현명한 사람들만이 언제 직관에 귀를 기울여야 할지, 언제 그러지 말아야 할지를 인식할 수 있다.

예컨대 한 노련한 협상가는 협상 상황에서 자신의 직관이 매우 소중하다고 말한다. 그는 폭넓은 협상 경험 덕분에 상대방의 의향을 넌지시 떠보며, 피로감이나 약점을 간파하고, 자신의 강점을 내세우며 압박하거나 전술적으로 후퇴해야 할 순간을 정확하게 감지할 수 있다. 하지만 그는 협상의 인간적 측면을 관리할 때는 직관에 의존하지만 거래 자체에 대한 결정을 내릴 때는 직관을 이용하지 않는다. 우리는 여기 입찰해야 하는가? 우리의 최고 가격은 얼마인가? 반드시 충족해야 할 기본 조건은 무엇인가? 이런 문제들에 대답할 때는 직관에 의존해서는 안 된다. 수십 건의 거래를 중개한 사람조차도 거래의 성공 또는 실패 요인을 판단하기 쉽지 않다. 직관적 전문 지식에 필요한 조건들이 충족되지 않는다. 협상에 직관을 이용하면 유용하다. 하지만 어떤 거래를 계약할지 결정하는 문제는 그렇지 않다.

직관을 믿은 퀘이커오츠의 치명적 실수

윌리엄 스미스버그의 스내플 인수 사례로 다시 돌아가보자. 그의 직관은 단 하나의 전문 지식, 즉 성공적인 게토레이 인수에 기초했다. 당연히 그는 이 인수를 쉽게 재현 가능한 성공 사례로 보고 싶었을 것이다. 하지만 직관은 외부 관찰자들의 분석 내용을 간과했다. 퀘이커오츠가 인수할 당시 스내플은 게토레이와 달리 이미 시장점유율을 잃고 있었다. 스내플의 유통 모델은 퀘이커오츠와 매우 달랐고, 둘을 통합하는 것은 어려웠다. 차에 기반한 음료를 생산하는 방식은 퀘이커오츠가 해오던 방식과 달랐다. 퀘이커오츠와 같은 기업은 자연적이면서도 약간 색다른 제품을 취급하는 스내플의 브랜드 포지셔닝을 유지하기 어려웠다. 외부인들이 보기에 이런 차이점은 상당히 중요했다. 하지만 자신의 직관을 과신한 스미스버그는 두 회사의 유사점만 바라보았다.

이 이야기의 교훈은 스미스버그 사례에만 적용되지 않는다.

카너먼과 클라인에 따르면, 의사결정자의 직관이 타당한 때는 확실성이 높은 환경에서 오랜 실천 경험이 있고 명확한 피드백이 제공되는 경우다. 스미스버그가 스내플을 인수하기로 결정할 당시 이런 조건이 충족되었는가? 일반적으로 모든 전략적 의사결정을 검토할 때 이런 조건이 충족될 수 있을까?

전략적 의사결정에는 한 가지 명확한 특징이 있다. 바로 조건이 충족되는 경우가 비교적 드물다는 것이다. 따라서 전략적 의사결정을 앞둔 임원이 과거에 똑같은 유형의 의사결정을 많이 경험했을 가능성은 낮다. 우리가 과감한 구조조정에 착수하고, 획기적인 혁신을 시작하고, 또는 기업의 진로를 바꿀 기업 인수를 시도할 경우, 대개는 과거에 이런 일을 해본 경험이 없다. 스미스버그가 게토레이를 인수한 사례에서 보듯이 때로는 단 한 번 기업을 인수하고는 그 제한된 경험의 타당성을 과대평가하기 쉽다.

전략적 의사결정의 또 다른 기본적인 특징은 그런 결정의 목적이 기업 전체의 장기적 노선을 설정하는 것이라는 점이다. 따라서 처음에는 그 결정의 영향을 파악하기가 쉽지 않다. 당신이 보는 결과는 단순히 전략적 의사결정의 영향이 아니다. 그 영향은 수많은 다른 영향(경기 침체와 상승, 새로운 시장 동향, 예기치 못한 경쟁사의 움직임, 환경 변화 등)과 결합한다. 몇몇 명백한 성공이나 참담한 실패를 제외하면 전략적 의사결정에 대한 피드백은 좀처럼 명확하지 않고 신속하지도 않다. 다시 말해 설령 당신이 전략적 의사결정을 실제로 경험했다 해도 그 경험이 실제적인 교훈을 제공하지는 않는다.

진정한 전략적 의사결정은 카너먼과 클라인의 원칙과 잘 들어맞지 않는 정도가 아니라, 아예 그들의 원칙과 정반대다. 전략적 의사결정은 확실성이 낮은 환경에서 일어나며, 의사결정자들에게는 제한된 경험과 지연되고 불명료한 피드백만이 있다. 전문가의 직관이 발전할 수 없는 조건으로 이보다 더 나은 사례를 발견할 수 없을 것이다.

하지만 임원들은 대부분 전략적 의사결정을 할 때 자신의 '직감'을 믿는다. 특히 이전에 성공한 경험이 있다면 주관적 신념이 우리의 나침반이 된다. "의구심이 든다면 기다리겠지만, 정말 확신이 든다면 과감하게 밀고 나가야 해."

이런 경우 우리는 많은 CEO, 통계 전문가, 주식 중개인들이 자신의 직감을 크게 확신하다가 길을 잃었다는 사실, 아울러 판단에 대한 우리의 확신이 거의 항상 너무 과도하다는 사실을 잊어버린다. 이것이 4장의 주제다.

summary

- 자연적 의사결정은 실제적인, 그리고 종종 극단적인 환경에서 이용되는 직관의 가치를 강조한다.

- 이와 반대로, 실험실 환경에서 의사결정을 연구하는 휴리스틱과 편향 연구자들은 우리가 직관 때문에 길을 잃게 된다고 주장한다.

- 카너먼과 클라인은 공동 연구를 통해 직관이 빛을 발하는 두 가지 조건을 발견했다. 첫째, 타당성(예측성)이 높은 환경인가? 둘째, 오랜 실천 경험과 신속하고 명확한 피드백을 통해 환경을 학습할 기회를 가졌는가?
  : 소방관, 비행기 조종사, 체스 선수 등

- 나의 직관을 신뢰해야 하는가? 의사결정을 할 때마다 던져야 할 질문이다. 그 대답은 우리가 자신의 직관을 얼마나 확신하는지가 아니라 위의 두 조건이 충족되는지에 달려 있다.

- 일반적으로 전략적인 의사결정일수록 직관은 그다지 도움이 되지 않는다. 전략적 의사결정의 환경은 타당성이 낮고 피드백도 모호하기 때문이다.

Chapter 4
지나친 자기 확신이라는 독
자기과신의 함정

우리는 타이타닉호를 절대적으로 신뢰한다.
우리는 이 배가 침몰할 수 없다고 믿는다.
필립 A. S. 프랭클

2000년대 초, 미국 비디오 대여 시장은 수익성이 좋고 규모도 컸다. 구멍가게에서부터 지역 체인점까지 다양한 시장 참여자가 활동했다. 이 시장에는 막강한 영향력을 지닌 거대 기업 블록버스터Blockbuster가 있었다. 존 안티오코John Antioco가 이끄는 이 기업은 9,100개의 대여점을 거느렸으며 매출액은 약 30억 달러였다.

그러다 1997년에 설립된 신생 기업이 완전히 다른 사업 모델을 기반으로 경쟁하기 시작했다. 소비자들은 월정액 요금제에 가입한 뒤, 이 기업의 웹사이트에서 DVD를 '예약 신청'하면 집까지 배달받을 수 있었다. 시청한 DVD를 우편으로 돌려주면 예약 신청해둔 다음 DVD를 자동적으로 받아볼 수 있었다. 이 사업 모델은 첨단은 아니었지만 소비자의 욕구에 부합하는 것이었다. 비디오를 한곳에 모아 보관한 덕분에 DVD가 품절되는 빈도가 낮았고, 영화 선택에 대해서도 유용한 조언을 받을 수 있었다. 무엇보다도 비디오를 늦게 반납하는 소비자에게 비싼 연체료를 부과하는 비디오 대여점들과 차별화하고자 도입한 월 정액제는 스마트폰 요금제와 유사한 일종의 담보 역할을 했다. 2000년 초, 이 신생 기업의 서비스 가입자 수는 30만 명에 달했다. 이 기업은 바로 넷플릭스Netflix다.

그해 봄 닷컴 버블이 터질 무렵, 넷플릭스는 여전히 수익을 올리지 못했고 추가 자금이 절실했다. CEO 리드 헤이스팅스Reed Hastings와 동업자들은 블록버스터를 찾아가 존 안티오코에게 솔직한 제안을 했다. 블록버스터가 넷플릭스의 지분 49퍼센트를 인수하고, 넷플릭스를 블록버스터닷컴Blockbuster.com 산하의 인터넷 사업부로 편입시켜달라는 것이었다. 그러면 블록버스터 대여점 역시 넷플릭스의 구독 서비스를 판매할 수 있게 된다. 블록버스터는 온라인 판매와 오프라인 판매를 훌륭하게 통합한 기업이 되는 것이었다. 이것은 오늘날 많은 소매 기업이 구축하려고 하는 시스템이다. 헤이스팅스가 제안한 매각 가격은 5,000만 달러였다.

존 안티오코는 어떻게 반응했을까? 넷플릭스의 경영진은 나중에 이렇게 말했다. "그들은 우리를 비웃으며 거의 쫓아내다시피 했습니다." 안티오코에게 넷플릭스는 전혀 위협이 되지 않았다. 물론 넷플릭스는 웹상에서 소규모의 고객 기반을 구축했다. 하지만 당시는 전화선으로 인터넷에 접속하던 때였고 초고속 인터넷망이 표준화된 것은 한참 뒤의 일이었다. 많은 사람이 영화 스트리밍이라는 개념을 아직 상상하지 못하던 때였다. 게다가 안티오코는 블록버스터에 필요하다면 넷플릭스의 월정액 요금제 모델을 언제든 아무런 방해 없이 자체적으로 도입할 수 있을 것이라고 판단했다.

우리는 이 이야기의 결말을 알고 있다. 넷플릭스의 가입자는 2002년 100만 명이었고(그해 주식시장에 상장되었다), 2006년에는 560만 명이었다(넷플릭스는 여전히 우편 대여 사업 모델을 유지하고 있었다). 스트리밍 서비스의 증가로 넷플릭스가 결정적인 성장을 성취한 것은 나중의 일이었다. 2020년 초 넷플릭스 가입자는 1억 6,700만 명이 되었다. 이 기업의 시가총액은 상장 초기의 수백 배인 1,500억 달러 이상(안티오코가 지불했을 가격의 3,000배)이 되었다.

블록버스터 역시 2004년에 자체 구독 서비스를 시작하려고 했다. 하지만 너무 소규모인데다 너무 늦었다. 이 회사는 2010년 파산을 신청했다. 다윗이 골리앗을 이긴 것이다.

안티오코나 블록버스터를 비판하기는 쉽다. 하지만 신생 기업이 산업의 판도를 흔드는 바람에 생존을 위협받은 기업은 블록버스터만이 아니다. 왜 이 골리앗은 자신의 역량을 그렇게 과대평가한 반면 다윗의 역량은 과소평가한 걸까? 만약 그러지 않았다면 안티오코는 넷플릭스의 제안을 받아들였을 것이다. 적어도 브로드밴드 인터넷이 널리 상용화되기 전에 이 분야에 진입할 수도 있었을 것이다. 널리 인정하듯이 설령 안티오코가 그 제안을 받아들였다 해도 블록버스터가 과학기술의 급격한 변화 속에서 선두 자리를 유지했을지는 미지수다. 하지만 이야기의 전개는 확실히 달라졌을 것이다.

블록버스터가 넷플릭스를 인수하지 않은 까닭

앞에서 냄새로 석유를 탐지한다는 항공기의 사례를 읽었을 때 어떤 느낌이었는가? 당신이 대다수 사람들과 비슷하다면 블록버스터-넷플릭스 이야기에 대해서도 아마 비슷하게 반응했을 것이다. 당신은 진지하게 단언한다. "블록버스터 경영진은 명확하게 생각하지 않았다. 내가 그들의 입장이었다면 절대 그런 실수는 하지 않았을 것이다."

이런 반응은 자기과신에서 나온 것이다. 이렇게 말하는 데는

이유가 있다. 얄궂게도 존 안티오코가 리드 헤이스팅스를 과소
평가할 때 저지른 오류가 바로 자기과신이다.●

대체로 우리는 다른 사람에 비해 자신을 상당히 과대평가한
다. 간단히 말하면 우리는 여러 중요한 자질과 관련하여 자신이
보통 사람들보다 더 낫다고 믿는다.

예컨대 88퍼센트의 미국인은 자신이 하위 50퍼센트의 운전
자보다는 더 안전하게 운전한다고 믿는다(미국인의 60퍼센트는 자
신이 상위 20퍼센트 안에 든다고 주장한다).

비슷하게 약 95퍼센트의 MBA 학생은 자신이 수강생 중 상위
50퍼센트 안에 든다고 믿는다. 정기적으로 각종 성적 관련 자료
를 받는데도 말이다. 한 짓궂은 교수가 동료 교수들에게 물었을
때 드러났듯이 교수들 역시 자신들이 상위 50퍼센트 안에 든다
고 믿는다. 그들 가운데 94퍼센트가 그렇다고 확신한다.

당신이 대다수 동료 직원들보다 일을 잘하는지 또는 못하는
지 자문해보라. 십중팔구 당신은 자신이 중간 수준 이상이라고
믿을 것이다. 따라서 우리 스스로가 블록버스터 경영진보다 나
은 전략가라고 생각하는 것은 놀라운 일이 아니다.

● 이런 반응은 사건 이후에 비로소 이용할 수 있는 정보에 비추어 과거의 결정을 판단하는 우
리의 성향을 보여준다. 이것은 사후 확신 편향으로 6장에서 다룬다.

내부자의 시각은 계획 오류를 부정한다

자신의 능력에 대한 과도한 신뢰와 더불어 우리는 미래에 대해서도 과신하곤 한다. 이러한 과도한 낙관주의에는 몇 가지 유형이 있다.

첫 번째 유형이 가장 단순하다. 우리의 통제권 밖에 있는 사건에 대한, 이론적으로는 '객관적인' 예측이 흔히 과도하게 낙관적이다. 전형적인 예는 경제 예측이다. 33개국에서 실시된 연구에 따르면, 정부의 경제성장 예측은 대개 지나치게 낙관적이며 특히 단기보다는 중기(3년) 예측이 훨씬 더 낙관적이었다.

낙관주의의 두 번째 유형은 계획 오류planning fallacy라는 것이다. 이것은 특히 프로젝트 완수에 필요한 시간과 예산을 추정하는 것과 관련된다. 주방을 개조해본 사람은 이 문제를 알 것이다. 하지만 규모가 커지면 문제는 매우 심각해질 수 있다. 1958년에 착공된 시드니 오페라하우스는 총 건설비가 700만 호주달러로 예정되었다. 하지만 실제 건설비는 1억 200만 달러, 공사 기간은 16년이 걸렸다. 이것은 절대 특별한 사례가 아니다. 로스앤젤레스의 인상적인 게티센터는 원래 계획보다 약 10년 후인 1998년에 개장했고, 최초 예산보다 약 4배 더 많은 13억 달러가 소요되었다. 프랑스 플라망빌의 차세대 핵발전소는 35억 유로를 들여 2012년에 완공할 계획이었으나, 2019년 현재 준공 예정 연도는 2023년이고 예상 건설비는 124억 유로다. 이와 비슷하거나 더욱 심한 공기 지연과 비용 초과가 똑같은 기술을 시험하는 핀란드 올킬루오토와 영국의 힝클리포인트에서 발생할 것으로 예상된다. 전 세계의 258개 교통 인프라 사업(철도, 터널, 교량)을 연구한 결과, 86퍼센트가 당초 예산을 초과했다. 물론 항공우주 프로젝트와 국방 프로젝트는 천문학적 비용 초과로 악명이 높다. F-35 조인트 스트라이크 전투기F-35 Joint Strike Fighter 프로그램은 초기의 비용 추정치를 수백억 달러 초과한 상태다.

아마 다들 이런 사례가 놀랍지 않을 것이다. 사실 공공 투자 사업의 비용이 통제 불가능할 정도로 폭증하는 경우가 종종 있었으니까. 우리가 지독한 냉소주의자가 아니라 해도 즉시 이런 사례를 설명할 수 있다. 입찰에 참여하는 기업들은 계약을 따내기 위해 과도한 약속을 제시하고 나중에 재교섭할 생각을 한다(그들의 생각은 맞아떨어진다). 그런가 하면 입찰 참여자들은 어떻게 해서든지 이해 당사자들을 설득하여 계약서에 서명하게 하는데, 이때 그들은 비용과 위험을 동시에 최소화하는 경향이 있다. 대형 사업들에 관한 통계를 정리한 옥스퍼드대 연구자 벤트 플뤼비아Bent Flyvbjerg는 이러한 '권모술수적 설명'이 문제의 일부라고 분명히 말한다. "과소평가는 단순한 실수로만 설명할 수 없습니다. 전략적인 허위 진술, 가령 거짓말이 이를 가장 잘 설명해주는 것 같습니다."

하지만 사업 주체들이 사업 기간과 비용을 과소 추정하게 하는 계획 오류는 공공 투자 사업에서만 나타나는 것이 아니다. 순수한 민간 사업에서도 이런 문제가 발생한다. 개인들조차도 계획 오류에 빠진다. 논문을 끝내야 하는 학생이나 특정 날짜까지 원고를 제출해야 하는 저자들은 거의 항상 소요 기간을 과소 추정한다.

이것은 계획 오류에 '전략적' 또는 '권모술수적' 설명 이외에 많은 원인이 있음을 암시한다. 계획을 수립할 때 우리는 계획이 실패할 수 있는 모든 이유를 상상하지는 않는다. 우리는 계획이 성공하려면 많은 우호적인 환경이 뒷받침되어야 하며, 단 하나의 작은 문제가 발생해도 모든 것이 좌초될 수 있다는 사실을 간과한다.

무엇보다도 우리는 계획을 수립할 때 '내부자의 시각'으로 바라본다. 이를테면 우리는 과거에 시행되었던 비슷한 사업을 살펴보지 않는다. 그 사업들의 예상 기간과 비용이 어떠했는지, 사업 지연과 초과 비용이 발생했는지 묻지 않는 것이다. 15장에서는 '외부자의 시각'을 이용해 계획 오류를 극복하는 방법을 다시 다룰 것이다.

거짓 정확도의 위험성

세 번째 유형의 과신은 이전의 유형과 아주 다르다. 예측을 너무 정확하게(낙관적이든 아니든 상관없이) 표현하는 것이다. 우리는 예측이 비관적일 경우에도 미래를 예측하는 자신의 능력만은 과대평가할 수 있다.

물론 모든 예측은 불확실하며, 따라서 불완전하다. 그래서 우리는 예측의 신뢰 수준을 알아야 한다. 특히 계량적 예측에서 그렇다. 원칙적으로는 '신뢰구간confidence interval'을 사용하는 것이 좋은 방법이다. 예컨대 예측에서 90퍼센트의 신뢰도를 원할 경우 점 추정이 아니라 구간 추정을 하면 된다. 이런 경우 실제 결과가 이 구간에 있을 가능성을 90퍼센트 신뢰할 수 있다.

고전적인 거짓 정확성 테스트over precision test가 이런 방식으로 시행된다. 이 테스트는 원래 마크 앨퍼트Marc Alpert와 하워드 라이파Howard Raiffa가 설계했고 J. 에드워드 루소J. Edward Russo와 폴 슈메이커Paul Schoemaker가 대중화시켰다. 이 테스트에서는 피험자에게 일반상식에 관한 10가지 질문을 낸다. 경영자의 경우에는 그들의 활동 분야와 관련된 질문을 할 수 있다. 일반인을 대상으로 하는 경우에는 나일강의 길이, 모차르트의 출생 연도, 아프리카 코끼리의 임신 기간 등을 추정하게 한다. 각 질문에 대해 응답자들은 올바른 대답을 했을 가능성이 '90퍼센트 확실하다'고 생각되는 구간을 말한다. 예를 들어 당신은 모차르트가 1700~1750년 사이에 태어났다고 '90퍼센트 확신'할 수 있다.

하지만 당신의 대답은 틀렸다(모차르트는 1756년에 태어났다). 틀린 사람은 당신만이 아닐 것이다. 이 테스트에 참가한 거의 모든 사람이 신뢰구간을 너무 협소하게 선택한다. 루소와 슈메이커가 테스트한 2,000명 이상 중 99퍼센트가 그랬다. 우리가 우리 추정치의 정확도를 잘 판단했다면 10문제 중 아홉 개 또는 최소한 여덟 개는 맞혔을 것이다.● 그러나 테스트에 따라 다르긴 하지만 피험자는 평균 3~6문제에 대해서만 올바른 추정치를 내놓았다. 간단히 말해 우리가 90퍼센트 확신할 때에도 최소 절반은 틀린다는 뜻이다.

이런 실험실 상황에서는 응답자들이 매우 큰 구간을 선택해도 아무도 말리는 사람이 없다. 90퍼센트의 신뢰 수준으로 모차르트가 1600~1850년 사이(훨씬 더 큰 구간)에 태어났다고 대답해도 아무런 불이익이 없었던 것이다. 그러나 현실에서 이런 추정은 추정자의 신뢰도를 즉시 떨어뜨릴 것이다. 기업들은 사업 환경의 불확실성과 변동성을 인정하면서도 기업 임원이 의사결정에 이를 반영하는 것은 거의 바라지 않는다. 그래서 임원들은 대부분 미래를 완벽하게 예측할 수 있는 것처럼 예측치를

● 10개의 대답을 90퍼센트의 신뢰구간으로 제시한 피험자의 94퍼센트는 적어도 여덟 개의 정답을 제시해야 한다.

표현한다. 기업은 임원들이 매출 증가액이나 분기 이익에 대해 구체적인 예측치를 자신 있게 내놓을 것이라고 기대한다. 그러니 유능하게 보이고 싶은 관리자는 거짓 정확도의 잘못을 저지를 수밖에 없다.

P&G가 실패로부터 얻은 교훈

자신의 능력에 대한 과신, 예측에 대한 과신, 그리고 자신 있어 보여야 한다는 조직의 압력은 경쟁자에 대한 과소평가라는 또 다른 문제를 일으킨다. '과소평가'는 실은 절제된 표현이다. 대개 우리는 경쟁자들을 그냥 무시하면서 그들의 행동과 반응을 전혀 고려하지 않기 때문이다.

만약 당신이 어떤 기업의 고위 경영자거나 경영자였던 적이 있다면, 한번 생각해보라. 당신은 분명히 많은 계획(마케팅 계획, 판매 계획, 전략 계획 등)을 보고받는 사람이거나 보고하는 사람이었을 것이다. 그중 몇 퍼센트가 고객, 시장점유율 등의 증가를 예측했는가? 아마 대부분이 증가를 예측했을 것이다. 그렇다면 얼마나 많은 계획이 이런 증가 전망에 대한 경쟁자의 반응을 예측했는가? 물론 대부분의 계획은 경쟁자에 관심을 갖는다(하지만 보통 실천 계획의 배경 요소로 고려될 뿐이다). 전략 계획에서 경쟁자는 대개 '경쟁 환경'이라는 제목으로 첫 부분에 언급된다. '경쟁 환경'이라는 말이 보여주듯이, 전략 계획들은 경쟁자가 아무런 저항 없이 무기력하게 기다리는 것처럼 가정한다. 경쟁 기업들은 도대체 언제 반격하는가?

우리가 경쟁자들을 이기기 위해 사업 계획을 제시하는 바로 그 순간에 경쟁자들도 우리를 제압하기 위해 똑같은 계획을 만들고 있다. 그들 또한 우리가 우리의 시장점유율을 방어할 것이라고 계속 가정한다. 탁월한 저서인 《전략의 거장으로부터 배우는 좋은 전략 나쁜 전략》의 저자인 UCLA 교수 리처드 루멜트Richard Rumelt는 임원들이 전략 문제를 고려할 때 경쟁자에 관해서는 생각하지 않는다고 주장했다. "전략 학습에서 배우는 내용의 절반은 사전에 굳이 일러주지 않아도 경쟁자를 고려해야 한다는 것이다."

이런 상황을 오로지 의사결정자의 과신 탓으로만 돌리는 것은 지나친 일이다. 경쟁자를 무시하는 태도에는 많은 요인이 개입된다. 첫째, 우리가 계획을 수립할 때 실제적, 즉각적 목표는 경쟁자를 쓰러뜨리는 것이 아니라 조직 내에서 자원을 확보하는 것이다. 만약 다른 사람이 달을 따주겠다고 약속한다면 당신은 자원을 확보해주지 않겠는가?

둘째, 경쟁자의 반응을 예측하는 것은 힘든 일이며, 예측 결과는 불확실할 것이다. 그런 일에 수고를 쏟을 만한 가치가 있을까? 게다가 당신이 경쟁자의 잠재적 반응을 연구했다면 아무도 듣고 싶지 않은 결론에 도달할 수도 있다. 경쟁자에 대해 우위를 갖지 못하거나 경쟁자의 잠재적 대응 때문에 그 계획이 실패할 가능성이 있다는 결론 말이다!

예컨대 프록터앤드갬블Procter & Gamble(이하 P&G)의 전 CEO A. G. 라플리A. G. Lafley가 표백제 사업을 시작할 때 있었던 일화를 생각해보자. P&G의 논리는 단순했다. 바이브런트Vibrant라는 우수한 제품을 출시하고 대대적인 마케팅과 강력한 판매 활동을 벌이면 자타가 인정하는 시장의 선두 주자인 클로록스Clorox을 제치고 표백제 시장에서 쉽게 선두 자리를 차지할 것이다.

물론 P&G의 경영진은 클로록스가 자신들에게 대응할 것이라고 짐작했다. 하지만 그들은 테스트 시장으로 선택한 도시에서 클로록스가 집집마다 3.8리터짜리 표백제를 무료로 제공한 것을 알고 크게 놀랐다! 이러한 선제공격(비록 비용이 많이 들었지만)은 예측할 만한 일이었다. 클로록스로서는 자사 이익의 대부분을 창출하는 핵심 사업 영역을 P&G의 공격에 무방비 상태로 내버려두는 것은 도저히 상상할 수 없었다.

클로록스는 비용을 아낌없이 쏟아부어 P&G에 아주 확고하고도 분명한 메시지를 보냈다. P&G는 곧 그 생각을 접었고 라플리는 잊지 못할 교훈을 배웠다. "1차 세계대전에서 성벽을 둘러싼 도시를 공격했을 때처럼 정면 대결은 많은 사상자를 냈다."

탁월한 리더는 '낙관적인 계획가'다

앞의 예는 과신이 경영자에게 미치는 실제적인 문제를 잘 보여준다. 일반적으로 제품은 과도하게 낙관적인 계획에 기초하여 출시된다. 만일 우리가 사업의 성공을 위협하는 환경, 경쟁자 등 수많은 변수를 냉정하게 현실적으로 바라본다면 아무것도(또는 거의 아무것도) 하지 못할 것이다. 이것은 분명 최악의 전략이다. '분석에 의한 마비'는 많은 기업을 꼼짝 못 하게 하여 낙관주의보다도 많은 피해를 준다. 설령 나중에 바꿀 필요가 있다고 해도 낙관주의는 적어도 우리를 행동하게 만든다.

분명하게 짚고 넘어가자. 낙관주의는 귀중하고 더 나아가 필수적이다! 그래서 조직들은 의도적으로 당당하게 낙관주의를 장려한다. 대부분의 경영 환경에서 우리는 야망과 현실, 목표와 예측, 희망과 확신 사이의 의도적인 혼동 상태에서 활동한다.

이런 혼동을 가장 명확하게 보여주는 예는 연간 예산 수립이다. 예산은 사업 활동을 위한 도구이자 사업 활동에 대한 예측이다. 당신이 관리자에게 목표를 제시하면 관리자는 그 목표가 달성되기를 원한다. 예측과 목표 간의 이런 긴장감이 사업의 본질이다. 이론적으로 두 부분이 현실성을 갖도록 숫자를 조정할 수 있다. 관리자의 목표치는 당신의 예측치다.

이런 긴장이 증가하면 자주 문제가 생긴다. 예를 들어 관리자의 목표 달성이 위태로워 보이면 당신은 뭐라고 말하겠는가? 당신은 목표의 실현 가능성(당신은 여전히 예측치를 확신한다)을 확신한다고 말하겠는가? 아니면 관리자에게 어떻게든 목표를 달성하라고 하겠는가? 즉 당신은 예측치가 비현실적이라고 믿으면서도 관리자에게 목표치로 제시하겠는가? 이 질문에는 대답하지 않는 편이 나을지도 모른다. 진심이든 아니든, 예측과 목표, 확신과 희망 사이의 혼동을 유지하는 것이 부하 직원의 동기부여를 지속시키는 데는 가장 좋으니까. 냉정하고 현실적인 분석가는 최초의 목표가 실현 불가능하다고 단언할 수 있다(아마 합리적인 판단이겠지만 종종 부작용이 따를 것이다).

어디서 우리의 확신이 멈추고 우리의 희망이 시작될까? 경험 많은 리더라면 어느 누구도 이 질문에 직접적으로 대답하고 싶어 하지 않는다. 성공적인 리더가 되려면 낙관적인 계획가가 되는 것이 더 도움이 된다.

위대한 리더가 과신을 저지르는 이유

낙관주의가 의사결정에는 나쁘지만 리더에게는 좋은 이유가 또 있다(리더들은 낙관주의자들이다). 우선 우리는 낙관주의 자체를 소중하게 생각한다. 낙관주의, 야망, 대담함은 영감 넘치는 리더들과 관련되는 자질들이다. 이유가 분명하지 않지만, 결과를 기준으로 성공을 평가할 경우 낙관주의가 유리하다.

왜 우리는 인지적 편향의 영향을 받을까? 왜 우리는 추론할 때 과도한 신뢰와 낙관주의 같은 체계적 오류를 범할까? 구체적으로 말하면 진화는 어떻게 이런 편향을 선택했을까? 인지적 편향에 의한 체계적 실수가 우리의 적응과 생존에 해롭다면, 자연선택은 편향된 개인을 제거했을 것이며 편향이 점점 더 드물어졌을 것이다.

하지만 편향은 보편적이다. 이것은 우리의 먼 조상들에게는 이런 편향이 휴리스틱스(조상들이 이따금 보여주었던 또 다른 측면이다)보다 불리한 요소가 아니라 자산이었음을 시사한다. 자연선택은 자신감 없는 사람들, 보수적인 사람들, 신중한 사람들보다 낙관적인 사람들, 모험적인 사람들, 위험 감수자들을 더 선호했다.

조직 내에서 낙관적 편향을 선택하는 것은 말 그대로 필연적이다. 능력에 따라 리더를 선택하는 선택 메커니즘은 낙관주의 편향을 선택한 다윈주의적 프로세스와 유사할 것이다. 논리적으로 보면 영감 넘치는 리더들은 가시적이고 매우 극적인 결과를 얻고 싶을 것이다. 기업에서든, 정당에서든, 실험실에서든 그런 결과를 얻는 가장 좋은 길은 무엇일까? 물론 위험을 감수하는 것이다(그리고 행운을 얻는 것이다)! 보통 수준의 그런대로 괜찮은 결과에 만족하는 조심스럽고 소심한 사람들은 존경할 만한 경력을 오랫동안 누릴 것이다. 그들은 꼭 필요한 존재이지만 빛나는 경우는 좀처럼 없을 것이다. 반면 위험 감수자들은 종종 추락해버리겠지만 그중 소수는 결국 정상의 자리에 오를 것이다.

요점은 우리의 리더들은 조심스러운 사람(또는 불운한 사람)이 아니라 성공을 거둔 낙관주의자들이라는 것이다. 낙관주의자들이 훨씬 더 좋다! 이런 낙관주의자들은 정상에 올라간 뒤에 자신의 능력과 직관 그리고 의사결정을 지나치게 과신하게 된다. 어쨌든 그들은 엄청난 성공을 거두었으니까…… 지금까지는.

우리는 언제 낙관적이어야 하는가

낙관주의에 대한 본능적 욕구는 생산적인 낙관주의를 과도한 자신감으로 바꾸곤 한다. 리더는 이런 변화의 시점을 포착해야 한다. 어떻게? 대담하고 낙관적인 리더와 장밋빛 안경을 쓴 바보의 차이점은 무엇일까?

이 질문에는 쉽게 대답할 수 없지만 한 가지 지침이 도움이 된다. 필 로젠츠바이크로부터 단순하지만 아주 중요한 통찰을 빌려보자. 그러기 위해서는 우리가 영향을 미칠 수 있는 미래의 국면과 영향을 미칠 수 없는 미래의 국면을 구분해야 한다. 한 예로 우리는 미래를 창조하고 있다. 다른 예로 우리는 미래를 단순히 예측만 하고 있다. 전자의 경우 낙관주의가 필요하지만, 후자의 경우 낙관주의는 치명적이다.

제품 출시를 예로 들어보자. 우리가 영향을 미칠 수 있는 부분에 대해 낙관적인 태도를 갖는 것은 좋다(우리가 지출해야 하는 생산 비용, 시장 평균 가격을 고려한 자사 제품의 가격 설정, 시장점유율 목표 등). 신중하게 고려하고 낙관적으로 목표를 설정함으로써 우리는 경영 활동을 수행하는 셈이다(목표를 설정하고 팀원이 최선을 다하도록 격려한다).

반면 우리가 통제할 수 없는 요소에 대해 낙관하는 경우 상황은 아주 힘들어진다. 시장 규모, 경쟁자의 반응, 시장가격의 변화, 투입 비용, 환율 등 통제 불가능한 수많은 변수를 논의할 때 우리는 미래를 최대한 중립적으로 예측해야 한다. 우리가 관리하지 못하는 요소들에 대한 낙관주의는 자기기만에 지나지 않는다.

하지만 상황이 항상 말처럼 그렇게 명료하지 않다는 점에 어려움이 있다. 예컨대 제품을 출시하고 판매액을 예측할 때 계획자들은 항상 통제 가능한 요소와 통제 불가능한 요소를 명확하게 분리하지 못한다. 대개 그들은 전반적인 목표에 대해 낙관적인 태도를 취한다.

그래서 현명한 리더조차 통제 불가능한 요소에 대해 과도하게 낙관적인 계획을 세우곤 한다. 그러다가 결국 추락하기도 한다. 독재자들이 자신의 과장된 선전을 믿다가 결국 축출되는 것처럼.

summary

- **자기과신에는 여러 유형이 있다.**

  : 우리는 자신을 (다른 사람과 비교하여 또는 절대적으로) 과대평가한다.

  : 우리는 자신의 사업에 대해 너무 낙관적이다(계획 오류).

  : 우리는 예측의 정확도에 대해 지나치게 확신한다(거짓 정확도).

  : 우리는 경쟁자를 과소평가하고, 때로 경쟁자의 반응을 전혀 예상하지 않는다.

- **기업이 낙관주의자를 선호하는 이유는 낙관주의가 성공에 필수적이기 때문이다. 리더들은 성공을 거둔 낙관주의자들이다.**

- **낙관주의는 우리가 자신의 허황된 선전 내용을 확신하기 전까지 유용하다. 통제 불가능한 것이 아니라 통제 가능한 것에 대해 낙관적인 입장을 갖는 것은 건전하다.**

Chapter 5
결정하지 않는 것이 언제나 더 쉽다
관성의 함정

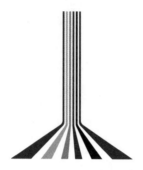

상황이 지금 상태로 유지되기를 원한다면 바뀌어야만 합니다.
이해하겠습니까?
주세페 디 람페두사,《표범》

1997년 폴라로이드Polaroid는 사진 업계의 세계적인 선두 주자로서 기술 역량, 마케팅 기술, 지배적인 시장점유율로 찬사를 받았다. 이 기업의 전년도 매출액은 23억 달러였다. 주식시장은 최근 임명된 CEO 게리 디카밀로Gary DiCamillo와 그의 새로운 전략 계획을 신뢰했다. 이 기업의 주가는 그의 취임 이후 약 50퍼센트 상승했다. 하지만 4년 뒤 폴라로이드는 파산 신청을 했다.

이 일화는 '디지털 파괴에 의한 죽음'의 또 다른 사례처럼 보인다. 하지만 폴라로이드 이야기와 블록버스터 이야기에는 중요한 차이점이 있다. 디카밀로와 그의 전임자들 모두 디지털 사진의 중요성을 과소평가하지 않았다. 일찍이 1990년에 이 회사의 장수 CEO 맥알리스터 부스MacAllister Booth(직장 생활을 거의 폴라로이드에서 보냈다)는 주주들에게 "우리는 새로 강력하게 등장하는 디지털 이미지 분야에서 중요한 기업이 되려고 합니다"라고 말했다. 1996년 폴라로이드의 디지털 부문 매출액은 1억 달러가 넘었으며, 빠르게 성장하고 있었다. 이 회사의 대표적인 디지털 카메라 PDC-2000은 이 분야에서 최고의 제품으로 평가받았다. 디카밀로는 이러한 기술 혁명의 중요성을 충분히 알고 있었다. 그의 전략 계획에 포함된 세 가지 중요 주제 중 첫 번째가 디지털이었다. 폴라로이드의 파산은 CEO가 물속에 잠긴 빙산을 보지 못해서 일어난 일이 아니었다. 배가 너무 굳어서 방향 전환을 하지 못했기 때문이었다.

이런 문제는 널리 퍼져 있다. 기업들이 리더들의 결정 사항을 항상 실행에 옮기는 것은 아니다. 시장 붕괴에 직면했을 때 기업들은 리더들의 말보다 훨씬 더 느리게 바뀐다. CEO가 발표하는 전략에 맞추어 직원들의 역량이 집중되지도, 재정적 자원이 배분되지도 않는다. 이런 관성은 인지 편향과 조직적 요인들이 결합된 형태로 깊이 뿌리박혀 있고, 때로 폴라로이드의 경우처럼 치명적이다.

맥킨지가 밝힌 자원배분의 놀라운 관성

기업의 자원배분이 기업 리더의 의도를 반영하지 못한다는 데는 약간의 설명이 필요하다. 우선 정부나 국가와 마찬가지로 기업들은 우선순위, 전략 계획, 예산 등 선장이 배를 조종하는 데 유용한 도구들을 갖고 있다. 이론상 기업들은 먼저 전략적 목표를 세운 다음 그것을 달성하기 위해 필요한 재정과 인력을 배분한다. 대기업에서 계획과 예산을 준비하는 사람들이 증언하듯이 이런 과정에는 상당한 시간과 에너지가 소요된다.

하지만 이런 절차가 기업이 자원을 해마다 다르게 배분하는 데 도움이 될까? 거의 도움이 되지 않는다. 매년 몇 주 동안 마라톤 예산 회의를 마친 뒤, 기업들은 대부분 환경의 변화에도 불구하고 결국 자원을 전년도와 거의 똑같이 배분한다.

이는 맥킨지가 여러 사업을 수행하는 기업들을 연구하고 내린 핵심적인 결론이다. 컨설턴트들은 15년간 1,600개의 다각화한 미국 기업의 연차 보고서를 연구했다. 그들의 질문은 간단했다. 다각화 기업들은 사업 단위별로 자원을 얼마나 많이 재배분할까? 그들은 특정 연도의 특정 사업 단위에 배분된 예산액이 기업의 총예산 대비 비율을 기준으로, 전년도와 거의 비슷하다는 것을 발견했다. 이 두 수치 간의 상관관계는 92퍼센트였다. 조사 대상 기업의 3분의 1은 그보다 높은 99퍼센트였다. 담당 임원들은 힘들게 마라톤 예산 회의를 하는 대신 골프를 치는 편이 나았을 것이다. 어쨌든 그 결과는 기본적으로 똑같았을 것이기 때문이다. 자원을 재배분하려는 그들의 노력이 얼마나 의욕적이고 진지했든 간에 그들은 관성의 벽에 부딪혔다.

그렇다고 전년도 예산을 다음 해 예산으로 그대로 복사했다는 뜻은 아니다. 어떤 연도는 예산이 올라가고 어떤 연도는 내려간다. 그래도 자원배분의 전체적인 패턴은 바뀌지 않는다. 예컨대 여건 탓에 예산을 전반적으로 줄여야 할 경우 모든 사업단위가 같은 비율로 예산을 줄이는 경향이 있다. 때로 최고 경영진이 전략적 우선 사업을 선정할 경우에만 일반적인 관성에서 벗어나게 된다.

하지만 이것은 일반적인 것이 아니라 예외적인 경우다. 최종적인 결과를 보면 고위 경영진이 언급한 전략적 우선 사업과 재정적 자원배분 사이에는 완전한 불일치가 발생한다. 기업들은 전략 계획대로 돈을 배분하지 않는다.

민첩성이 기업의 성과에 미치는 영향

이런 자원 재배분 상의 특징에는 어떤 합리적 이유가 있지 않을까? 기업 인수와 매각, 추세 반영, 기회 추구는 기업 전략가보다는 금융 포트폴리오 관리자의 업무가 아닌가? 자원의 일관된 배분은 기업의 장기 전략에 필수적인 일관성과 지속성을 보여주는 것이 아닌가?

이런 주장은 다소 역설적이다. 자원 재배분에 계속 실패하는 기업의 리더가 주주에게 늘어놓는 핑계 같기 때문이다. 기업 환경이 얼마나 가변적이고 불확실한지, 새로운 기회를 신속하게 포착하는 것(유행하는 단어는 '민첩한'이다)이 얼마나 중요한지를 언급하면서 말이다. 하지만 이런 메시지는 늘 고정되어 있는 자원배분과 양립하기 어렵다. 물론 해마다 예산이 제로 상태에서 새로 수립될 수는 없다. 그래도 기업의 예산이 15년 동안이나 전년도 예산과 90퍼센트 같다는 것은 기업의 민첩성을 보여주지 못한다.

더구나 그런 민첩성이 기업의 성과에 미치는 영향은 경험적으로 확실한 해답이 나와 있다. 민첩성은 실제로 성과를 개선한다. 맥킨지 연구자들은 매년 자원을 얼마나 재배분하는지에 따라 기업을 세 집단으로 나누었다. 당연하게도 '자원 재배분이 많은 기업'은 '자원 재배분이 적은 기업'보다 성과가 더 좋았다. 15년 동안 전자에 속한 기업들은 주주들에게 30퍼센트 더 많은 이익을 제공했다. 또한 파산하거나 인수당할 가능성이 더 낮았다. 자원 재배분이 적은 기업은 해당 업종에서 안정된 지위를 유지하지 못한다. 그들은 운전석에 앉아 졸고 있는 셈이다.

기준점이 판단에 영향을 미친다

과신의 함정과 마찬가지로 관성의 함정도 인지 편향에 뿌리를 두고 있으며, 조직의 역학관계에 의해 그 영향이 증폭된다. 자원 재배분의 관성 배후에는 기준점 효과라는 편향이 작동한다. 수치를 추정하거나 확정해야 하는 경우, 우리는 흔히 '기준점'이 될 만한 수치를 이용한다. 그러면서 이 수치를 부적절하게 조정한다.

놀랍게도 기준점은 추정치와 아무런 관계가 없을 때 그리고 분명히 불합리할 때에도 우리에게 영향을 미친다. 1970년대 카너먼과 트버스키의 중요한 실험 이후 독일 연구자 토마스 무스바일러Thomas Mussweiler와 프리츠 스트랙Fritz Strack은 놀라운 창의성을 발휘하여 기준점의 영향을 입증했다. 그들은 한 실험에서 피험자들을 두 집단으로 나누었다. 한 집단에는 마하트마 간디의 사망 당시 나이가 140세 이상인지 이하인지를 묻고, 다른 집단에는 간디의 사망 당시 나이가 9세 이상인지 이하인지를 물었다. 당연히도 모든 피험자가 어려움 없이 대답했다. 하지만 응답자들에게 간디의 사망 당시 나이를 추정해보라고 하자 정말 터무니없는 '기준점 효과'에 영향을 받았다. 140세를 기준점으로 제시받은 집단은 평균적으로 간디가 67세에 죽었다고 생각했다. 반면 9세를 기준점으로 제시받은 집단은 간디가 50세에 죽었다고 생각했다(간디는 78세에 죽었다).

이런 인지 편향 실험에 대해 들은 사람들은 흔히 방어적 반응부터 보인다. 나도 이런 어설픈 함정에 빠질까 하고 자문할 수도 있다. 특히 내가 알고 있는 주제에 대해 중요한 의사결정을 내릴 경우에 말이다. 이런 교묘한 조작은 피험자가 대답할 내용에 대해 잘 모르거나 별 관심이 없을 경우에만 가능하지 않을까?

이런 질문에 대답하기 위해 독일 연구자들은 다양한 직종에 종사하는 사람들을 대상으로 실험을 했다. 그중에는 판사들도 포함되었다. 판사는 신중한 의사결정을 내릴 것으로 기대되는 직업이다. 연구자들은 노련한 판사들로 이루어진 집단에 어떤 들치기 사건에 관한 자세한 자료를 제시하고 도둑에게 형량을 얼마나 선고할 것인지 물었다.

하지만 그 사건 자료에는 중요한 정보 하나(검사의 구형량)가 빠져 있었다. 연구자들은 판사들에게 주사위를 두 번 던져서 직접 구형량을 정한 다음 그것을 기록해달라고 요구했다(이 수치는 검찰이 구형한 보호관찰 개월 수를 나타내는 것이다). 그들은 마음속으로 이런 수치가 임의적으로 나온 것이라고 분명히 생각했을 것이다. 또한 연구자들은 이 수치가 임의적으로 결정된 것이기 때문에 선고 결정에 영향을 미치지 않아야 한다고 판사들에게 분명히 말했다.

하지만 이 수치는 실제 선고에 영향을 미쳤다. 주사위에 3이

나온 판사들은 평균 5개월 형을 선고한 반면 9가 나온 판사들은 8개월 형을 선고했다![•]

이런 실험이 보여주는 교훈은 분명하다. 우리가 먼저 인지한 숫자의 영향을 단절하려고 아무리 노력해도 기준점에 영향을 받는다는 점이다. 기준점이 된 숫자가 질문과 아무런 관계가 없을 때조차도 숫자는 우리의 판단에 영향을 미친다.

아무 관계도 없는 임의적 숫자가 그렇게 쉽사리 우리의 판단을 왜곡할 수 있다면 과연 우리가 관련이 있는 숫자와 거리를 둘 수 있을까? 예를 들어 예산을 검토할 때 우리가 승인한 전년도 예산의 영향을 크게 받지 않을 수 있을까? 기준점 효과의 힘을 이해한 지금, 기업이 관성적으로 자원을 재배분하는 것이 더 이상 미스터리가 아니다. 정말 놀라운 것은 관성이 없는 것이다.

자원 재배분이 어려운 이유

경험 많은 관리자라면 인정하듯이 기준점 효과는 인간관계와 조직의 역학관계에 의해 증폭된다. 전략 계획이나 예산 계획을 수립하려면 조직 구성원들 간에 반복적인 협상이 필요하다.

• 연구 결과를 더 쉽게 해석할 수 있도록 모든 판사가 주사위를 던질 때 3 또는 9가 나오게 했다.

모든 협상에서 기준점은 중요하다. 어떤 숫자든 출발점 역할을 하는 것이 기준점이다.

예산 논의의 출발점은 모두에게 알려져 있고 매우 가시적이다. 지난해 사업부의 책임자가 마케팅 예산을 100으로 계획했다면 아마 올해는 110을 요구하거나 드물게는 200을 요구할 것이다. 똑같은 기준점을 염두에 둔 당신은 90을 요청할 수도 있지만 40은 제안하지 않을 것이다. 기준점은 은연중에 협상의 마지노선을 정해준다.

또 다른 형태의 사회적 압력은 역사적인 기준점을 더욱 중요해지게 한다. 임원들이 자신의 사업부나 부서의 예산을 유지하거나 증가시켜서 해당 사업부를 지켜내느냐에 그들의 신뢰도가 달려 있다. 그들의 위신은 그들의 신뢰도에 좌우되고, 동료와 부하 직원들은 지난해의 숫자를 기준점으로 바라본다.

이런 상황을 관리자의 관점이 아니라 자원을 배분하는 CEO의 관점에서 바라본다면 문제는 좀 더 복잡해진다. 한 CEO는 이렇게 말했다. "나는 부자들에게 빼앗아서 가난한 사람들에게 주어야 합니다. 하지만 나는 로빈 후드가 아닙니다!" 일반적으로 CEO는 성숙한 사업부의 자원을 빼내서 성장 잠재력이 더 큰 사업부에 지원한다.

하지만 현금이 풍부한 사업부를 이끄는 '부유한' 관리자들은 이런 관점으로 문제를 바라보지 않는다. 그들은 자신들의 예산을 감축하여 '가난한' 사업부에 지원할 생각이 없다. 그들은 대개 자신에게 배분된 돈을 사용할 아이디어가 많다. 더욱이 그들은 예산이 축소되면 자신의 사업부가 현금 흐름을 창출하기가 얼마나 어려워질지 쉽게 설명할 수 있다. 바로 해당 기업이 현재 의존하고 있는 현금 흐름 말이다. 이런 협상 게임에서는 어제의 승자가 더 유리하다.

마지막으로 치열하게 예산 싸움을 하는 각각의 구성원은 지난해에도 똑같은 모습이었다는 사실을 기억하라. 자원배분을 급격히 변화시키는 것은 자신의 판단에 의문을 제기하는 것이다. 지난해 내린 결정이 잘못된 것처럼 보이지 않을까? 물론 우리는 이런 오해를 감수하고 언제든 상황에 맞게 자원을 재배분할 수 있다고 생각한다.

기업의 핵심 임원들에게 자사가 '실수를 인정하고 적절한 시기에 실패한 계획을 중단하는지' 물어보면 80퍼센트가 그렇다고 대답한다. 하지만 그들보다 직급이 낮은 임원들에게 물어보면 52퍼센트가 그렇지 않다고 말한다. 누구의 말이 맞을까?

이 모든 것이 의미 있는 자원 재배분이 왜 그렇게 어려운지 설명해준다. 다행히 방법이 하나 있다. 바로 새로운 시각을 갖는 것이다. 기업들은 CEO가 새로 임명된 다음 해에 눈에 띌 정도로 많은 자원을 다시 배분한다. CEO가 외부인일 경우 더욱 그렇다. 그는 기준점 효과와 조직 내부의 사회적 압력에 더 잘 저항한다. 당연한 말이겠지만, 신임 CEO들은 대체로 좋은 성과를 낸다. 자원의 재배분이 신속하고 결정적인 경우 훨씬 더 그렇다.

GM이 200억 달러의 손실과 맞바꾼 것

엄밀히 말하면 관성은 아무것도 하지 않는 것이다. 하지만 때로 우리는 더 어리석은 선택을 한다. 이를테면 좋지 않은 상황에서 자원을 더욱 증가시켜서 패배의 길로 깊이 빠져드는 것이다. 이것이 몰입 상승 효과escalation of commitment다.

가장 비극적인 예는 이길 수 없는 전쟁의 수렁에 빠진 상황이다. 1965년 7월 국무부 차관 조지 볼George Ball은 린든 존슨Lyndon Johnson 대통령에게 베트남전쟁에 대한 제안서를 내며 이런 상황을 예상했다. "일단 우리에게 대규모 사상자가 발생하면 거의 돌이킬 수 없는 상황에 빠질 것입니다. 전쟁 개입은 엄청난 일이어서 우리가 목적을 완전히 달성하거나 국가적인 굴욕을 감수하기 전에는 전쟁을 멈출 수 없을 것입니다." 애석하게도 이 끔찍한 예상은 그대로 적중했다. 1964년부터 1968년까지 베트남전에 투입된 미 육군의 숫자는 2만 3,000명에서 53만 6,000명까지 증가했다.

역사 속에서 몰입 상승 논리는 반복적으로 되풀이된다. 2006년 조지 부시George Bush는 말했다. "나는 여러분에게 약속합니다. 이라크에서 전사한 미군 2,527명의 희생이 헛되지 않게, 우리의 목표를 이루기 전에는 이라크에서 철수하지 않을 것입니다." 5년 뒤 그 '목표'의 달성 여부와는 상관없이 미군 사망자 수는 거의 4,500명까지 늘었다.

2017년 8월 도널드 트럼프Donald Trump는 아프가니스탄에 대한 신규 파병을 정당화하기 위해(처음에는 이 전쟁을 지속하는 것에 대해 반감을 나타냈었다) "이미 발생한 막대한 희생, 특히 인명의 희생에 합당한 명예롭고 항구적인 성과"를 반드시 내야 한다고 주장했다.

이 논리는 항상 똑같다. 손실이 크면 클수록 이것이 '헛되지 않았다'고 합리화하는 일이 더 절실해진다. 경제학자들이 말하는 매몰비용 오류sunk cost fallacy 개념에 따르면 몰입 상승 효과는 이미 발생한 손실에 의해 정당화된다. 이러한 논리의 오류는 명백하다. 새로운 자원의 투입 여부를 결정할 때는 회수할 수 없는 손실, 절대 만회할 수 없는 비용(또는 생명)을 고려하지 않아야 한다. 여기서 유일하게 고려해야 할 것은 미래, 즉 예상되는 '투자 수익'이다. 미래의 예상 결과가 오늘 추가 자원 투입을 정당화하는가?

하지만 우리가 일상적인 의사결정에서 보듯이 이런 식으로 생각하기는 쉽지 않다. 너무 많은 음식을 주문하여 억지로 다먹은 경험이 있다면, 책이 지루하다는 것을 알고도 억지로 끝까지 읽은 적이 있다면, 또는 이미 영화표를 구입했다는 이유만으로 독감에 걸렸음에도 극장에 간 적이 있다면 당신은 매몰 비용에 영향을 받은 것이다.

비즈니스 분야에서 몰입 상승 효과의 가장 두드러진 예는 기업이 실패한 계획을 되살리기 위해 필사적으로 노력하는 경우다. 극적인 사례로는 1983년 GM이 일본산 수입 차와 경쟁하기 위해 만든 새턴Saturn이라는 사업부가 있다. 최초의 계획은 '다른 종류의 자동차'를 생산하는 '다른 종류의 기업'을 설립하는 것이었다. 새턴의 제품과 방식은 거대 기업의 규칙(그리고 느린 관료주의)에 영향을 받지 않았다. 과장 없이 말하면 모든 것이 계획에 따라 진행되지 않았다. 2004년, 출범 이후 20여 년 동안 새턴은 150억 달러 이상을 집어삼켰음에도 단 1센트의 이익도 내지 못했다.

그렇다면 경영진은 어떤 결정을 내렸을까? 그들은 새턴을 GM의 '일반적인' 사업부로 바꾸기 위해 30억 달러를 다시 투자했다! 이 사업부는 이전의 반半독립적인 형태의 회사일 때보다 더 성공적이지 못했다. 2008년에야 비로소 GM은 정부 구제 금융의 대가로 새턴을 매물로 내놓았다. 당연히도 구매자는 없었다. 결국 새턴은 2010년에 문을 닫았다.

새턴의 사례는 극단적이다. 27년 동안 지속적인 실패로 200억 달러의 손실을 볼 수 있는 기업은 거의 없다. 하지만 GM이 보여주었듯이 실패한 사업을 폐업하지 않고 정상화 계획에 계속 무한한 신뢰를 보내는 것은 결코 이례적인 일이 아니다. 사실 대기업들은 사람들이 예상하는 것처럼 그렇게 자주 사업을 매각하지 않는다. 17년간 2,000개 기업을 연구한 결과, 그 기업들은 평균 5년에 한 번씩 사업을 매각했다. 총 매각 금액은 그들이 기업 인수에 지출한 금액의 20분의 1이었다.

이런 사례가 보여주듯이 회복할 수 없는 비용만이 몰입 상승 효과의 원인은 아니다. 우리는 영광스러운 미래로 가고 있다기보다는 막다른 길에서 벗어나고 있다고 자신을 설득하려고 한다. 군대의 리더들은 전장으로 군대를 추가 투입하려는 경우 이번에는 승리가 목전에 있다고 확신한다. 주식시장이 붕괴한 뒤 주식에 다시 투자하는 투자자들은 이제 주식이 다시 상승할 것이라고 굳게 믿는다.

GM의 리더들은 매번 새로운 전략, 새로운 CEO, 또는 더욱 우호적인 시장 상황이 드디어 새턴을 제 궤도에 올려놓을 것이라고 믿었다.

이제 당신은 알았을 것이다. 이것이 4장에서 논의했던 과신과 똑같다는 사실을 말이다. 몰입 상승은 관성의 한 가지 형태일 뿐만 아니라 근거 없는 낙관주의에 기초해 있다. 매몰 비용에 대한 염려와 미래 계획에 대한 과도한 자신감이 견고하게 결합할 경우 극복하기 매우 어렵다.

블록버스터의 관성 vs. 넷플릭스의 돌진

앞에서 언급한 사례(1997년의 폴라로이드)는 익숙한 패턴을 잘 보여준다. 즉 강하고 수익성이 좋은 기존 기업들은 중요한 환경 변화에 직면하면 관성을 극복하고 자원을 재배분하는 일에 실패한다. 디지털 음악에 의해 흔들리는 레코드 기업, 거대 첨단 기술 기업과 민첩한 애플리케이션 공급자 사이에 끼어 있는 이동 통신사들, 클라우드 컴퓨팅에 직면한 소프트웨어 개발자들, 전자상거래 기업들의 위협을 받는 오프라인 상점들처럼, 디지털 혁명으로 흔들리는 모든 기업은 나름의 방식으로 같은 딜레마에 직면해 있다.

이런 기업들은 간단한 질문을 던져보아야 한다. 즉 새로운 기술을 받아들이고 기존의 핵심 비즈니스와 경쟁하여 누구보다 신속하게 그것을 낡은 것으로 만들어버릴 것인가? 단기적으로 새로운 사업은 더욱 힘든 경쟁에 직면하고 성숙한 기존 사업보다 이익이 적을 것이다. 장기적으로는 새로운 기술이 구식 기술을 대체할 것이 거의 확실하다.

돌이켜보면 해답은 분명했다. 하지만 당시에는 그렇지 못했다.

모든 리더는 다양한 이유 때문에 망설였을 것이다. 우리의 기존 사업은 무기력하게 비난받을 수밖에 없는가? 예를 들어 우리는 두 세계에서 최선의 것을 가져다 '하이브리드' 기술을 촉진할 수는 없는가? 여러 새로운 기술 중에 어떤 것에 집중해야 할까? 대기업의 비용 구조를 감안할 때 새로운 기술을 어떻게 수익성 있는 기술로 바꿀 수 있을까? 마지막으로 새로운 기술로 이전하는 너무 빠르지도 너무 느리지도 않은 최적의 속도는 무엇일까?

또 다른 넷플릭스의 일화가 이런 환경에서 타이밍이 얼마나 중요한지 잘 보여준다. 4장에서는 블록버스터가 DVD와 인터넷의 동시 등장에 너무 늦게 대응한 것을 보았다. 넷플릭스는 이러한 최초의 변화를 활용했다. 하지만 두 번째 변화(진정한 변화였다)는 몇 년 뒤에 초고속 인터넷의 등장과 함께 일어났다. 바로 영화 스트리밍이 DVD를 대체하는 변화였다.

넷플릭스의 공동 설립자 리드 헤이스팅스는 경쟁자의 실수에서 배웠다. 그는 넷플릭스의 핵심인 우편 주문 사업을 보호하느라 새롭게 등장한 스트리밍 사업을 무시하고 싶지 않았다. 그래서 2011년 그는 근본적인 해결책을 내놓았다. 넷플릭스를 두 회사로 분할하는 것이었다. 하나는 스트리밍에 집중하고 다른 하나(퀵스터Qwikster라고 한다)는 우편으로 DVD를 보내는 예전의 사업을 관리하는 것이었다(두 사업부를 이끄는 서로 경쟁하는 별도의 조직). 그는 두 전선에서 싸우는 것이 성장과 수익성을 모두 최대화하는 확실한 방법이라고 생각했다.

이 계획은 역효과를 낳았다. 소비자들은 이 계획이 쓸데없이 복잡하다고 여겼다(왜 두 개의 계정을 관리해야 하지?). 그리고 소비자들은 그 본질을 보았다(하나의 서비스에 돈을 두 번 내게 하는 방식이었다).

불과 몇 주 지나지 않아 리드 헤이스팅스는 자신의 실책을 깨닫고 회사를 분리하는 아이디어를 포기했다. 하지만 불과 한 분기 만에 넷플릭스는 80만 명의 미국인 가입자를 잃었다. 자신의 실수를 인정한 헤이스팅스는 나중에 자신이 너무 빨리 움직였음을 인정했다. 미래는 분명히 DVD 대여가 아니라 스트리밍에 있었지만 미래는 아직 오지 않았던 것이다.

설령 사업 전망이 어두워지는 시기를 알고 있다고 해도 수익성이 좋은 사업을 언제까지 지원해야 할지 알기란 쉽지 않다. 헤이스팅스처럼 어떤 이들은 너무 빨리 움직일 수도 있다. 하지만 대개 블록버스터의 관성이 일반적인 것이고 넷플릭스의 돌진은 예외적인 것이다.

전통적인 사업은 거의 필연적으로 '파괴적 기술disruptive technologies(클레이튼 크리스텐슨Clayton Christensen이 만든 조어로 이제는 널리 알려져 있다)'에 직면하게 된다. 파괴적 기술이란 업계를 재편하고 시장을 대부분 장악하게 될 기술을 의미한다. 하지만 전통적인 사업은 이 기술을 받아들이기 위한 자원배분을 지연시킨다. 거의 대다수의 기업은 머뭇거리다가 시기를 놓친다.

연이은 리더들의 전략적 선견지명에도 불구하고 폴라로이드에서 정확히 이런 일이 벌어졌다. 디카밀로가 CEO에 취임했을 때 폴라로이드는 수익성이 미미했지만 자신감이 넘쳤다. 마케팅부는 자사의 시장점유율이 100퍼센트라고 선언하는 보고서를 자랑스럽게 만들었다. 그 보고서는 시장을 미국의 즉석카메라 시장으로 정의했다. 이 회사의 연구실에는 새로운 아이디어가 넘쳐났다.

디카밀로는 즉시 기업 문화의 문제점을 파악했다. 그는 부임하자마자 폴라로이드 연구실을 시장과 가깝게 재편했다. 그는 직원들에게 말했다. "우리의 사업은 가장 많은 특허권을 얻는 것이 아닙니다. 우리의 사업은 가장 많은 연구 보고서를 쓰는 것이 아닙니다. 우리의 사업은 얼마나 많은 발명품을 만들어내는지를 보여주는 것이 아닙니다."

강력하고 새로운 메시지였다. 디카밀로는 구조조정을 통해 전체 직원의 4분의 1인 2,500명을 내보냈다. 그는 폴라로이드가 새로운 방향으로 나아가야 한다는 사실을 간과하지 않았다.

하지만 기업의 관성은 피할 수 없었다. 뛰어난 폴라로이드 연구소와 연구원들은 무슨 일을 했을까? 디지털 제품도 개발했지만 대부분은 즉석카메라 제품의 연장선상에서 더욱 저렴한 모델을 만들었다(일부 제품은 상당한 성공을 거두었다). 폴라로이드의 사업 모델 역시 관성을 부추겼다. 전형적인 '면도기와 면도날' 모델을 이용하는 폴라로이드는 카메라를 저가에 팔고 필름에서 이익을 남겼다. 하지만 소모품이라는 것이 존재하지 않는 디지털 세계에서 이 사업 모델을 적용하는 것은 불가능하다. 디지털로의 전환을 위해 폴라로이드에는 과감하고 근본적인 변화가 필요했다. 기업의 비용을 철저하게 줄이고, 적극적으로 핵심 사업을 분리하고(또는 일부 사업을 매각하고), 디지털 기술에 대대적으로 재투자해야 했다.

폴라로이드와 마찬가지로 많은 기업이 환경 변화에 직면하여 거의 아무것도 하지 않거나 너무 늦게 대응한다. 또한 자원을 충분히 재배분하지도 않는다. 출구 전략에 관한 역사적인 연구를 수행한 연구자들에 따르면, 인지 편향 탓에 "기업들은 위험 신호를 무시하고, 새로운 정보 앞에서도 목표를 조정하지 않으며, 밑 빠진 독에 더 많은 물을 쏟아붓는다".

가장 쉬운 선택지는 '결정하지 않는 것'

기업이 성과가 낮은 사업에서 벗어나지 못하게 하여, 관성적인 상태(출구 전략에 관한 질문조차 없다)로 만드는 또 다른 요인이 있다. 우리는 현상유지 편향에 쉽게 영향을 받는다. 우리는 무언가를 결정하기보다는 결정하지 않는 쪽을 편하게 여긴다.

당신이 엄청난 유산을 상속했다고 상상해보라. 당신은 주식, 채권 등 다양한 투자 방식을 선택한다. 당신의 선호(특히 위험에 대한 태도)와 더불어 다양한 옵션에 대한 당신의 생각에 따라서 말이다. 모든 사람이 똑같은 방식으로 반응하지는 않을 것이다. 하지만 유산이 이미 이런 투자 자산으로 구성된 포트폴리오에 투자되어 있다면 어떨까? 경제학자 윌리엄 새뮤얼슨William Samuelson과 리처드 제크하우저Richard Zeckhauser가 이런 성향을 실험했다. 상당히 많은 피험자들이 자신의 선호에 따라 유산을 재배분하는 대신 상속받은 그대로 포트폴리오를 유지하는 쪽을 선택했다. 무결정의 편안함이 그들의 합리적 선호를 이겼던 것이다.•

우리는 많은 상황에서 '기본 선택지'인 현상유지를 선호한다. 자동차 색상을 선택하거나 은퇴 계획에 따라 자금을 배분하거나 장기 기증에 동의하는 경우, 우리는 선택을 하지 않고 기본 옵션을 받아들이는 경향을 보인다. 새뮤얼슨과 제크하우저는 썼다. "달리 말하면 우리는 선택 가능성이 있음을 인식할지 말지부터 결정해야 한다. 그런 인식은 일어나지 않을 수도 있다."

사람들과 마찬가지로 기업도 현상유지 편향에 영향을 받는

• 포트폴리오의 구성을 바꾸기 위한 거래비용이 현상유지를 선호하는 합리적인 이유가 될 수 있을 것이다. 하지만 이 실험에서는 피험자들에게 거래비용이 전혀 없다고 말했다.

다. 일반적으로 매년 예산 수립 과정에서 본사는 각 사업부의 예산을 별도로 검토한다. 이런 경우 모든 사업부와 관련된 예산 재배분 활동은 명시적으로 이루어지지 않는다. 이런 접근방식 탓에 '기본적인' 선택은 자원배분을 아주 약간만 수정하는 것이다. 사업 분할이 적은 것도 현상유지 편향을 보여준다. 기업의 기본적인 선택은 사업부를 매각하는 것이 아니라 유지하는 것이다.

기준점 효과, 매몰비용, 현상유지 편향 외에도 또 다른 편향이 재배분 의사결정(또는 오히려 자원 재배분을 결정하지 않음)에 영향을 미친다. 바로 6장에서 살펴볼 손실회피 편향이다.

summary

- 우리는 기준점 효과 때문에 직접적인 관련이 없는데도 마음에 떠오르는 숫자에 기초하여 추정 또는 예측을 한다.

- 기준점은 자원배분 관성에서 핵심적인 역할을 한다.

- 조직 내 자원배분 싸움이 기준점 효과를 증폭시킨다.

- 관성의 더 극단적인 형태는 몰입 상승 효과다. 이는 실패한 시도에 더 많은 자원을 투입하는 것이다.

- 관성은 기존 기업이 위협적인 시장 붕괴에 대해 제대로 반응하지 못하게 한다.

- 일반적으로 결정하는 것보다 결정하지 않는 것이 더 쉽다. 이것이 바로 현상유지 편향이다.

Chapter 6
리스크를 외면하며 리스크를 피하는 기업들
위험인지의 함정

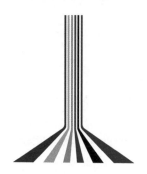

안전을 추구하지 마라. 그것은 세상에서 가장 위험한 일이다.
휴 월폴

1억 달러의 자본지출이 필요한 투자 제안을 받았지만 돈을 회수하지 못할 수도 있다고 가정해보자. 만일 성공한다면 곧 4억 달러의 수익을 얻을 수 있다. 실패한다면 수익은 전혀 없고 1억 달러를 고스란히 날릴 수도 있다. 당신이 이 투자를 승인하기 위해 요구하는 성공 확률(또는 당신이 감내할 수 있는 최대 실패 확률)은 어느 수준인가?

이것은 사업가들이 매일 다루는 문제다. 이런 가상 상황은 예컨대 위험한 연구개발 투자와 비슷한 특성을 갖는다. 상황이 잘 풀린다면 이 투자는 엄청난 보상을 안겨줄 것이다. 하지만 상황이 좋지 않으면 모든 것을 잃는다.

그렇다면 당신은 어느 정도의 위험을 감수해야 하는가? 그것은 오로지 당신에게 달렸다! 확실히 말할 수 있는 것은 손실 확률이 75퍼센트인 경우 예상 수익은 0이라는 점이다. 즉 4억 달러를 벌어들일 확률이 25퍼센트이고 수익이 전혀 없을 확률이 75퍼센트라면 예상 가치는 1억 달러다. 초기 투자 금액과 정확히 일치하는 액수다. 따라서 75퍼센트 이상의 손실 확률을 받아들이는 것은 비합리적이다. 예를 들어 손실 확률이 95퍼센트라면, 4억 달러를 벌어들일 확률은 겨우 5퍼센트밖에 되지 않기 때문에 당신은 1억 달러를 투자하고 싶지 않을 것이다.

손실 확률이 75퍼센트 이하라면, 당신이 받아들일 수 있는 손실 확률을 스스로 선택하면 된다. 이때 당신의 개인적인 위험 선호(또는 위험 회피) 수준이 반영된다. 예를 들어 데이브는 50퍼센트, 테리는 25퍼센트의 손실 확률을 받아들일 수 있다고 가정해보자. 용감한 데이브는 수익 확률이 훨씬 낮은 상황에서도 동일한 손실 위험을 감수할 준비가 되어 있다. 조심스러운 테리는 데이브보다 위험 회피 성향이 높다.

맥킨지 연구팀은 800명의 대기업 경영자들에게 이 질문을 했다. 평균적으로 그들이 감수할 수 있다고 답한 최대 손실 확률은 약 18퍼센트였다. 겨우 응답자의 3분의 1만이 20퍼센트 이상의 손실 확률을 받아들였다. 그만큼 위험 회피 성향이 높은 것이다. 그들이 초기 투자금의 4배를 벌 수 있는 투자를 받아들이려면 80퍼센트 이상의 성공 확률이 요구되는 셈이다. 도박꾼이 이런 정도의 위험 회피 성향을 가졌다면 생활비를 벌기 어려울 것이다.

물론 관리자들은 도박꾼이 아니라 기업의 자원을 지키는 파수꾼이다. 특히 1억 달러의 투자에 기업의 존망이 달렸다면 신중한 태도를 취하는 것이 타당하다. 중견 기업에 이 정도의 투자 손실은 치명적인 위험이니까. 그래서 같은 질문을 관리자들에게 던져보았다. 이번에는 투자액을 1억 달러가 아니라 1,000만 달러(잠재적 수익은 4,000만 달러)로 정했다.

우리는 이 시나리오에서 위험 회피 수준이 더 낮을 것으로 예상할 수 있다. 당신의 기업이 일회적이고 투기적인 투자 결정을 하는 대신, 이런 정도의 위험을 가진 연구 프로젝트들로 구성된 포트폴리오에 투자한다고 상상해보자. 이때는 더 높은 손실 확률을 받아들이는 것이 적절할 것이다. 예를 들어 손실 확률 50퍼센트인 10개 프로젝트에 투자한다고 가정해보자. 가장 가능성이 높은 시나리오는 다섯 개의 프로젝트가 성공하는 것이다. 그렇게 되면 회사의 수익은 초기 투자액 1,000만 달러의 2배가 된다. 훌륭한 수익률이다.

그런데 아주 이상하게도 투자액을 10분의 1로 줄여도 관리자들의 대답은 거의 바뀌지 않는다. 그들이 의사결정을 할 때

신경 쓰는 것은 투자 총액이 아니다. 그들은 총액과 상관없이 손실 확률에 따라 판단한다.

그리 놀라운 결과는 아니다. 투자 실패 확률이 50퍼센트라면 누구도 서명란에 서명하길 원하지 않을 테니까. 게다가 지금까지 보았듯이 비용은 과소 추정되었고, 예상 수익(그리고 수익이 실제로 실현될 확률)은 지나치게 낙관적이라고 생각하는 것이 타당하다.

그럼에도 충격적이기는 하다. 같은 설문지에서 동일한 의사결정자들에게 위험에 대한 자사의 태도를 질문했을 때 45퍼센트가 너무 위험 회피적이라고 응답했다(단 16퍼센트만이 그렇지 않다고 했다). 응답자의 50퍼센트(그 반대는 20퍼센트)는 자사가 투자를 충분히 하지 않는다고 생각했다. 기본적으로 그들은 자신의 회사가 위험을 더 많이 감수하기를 바란다. 하지만 가상 투자에 대한 그들의 반응을 보면 그들이 바라는 일은 일어나지 않을 것이다.

스포티파이와 우버의 공통점

그런데 여기에는 심각한 모순이 있다. 모든 기업은 이론적으로 건전한 위험 선호 성향을 보인다. 하지만 관리자들은 상당히 위험 회피적이다. 이것은 실제적인 문제를 일으킨다. 지나친 위험 회피는 불합리한 낙관주의만큼이나 해로울 수 있다.

위험 회피적인 기업은 재투자를 꺼린다. 2018년 현재 미국의 상장 기업들은 1조 7,000억 달러의 현금을 사내에 유보하고 있다. 그들이 그렇게 매력적인 투자처를 찾지 못했다는 의미다. 사양 산업에 종사하는 오래된 기업들이라면 이런 태도가 이해된다. 하지만 사내 유보금의 약 절반이 첨단 기술 분야에 속해 있었다. 애플만 해도 2,450억 달러(그해 모든 기업이 납부한 연방 법인 소득세보다 많다)의 현금을 깔고 앉아 있었다. 혁신 역량으로 널리 찬사를 받는 애플은 잉여 현금으로 무엇을 할까? 자사주를 매입한다. 2012년 이후 애플은 역사상 최대 규모의 자사주 매입 프로그램을 운영하고 있다. 기업들의 행태를 연구하는 클레이튼 크리스텐슨과 데릭 반 비버Derek van Bever는 "사상 유례가 없을 정도로 낮은 이자율에도 불구하고 기업들은 막대한 현금을 보유한 채 성장을 촉진해줄 혁신에 투자하지 않는다"고 말한다.

거대 기업들이 현금은 물론 인재, 브랜드, 특허권, 유통망 등 모든 자원을 이용할 수 있다는 점을 고려하면 그들이 새로운 사업에 소극적이라는 사실은 당혹스럽다. 그런가 하면, 이런 자원이 없는 모험적인 기업가들은 힘들게 혁신적인 사업을 창출한다. 그런 다음 와츠앱WhatsApp과 같은 기업들은 대기업에 인수된다(와츠앱은 190억 달러에 페이스북에 인수되었다). 스포티파이Spotify

나 우버Uber 같은 '유니콘 기업'은 수십억 달러의 민간자본을 유치한 뒤 결국 기업 공개를 단행했다. 이런 획기적인 혁신 기업들의 한 가지 공통점은 기존 기업 안에서 탄생하지 않았다는 것이다.

대기업 CEO들에게 이런 역설에 대해 질문하면 다양한 대답이 나올 것이다. "나는 위험한 프로젝트를 흔쾌히 승인합니다. 하지만 아무도 나에게 그런 사업을 제안하지 않습니다!" CEO들은 혁신적이고 위험한 사업계획은 조직의 아래 단계에서 사장되거나 자체 검열되어 최고위층까지 올라오지 않는다고 말한다. 그들은 "아무도 용기를 내어 위험한 사업 제안을 하지 않습니다!"라고 말한다.

많은 기업 리더들은 직원들에게 더 많은 모험 정신을 발휘하라고 장려하면서 이 문제를 해결하려고 한다. "더 많은 위험을 감수하라!"는 말은 대기업에서 자주 회자되는 모토다. 이를 위해 일부 기업들은 아이디어 경진 대회를 열거나 혁신 전담 부서를 만들거나 사내 벤처캐피털 펀드를 만들기도 한다. 이런 방법이 필요하다는 것은 성숙한 기업들이 위험한 프로젝트를 지원하기가 얼마나 어려운지 보여준다.

원인은 위험에 대한 개인적, 조직적 태도에 있다. 이것을 이해하려면 세 가지 독립적인 편향을 살펴봐야 한다. 이 편향들을 결합하면 기업에서 관찰되는 비합리적인 위험 회피 수준을 이해할 수 있다.

손실의 고통은 이익의 기쁨보다 강렬하다

그중 가장 중요한 첫 번째 편향은 카너먼과 트버스키가 손실 회피loss aversion라고 부른 것이다. 손실회피는 위험 회피와 같은 것은 아니다. 손실회피는 훨씬 더 기본적인 현상이다. 손실과 단점은 같은 크기의 이익과 장점보다 더 중요하다. 1달러의 손실에 따른 고통은 1달러의 이득에 따른 기쁨보다 더 강렬하다.

당신의 손실회피 정도를 측정하는 가장 간단한 방법은 다음 질문을 해보는 것이다. "동전을 던져서 뒷면이 나오면 100달러를 잃는다." 동전 앞면이 나올 경우 얼마를 받으면 이 게임을 하겠는가? 완벽하게 합리적인 사람이라면 101달러로 충분할 것이다. 하지만 대부분은 약 200달러가 되어야 한다고 말한다. 이것은 '손실회피 계수'가 2라는 의미다.

생과 사가 걸릴 정도로 금액이 증가하면 손실회피 계수도 올라가 무한대에 접근할 수 있다. 매우 모험적인 도박사의 기질을 가진 사람도 상상할 수 없을 정도로 부자가 아니라면, 아무리 잠재적 이득이 많다 해도 100만 달러를 잃을 수 있는 동전 던지기 게임을 하지는 않을 것이다.

손실회피는 실제로 헤아릴 수 없는 영향을 미친다. 예를 들어 손실회피는 우리에게 익숙한 판매 방식의 근거를 제공한다. 제품을 판매할 때 소비자에게 혜택을 언급하는 대신 손실회피에 관해 말하는 것이 종종 더 효과적이다. "특별한 기회를 놓치지 마십시오." "내일이면 너무 늦습니다."

하지만 손실회피의 중요성은 이것이 전부가 아니다. 대니얼 카너먼에 따르면 손실회피는 "심리학이 행동경제학에 기여한 가장 중요한 부분"이다. 예컨대 협상에서 각 당사자는 이득을 얻기보다 동일한 크기의 손실을 회피하는 것에 더욱 기꺼이 합의한다. 변화가 그렇게 어렵다는 사실 역시 손실회피의 결과로 볼 수 있다.

변화로 인해 승자와 패자가 정해진다면, 패자들이 손실에 대해 느끼는 고통이 승자가 이득에서 느끼는 기쁨보다 훨씬 더 강렬할 것이다. 이것은 소수파가 다수파의 계획에 그렇게 자주 반대하는 이유를 설명해준다.

모르는 위험보다 아는 위험이 낫다

비정상적인 위험 회피 수준에 기여하는 두 번째 현상이 있다. 위험한 투자는 6장의 서두에서 밝힌 것처럼 절대 단순명료하게 제시되지 않는다는 점이다. 비즈니스의 세계는 우리가 주사위를 던질 때처럼 정확한 승률이 알려진 도박판이 아니다. 실제로 우리는 비즈니스의 성공 또는 실패 확률을 절대로 정확히 알 수 없다. 게다가 사업을 제안한 사람이 성공 확률을 추정하면 우리는 언제나 그가 너무 낙관적이지 않은지 의심한다(이런 의심 은 종종 옳다).

투자 수익 또한 불확실하다. 실패할 경우 투자금을 전부 잃을 것이 확실한 반면 성공할 경우의 예상 수익은 정확하지 않다. 프로젝트가 성공할지 실패할지 판단하는 데 시간이 얼마나 걸 릴지도 추정하기 힘들다.

마지막으로 위험한 투자를 결정할 때 수많은 다른 요인들이 작용한다. 당신은 해당 사업 분야에 대해 잘 아는가? 사업 담당 조직을 얼마나 신뢰하는가? 사업 시행 과정을 어느 정도나 통제 할 수 있는가? 사업을 여러 단계로 나누어 초기의 현금 지출을 제한할 방법이 있는가?

실제 투자는 깔끔한 도박과는 다르다. 투자를 결정할 때 우리 는 그냥 위험에 직면하는 것이 아니다. 우리는 경제학자 프랭크 나이트Frank Knight가 불확실성이라고 부른 것에 직면한다. 불확실 성은 계량화할 수 없는 위험이다. 우리가 거의 손실만큼이나 회 피하는 한 가지가 있다면 바로 불확실성이다. 경제학자들은 이 것을 불확실성 회피 성향uncertainty aversion 또는 모호성 회피 성향 ambiguity aversion이라고 부른다.

옛말에도 있듯이 "모르는 악마보다 아는 악마가 더 낫다". 많 은 실험은 우리가 불확실성을 회피하기 위해 기꺼이 대가를 지불한다는 점을 확인해준다. 우리는 미지의 위험보다는 계량적으로 파악된 위험을 더 잘 받아들인다.

우리는 결과에 기초해 결정을 판단한다

위험 회피에는 세 번째 이유가 있다. 이것을 이해하려면 최근 뉴스 중에 당신을 깜짝 놀라게 했던 사건(또는 개인 생활에서 벌어진 사건)을 떠올려보라. 지금 돌이켜보면, 당신이 그 사건을 예상했어야 할 이유를 찾을 수 있는가? 분명히 그 대답은 '그렇다'일 것이다.

어떤 일이 우리를 놀라게 하는 경우에도 우리는 그것을 아주 쉽게 설명해줄 이유를 곧장 찾아낸다. 도널드 트럼프가 대통령으로 절대 당선되지 못할 거라고 자신 있게 밝힌 전문가들도 트럼프가 당선된 다음 날 아주 그럴듯한 근거들을 들어가며, 논리적이고 심지어 필연적인 당선 이유를 설명했다. 2019년 사우디아라비아 석유 시설이 드론 공격을 받았을 때 많은 사람들이 어떻게 그런 공격을 예상하지 못했는지 의아해했다(그들 자신은 그런 가능성을 전혀 상상하지 못했다).

사건의 발생 가능성에 대한 인식이 사건 전후 차이를 보이는 것은 심리학자 바루크 피쇼프Baruch Fischhoff가 말한 사후 확신 편향hindsight bias 탓이다. 피쇼프는 자원자를 대상으로 정치적 사건(예를 들어 1972년 닉슨의 역사적인 중국 방문의 다양한 잠재적 결과)의 발생 가능성을 추정해보게 한 뒤, 사후 확신 편향을 발견했다.

나중에 사건이 발생했을 때(또는 발생하지 않았을 때), 피쇼프는 같은 자원자들에게 사건의 발생 가능성을 어느 정도로 예상했었는지 물었다. 물론 극소수의 사람들만 자신의 정확한 대답을 기억하고 있었다. 하지만 대다수 응답자는 자신이 이전에 추정했던 발생 가능성을 과대평가했다. "그럴 줄 알았어요." 반면 사건이 일어나지 않았을 경우 그들은 자신이 발생 가능성이 있다고 말했음을 잊어버렸다. "나는 그 사건이 일어나지 않을 줄 알았어요."

사후 확신 편향은 역사 교과서 어디에서나 찾아볼 수 있다. 우리는 '1차 세계대전의 원인'이나 '베르사유 조약의 결과'를 분석하는 법을 배운다. 역사가들은 원인과 결과를 논리적으로 연결하기 위해 여러 사실 간의 연결점을 조심스럽게 선택한다. 그러다 보면 흔히 '원인'은 완전히 간과된다.

최근 역사가와 인공지능 전문가로 구성된 팀이 현대의 정보에만 기초해 기계학습machine learning 알고리즘을 훈련시켰다. 그리고 사건들이 나중에 역사적으로 중요한 의미가 있을지를 예측하게 했다. 그들의 결론은 이렇다.

역사적 의미는 예측하기 극히 어렵다. 세상은 너무 뒤죽박죽이고 임의적이기 때문이다. 역사가들은 오로지 사후적인 시각으로 자신의 서사에 들어맞는 사실들을 선택하고 다른 사실들을 배제한다. 그러므로 똑같이 그럴듯한 다수의 역사 해석이 공존할 수 있으며, 새로운 '수정주의적' 역사 이론도 등장할 수 있다.

그래서 불확실한 사건을 나중에 되돌아보면서 필연적이었다고 생각하게 되는 것이다. 1940년 나치 독일의 위협에 직면한 영국은 불굴의 전사를 수상으로 선택할 '필요'가 있었다고 우리는 배웠다. 그리고 우리는 전시 영국의 수상으로 윈스턴 처칠 Winston Churchill 외에 누구도 상상하기 힘들다. 영국 여왕이 처칠을 부르기 며칠 전까지만 해도 하원의원 가운데 그가 수상이 되리라 예상한 사람은 아무도 없었지만 우리는 이런 사실은 종종 잊어버린다. 처칠이 주로 계획했지만 결국 참패한 노르웨이 작전에 관해 의회에서 논쟁을 하다가 놀라운 반전이 일어나면서 역설적이게도 그가 수상으로 지명되게 되었다. 전기 작가인 마틴 길버트 Martin Gilbert 는 3만 페이지 분량의 처칠 전기를 쓰면서 무엇을 배웠는지 질문받은 적이 있었다. 그는 이렇게 대답했다. "나는 아슬아슬한 상황이었다는 것을 알았습니다."

모든 것은 전체 역사는 물론 개인의 역사에도 그대로 적용된다. 우리는 사고나 실패를 설명하려고 하는 경우 흔히 사후 확신 편향의 피해자가 된다. 가상 투자를 생각해보자. 위험한 투자에서 1억 달러를 잃었다면 당시로서는 위험 감수가 전적으로 타당했다는 사실을 아무도 기억하지 않을 것이다.

대신 모든 사람은 실패가 불가피한 1,000가지 이유를 생각해 낼 것이다. 설령 뜻밖의 곤경을 인정할지라도 그들은 그런 결과를 예상하지 못한 이유를 질문할 것이다. 무엇보다도 사건이 완전히 난데없이 발생하는 경우는 드물다. 프로젝트를 추진한 사람들은 대개 모든 잠재적 위험을 고려한다. 기본적으로 모든 사람은 피쇼프의 피험자들처럼 '그럴 줄 알았지'라고 생각할 것이다.

모험적인 사업을 제안하는 관리자들은 사업 결과가 나오면 사후 평가가 진행된다는 것을 잘 알고 있다. 그렇다면 왜 그들은 위험한 사업을 옹호하는 걸까? 2017년 노벨 경제학상을 받은 리처드 탈러는 이것을 현실적으로 풀 수 없는 문제로 본다. 그는 "CEO가 직면한 가장 힘든 문제 중 하나는 예상 수익이 충분히 큰 경우 위험한 사업을 받아들이도록 관리자들을 설득하는 일"이라고 했다.

손실회피, 불확실성 회피, 사후 확신 편향이 결합하면 과도한 위험 회피 성향이 만들어진다. 이것은 기업들이 감당할 수 있고 합리적으로 감당해야 하는 수준보다 그리고 CEO가 감당하고 싶어 하는 수준보다 적은 위험을 감수하려는 이유를 설명해준다.●

소심한 선택과 대담한 예측의 오류

그렇다면 과도한 위험 회피에 따르는 비용과 과도한 낙관주의에 따르는 수많은 실수는 어떻게 조화를 이룰 수 있을까? 왜 위험 회피가 JC페니나 쿼이커오츠의 리더들이 위험한 모험에 뛰어드는 것을 말리지 못했을까? 왜 모험적인 기업가들은 위험 회피 성향에 영향을 받지 않고 본질적으로 위험한 사업에 돈과 시간을 과감하게 투자하는 걸까? 다시 말해 우리가 방금 분석한 소심하고 위험 회피적인 행동이 4장에서 논의한 대담하고 자신만만하게 위험을 감수하는 행동과 어떻게 공존할 수 있을까?

이 역설은 쉽게 풀 수 있다. 설령 당신이 위험 회피형이라고 해도 위험성을 깨닫지 못한다면 얼마든지 위험한 결정을 내릴 수 있다. 이런 이유로 인해 기업은 엄청나게 모험적인 투자에 뛰어든다. 대부분 그 투자가 얼마나 위험한지 모르고 말이다.

예를 들어 당신이 가장 최근에 참석했던 위험한 투자 사업 회의를 떠올려보라. 회의 참석자들은 그 사업의 본질적인 위험성을 인식하고 있었는가? 그 사업을 제안한 사람은 실패(또는 성공) 확률을 계량적으로 추정하려고 노력했는가? 한마디로, 그

● 이처럼 특정 시기와 관련이 없는 이유에 더하여, 최근에 관찰되듯이 대기업들의 재투자가 역대 최저 수준인 추세에 영향을 미치는 추가적인 요인들도 있다. 여기에는 거시적 경제 상황과 조세법의 변화가 포함된다.

의사결정은 주사위 굴리기와 비슷했는가?

당신은 이 질문에 대해 "아니요"라고 큰 소리로 대답하며 정당한 이유를 댈 것이다. 의사결정자는 원칙적으로 미래가 불확실하며 투자는 위험하다는 것을 받아들인다. 하지만 그들은 자신을 계산 가능한 통계적 성공 확률에 기초해 베팅하는 도박꾼으로 보지 않는다. 그들에게 '위험'은 다른 의미를 갖는다. 위험은 최소화해야 할 애로 사항이며 맞서야 할 도전 과제다. 관리자가 위험을 언급하자마자 의사결정자들은 위험을 줄일 대책이 나올 것을 기대한다. 여기서 '위험'은 의사결정 이론가가 생각하는 위험, 즉 통제 불가능한 위험이 아니다. 의사결정자들에게 위험은 통제할 수 있는 것이다.●

그렇게 자기과신의 실수가 발생한다. 기업이 고위험, 고수익 사업에 의식적으로 투자하는 경우는 거의 없다. 오히려 지나치게 낙관적인 전망을 거의 100퍼센트 확신하기 때문에 위험에 빠지는 것이다.

이런 착각은 4장에서 살펴본 편향의 직접적인 결과다. 사업은 위험할 수 있다. 하지만 그 사업과 관련된 예측은 과도한 자신감에 영향을 받는다. 매출, 수익, 사업 종료 시간 등에 대한 예측이 항상 너무 낙관적이다. 과도한 정확도는 의사결정자들이 사

● 이와 관련하여 한 가지 예외는 금융기관이다. 금융기관에서 위험은 보통 기술적 사업 변수로 취급된다.

업 계획을 과신하게 만든다.

전형적인 예는 '기본 시나리오'와 '비관적인 시나리오(프로젝트 제안자가 얼마나 합리적인지 보여주기 위해 만든 예방책)'를 포함하는 수입 예측이다. '기본 시나리오'가 실제로 낙관적이고, '비관적인 시나리오' 역시 절대 '최악'이 아니라는 점을 보여주면 사업이 승인될 가능성이 높다. 사업 제안자의 목표는 만족할 만한 성과가 거의 확실하다는 점을 제시하는 것이다. 기업 정치의 관점에서 똑똑한 전략이다. 확고한 자신감을 갖고 사업 계획을 홍보하면 '성공 가능성이 높은 것'으로 여겨져서 승인될 가능성이 높다.

조직의 이런 역학관계는 기업이 어떻게 과신과 위험 회피 성향을 동시에 보일 수 있는지를 설명해준다. 상반된 효과를 발생시키는 이 두 가지 편향은 서로를 상쇄하지 않는다. 대니얼 카너먼과 댄 로발로Dan Lovallo 는 〈소심한 선택과 대담한 예측Timid Choice And Bold Forecast〉이라는 논문에서 이런 역설을 설명했다. 우리는 선택할 때 위험 회피적이다. 하지만 지나친 자기 확신과 과도하게 정확한 예측에 기초할 때 선택은 매우 쉬워 보인다.

물론, 조직 내의 모든 사람이 대담한 예측을 믿게 할 수는 없다. 투자 절차는 사업 제안자에게 이의를 제기하고 사업의 현실성을 철저하게 점검할 수 있도록 설계된다. 대기업에서는 투자 제안서를 여러 직급과 부서에 걸쳐 정밀하게 검토하게 한다. 모든 단계에서 제안서를 비판적으로 분석하여 지나치게 낙관적인 내용이 있으면 제외한다.

이런 측면에서 보면 가장 대담하고 위험한 사업은 가장 규모가 큰 사업이라는 말이 이해가 된다. 사업 제안자가 CEO 주변 사람이라면 그의 제안, 예측, 가정에 대한 검토는 조금 허술하게 진행될 가능성이 높다. 가장 극단적인 사례로, 대규모 기업 인수나 프로젝트를 제안하는 사람은 바로 CEO다. 스내플과 JC페니의 사례가 대표적이다.

반면 말단 직원이 제안한 소규모 사업은 여러 직급의 반대를 이겨내고 다각도의 심층적 검토에서 살아남아야 승인을 받는다. 앞에서 아무도 위험한 사업을 제안한 적이 없다고 했던 CEO들을 기억하는가? 그들은 아마 회사의 방침과 절차를 엄격하고 효과적으로 적용한 것을 탓해야 할 것이다. 사업성을 입증하기 어려운 사업에 대해 신뢰 수준을 요구함으로써 그들은 사실상 직원들이 모험적인 사업을 제안하지 못하게 막은 셈이다.

따라서 정반대로 하는 것이 더 합리적일 것이다. 대규모의 고위험 사업은 설령 긍정적인 면이 크다고 할지라도 기업을 위험에 빠뜨린다. 반면 소규모 사업의 위험 선호는 허용되어야 하며 더 나아가 권장되어야 한다. 고위험 고수익 사업의 포트폴리오 다각화는 매우 합리적인 선택이다. 안타깝게도 낙관주의는 사업이 대규모일 때 더 쉽게 허용되는 반면, 위험 회피는 소규모 사업일 때 더 중요해진다. 소심한 선택과 대담한 예측의 결합은 기업이 흥미로운 기회가 부족하다며 현금을 쌓아두면서도 때로 과감하게 모험적인 투자를 하는 이유를 설명해준다.

"그들은 그 일이 불가능할 거라는 사실을 몰랐습니다. 그래서 해낸 겁니다"라는 마크 트웨인Mark Twain의 말은 사람들에게 위험을 감수하라고 권유할 때 자주 인용된다. 이 말은 우리가 위험에 뛰어드는 이유가 무엇인지 멋지게 보여준다. 즉 용기가 아니라 무지 탓이다. 물론 불가능한 일을 시도하는 것은 나쁜 결정이고, 당연히 성공 가능성이 희박하다.

하지만 지금 무슨 일을 하는지 분명히 알면서 위험 회피를 극복하고, 어렵고 위험한 일을 더 자주 시도하는 것이 현명하다. 매일 위험을 곁에 두고 사는 투자 전문가와 벤처캐피탈리스트들은 이런 시도를 도와줄 유용한 방법과 문화를 발전시켜왔다. 이는 3부에서 더 자세히 다룰 것이다.

summary

- 기업들이 현금을 쌓아두고 위험한 사업을 승인하지 않는 것에는 세 가지 편향이 작용한다.

  : 이익의 기쁨보다 손실의 고통이 더 강렬하다(손실회피).

  : 모르는 위험보다 아는 위험이 더 낫다(불확실성 회피).

  : 결과에 기초해 결정을 판단한다(사후 확신 편향).

- 기업은 위험을 외면하는 것으로 위험을 회피한다.

- 이 모두가 결합하여 기업들은 작은 위험은 거부하는 반면 매우 큰 위험은 승인하게 된다. 이런 관행이 뒤집혀야 한다!

Chapter 7
우리는 모두 단기적으로 사고한다
기간의 함정

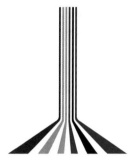

장기적으로 우리는 모두 죽는다.

존 메이너드 케인스

"많은 기업이 미래의 성장을 위한 투자를 회피해왔다. 너무 많은 기업이 자본지출을 줄이고, 심지어 부채를 늘려 배당금을 높이고, 자사주 매입을 늘렸다. ……자본투자를 하지 않고 잘못된 이유에 근거해 주주에게 현금 배당을 하면 지속 가능한 장기적 수익을 창출하는 기업의 능력이 위태로워질 수 있다."

미국의 대기업 CEO들에게 단기적 사고의 위험성을 경고하는 말이다. 누가 이런 말을 했을까? 정치 활동가일까? 성난 노조 리더일까? 사라지는 일자리를 걱정하는 주지사일까? 아니다. 2014년 3월 세계 최대 자산운용사 중 하나인 블랙록BlackRock

의 CEO 래리 핑크Larry Fink가 편지에 쓴 내용이다. 요점은 이렇다. 나에게 배당금을 더 많이 주지 말고, 미래 사업, 연구개발, 직원 교육에 투자하기 바란다.

주주, 투자 기업, 연금 펀드, 그 외 금융기관들은 종종 임원들에게 주식 가격과 단기적 결과에 초점을 맞추라고 권장한다는 비난을 받는다. 하지만 거대 금융기관인 블랙록은 기업들이 장기적 전망에 초점에 맞추지 못하는 것을 걱정한다. 핑크가 편지를 쓰고 몇 달 뒤, 자본주의에 그다지 비판적이지 않은 《하버드 비즈니스 리뷰Harvard Business Review》가 커버스토리에서 이렇게 질문했다. "투자자는 사업에 해로운가?" 단기성과주의가 이런 우려를 낳는 한 가지 원인(또는 두 가지 원인 중 하나)인 것은 분명하다. 단기성과주의에 대해서는 두 가지 비판이 있다.

눈앞의 이익에 더 매달리는 이유

단기성과주의에 대한 가장 널리 퍼져 있는 첫 번째 비판은 미국 CEO협회인 비즈니스라운드테이블Business Roundtable의 유명한 2019년 성명서에 나온다. 약 200명의 CEO들이 서명한 '기업의 목적'에 관한 성명서는 주주가치 중심주의에서 벗어나 다른 이해관계자(고객, 직원, 공급자, 지역사회)들의 목표를 다시 강조한다.

상당한 저항이 있었지만 이런 비판은 적어도 원칙적으로는 점차 받아들여졌다. 많은 임원이 과거의 강경한 주주가치 중심주의("기업의 사회적 책임은 기업의 이익을 증가시키는 것"이라는 밀턴 프리드먼Milton Friedman의 유명한 말로 대변된다)와 거리를 두었다. 이런 측면에서 보면 미국 기업들은 유럽 기업들과 보조를 맞추고 있는 셈이다. 유럽에서는 기업의 목적과 이해관계자를 더욱 폭넓게 보는 시각이 오래전부터 표준이 되었다(그리고 많은 국가에서 법률로 제정되어 있다).

하지만 이런 비판이 제기하는 것은 단지 기간의 문제만이 아니다. 더 중요한 것은 기업의 사회적 역할이다. 비즈니스라운드테이블은 '모든 미국인에게 봉사하는 경제'를 약속한다. 이익 추구와 이에 따른 사회적 결과 사이, 주주의 이익과 다른 이해관계자들의 목적 사이에 긴장이 존재하는 것은 놀라운 일이 아니다. 사실 불가피한 일이다.

더 놀라운 것은 설령 기업의 경제적 목적만을 고려한다 해도 단기성과주의는 문제가 된다는 점이다. 이것은 기업의 단기성과주의에 대한 두 번째 비판이기도 하다. 기업의 유일한 목적이 주주가치 창출이라고 가정해도 기업은 미래의 이익보다 당장의 이익을 우선함으로써 심각한 오류를 범할 위험이 있다. 2014년 편지에서 래리 핑크는 이 문제를 강조했다. 그는 기업들이 지금 필요한 투자를 하지 않으면 미래에 수익을 유지하지 못할 것이라고 우려했다.*

서로 다른 기간 사이에서 균형을 잡기는 쉽지 않다. 한 연구에 따르면, 관리자의 80퍼센트는 장기적 가치를 창출하는 투자 때문에 당장의 이익 목표를 달성하지 못할 경우 장기 투자를 기꺼이 포기한다. 또 다른 연구에 따르면, 전 세계 기업에서 일하는 1,000명의 이사와 최고위 경영자들을 인터뷰한 결과, 그중 63퍼센트는 단기적 재무 성과에 대한 압력이 지난 5년간 증가했다고 말했다. 하지만 10명 중 약 아홉 명은 의사결정에 더 장기적인 전망을 이용하게 되면서 기업의 재무 성과와 혁신에 긍정적인 영향이 있었다고 확신했다.

경영인의 단기적 시각, 즉 장기적 이익보다는 단기적 이익을 선호하는 태도는 특히 상장 기업에서 뚜렷하다. 하버드대와 뉴욕대 연구자들의 연구가 이런 사실을 입증한다. 연구자들은 주식시장의 단기성과주의 압력 때문에 상장 기업이 비상장 기업보다 적게 투자한다는 가설을 세웠다. 그리고 동종 업계에서 사업을 하는 비슷한 규모의 상장 기업과 비상장 기업의 회계 정보를 비교했다. 그 결과 가설이 놀라울 정도로 정확히 들어맞았다. 다른 모든 조건이 같다면 비상장 기업은 상장 기업보다 2배

---

* 2019년 비즈니스라운드테이블 성명서에 서명한 핑크는 기업의 더 확대된 목적과 다수의 이해 관계자에게 관심이 있다고 분명히 밝혔다. 이후 그가 주주에게 보내는 편지에서 설명했듯이 장기적으로 두 가지 문제는 하나의 문제로 통합된다. 즉 사회에 긍정적으로 기여하지 못하는 기업들은 결국 문을 닫게 되고, 이것은 투자자에게도 이롭지 않다.

더 많이 투자한다! 게다가 기업들의 수입이 증가하거나(투자 기회가 있음을 보여주는 매개 지표), 주정부의 법인세율이 감소할 때(투자할 수 있는 잉여금의 증가) 상장 기업들은 비상장 기업보다 이런 기회를 더 느리게 포착했다.

코카콜라, 코스트코, 구글이 공통으로 없앤 것

상장 기업 경영인과 비상장 기업 경영인의 차이를 보고 나면, 단기성과주의에 대한 책임을 오로지 투자자에게만 묻고 싶은 유혹을 느끼게 된다. 예측할 수도 없고 직접 대면하지도 않는 금융시장을 완벽한 희생양 삼아서 말이다. 임원들은 변덕스러운 주식 거래자들 탓에 시간 단위로 주가에 골몰할 수밖에 없다고 설명해버리면 얼마나 편한가.

물론 주식시장이 횡포를 부리려면 적극적인 공범자가 필요하다. 바로 CEO들이다. 그들의 보상체계를 보면 스톡옵션 등의 메커니즘을 통해 상여금과 주가가 결합되어 있다. 이런 측면에서 보면 단기성과주의는 단기적인 시장과 탐욕스러운 임원이 만날 때 발생하는 것이다.

이런 설명은 설득력이 있어 보이지만 완전히 만족스럽지는 않다. 이 설명은 주식시장에 관한 기본적인 가정을 간과한다. 이를테면 일반적인 믿음과 달리 주식시장은 단기에 집착하지 않는다. 사실 주가는 대체로 기업이 먼 미래에 발생시킬 현금 흐름에 대한 기대를 반영한다. 대개 기업 시장가치의 70~80퍼센트는 향후 5년 이상의 기간 동안 발생할 예상 현금 흐름의 현재가치를 반영한다. 달리 말하면 주식시장은 절대 단기성과주의에 따라 운용되지 않는다. 주식시장은 미래를 내다본다. 주식시장은 기업의 장기적 가치에 관심을 가지며, 상당 부분 이것을 기준으로 평가된다.

이런 단순한 사실이 간과되는 이유는 바로 변동성 탓이다. 비록 주가가 장기적 가치를 평가한다 해도 이 평가는 매일 바뀐다. 미래가치에 관한 예상은 기업과 주변 환경에 관한 단기적인 뉴스에 영향을 받는다. 이러한 지속적인 조정 과정은 흔히 단기적 결과에 대한 집착으로 잘못 이해된다. 예컨대 우리는 시장이 저조한 분기 실적을 '처벌'했다는 말을 자주 듣는다. 하지만 이것은 단순화된 표현이다. 실제로는 시장이 뜻밖의 분기 실적에 비추어 장기 예측치를 조정한 것이다.

예상치 못한 나쁜 뉴스가 보도된 이후 주가가 떨어지는 것은 주식시장이 이 뉴스를 기업의 장기 성과에 영향을 줄 근본적인 문제로 이해했기 때문이다. 시장이 이 문제를 심각하게 받아들인다면, 예를 들어 기업 경영진에 대한 신뢰를 잃는다면 시장은 그 뉴스에 '과잉 반응'을 보일 수 있다. 임원들이 두려워하는 일이 벌어지는 것이다.

주주들과 투자자들은 장기 성과를 지향하는 전략을 이해한다. 만일 그런 능력이 없다면 아마존Amazon은 아주 오랫동안 이익을 전혀 배당하지 않은 채(또는 아주 조금 배당하면서) 기업 성장에 필요한 자금을 조달할 수 없었을 것이다. 마찬가지로 기업공개 당시에는 수익이 나지 않는 대신 엄청난 미래 수익을 약속하는 유니콘 기업들도 존재하지 못할 것이다. 상장 기업은 단기적 성과를 이용하지 않는다. 다만 이런 성과들이 들려주는 미래의 전망을 활용할 뿐이다.

이제 많은 대기업이 각종 관행을 바꾸어 단기성과에 대한 과도한 집착을 피하려 한다. 예컨대 많은 기업이 관행적인 수익지표 발표에 대해 다시 생각하고 있다. 전통적으로 기업들은 경영인이 특정 분기에 설정한 주가수익률 목표를 금융분석가들에게 제공한다. 일단 그 목표가 발표되면 경영진은 자신의 이야기에 갇혀버린다. 그러면 목표를 달성하지 못하는 경우 회사의 계획을 제대로 이행하지 못했거나, 계획이 비현실적이었던 것으로 여겨지게 된다.

두 가지 설명은 논리적으로 경영진의 능력에 대한 우려를 낳는다. 또한 기업의 장기목표에 대한 신뢰성에 부정적인 영향을 미친다. 이런 경우 경영진은 주가 하락이라는 '처벌'을 예상하게 된다. 저조한 단기성과를 피하기 위해 경영진은 연구개발이나 직원 훈련 분야의 비필수적인 지출을 삭감하고 싶을 것이다. 장기적인 가치 창출에 부정적인 결과를 초래할 수도 있는데 말이다.

이런 심각한 단점을 고려하면 주가수익률 목표 같은 수익지표를 제공할 이유가 없는 것 같다. 기업가치평가지표들valuation multiples은 단기목표에 영향을 받지 않는다. 또한 주가 변동성에도 영향을 받지 않는다. 그래서 코카콜라Coca-Cola, 코스트코Costco, 포드Ford, 구글Google, 시티그룹Citigroup을 비롯한 많은 기업이 이런 관행을 없앴다. 유니레버Unilever는 한 걸음 더 나아가 분기별로 성과를 발표하는 대신, 유럽의 주요 경쟁사들처럼 1년에 두 번만 발표한다.

이런 기업들은 어떻게 되었을까? 투자자들에게 버림받았을까? 주가가 폭락했을까? 전혀 그렇지 않았다. 많은 기업이 투자자층의 변화를 목격했지만 그것은 긍정적인 변화였다. 기업의 본질적 가치에 초점을 맞춘 투자자가 더 많이 들어왔고, 단기수익을 노리는 투기꾼들은 줄었다. 단기성과에 대해 많이 언급하지 않음으로써 그들은 장기성과에 관심을 가진 주주를 끌어들인다. 유니레버 CEO 폴 폴먼Paul Polman은 2014년 이렇게 말했다. "우리가 수익지표를 공개하지 않겠다고 발표했을 때 주가가 8퍼센트 하락했습니다……. 하지만 그다지 힘들지는 않았습니다. 나는 장기적으로는 기업의 진정한 성과가 어떤 식으로든 주가에 반영된다고 생각합니다."

2018년 워런 버핏과 제이미 다이먼Jamie Dimon(JP모건체이스JP Morgan Chase의 이사회 의장이자 CEO)은 《월스트리트 저널Wall Street Journal》에 다른 상장 기업들도 같은 길을 걷고 있음을 보여주는 특별 기고문을 발표했다. "분기 수익지표 발표의 축소 또는 폐지는 미국 상장 기업이 당면한 단기적 성과 압력을 모두 없애주지 못하겠지만 올바른 방향으로 한 걸음 나아간 것이다."

또 다른 손쉬운 희생양인 CEO와 그들의 보상체계는 어떨까? 임원들의 인센티브는 경영자의 단기적 시각에 영향을 미칠까? 이에 대한 대답은 인센티브의 구조에 따라 분명히 달라진다. 하지만 흔히 비판받는 스톡옵션은 실제로는 장기적 사고를 촉진하는 데 이용될 수 있다. 주가는 장기 성과를 고려하기 때문에 단기 이익을 위해 미래를 희생하는 CEO는 자신의 스톡옵션 가치를 떨어뜨리는 것이다. 따라서 주식시장이 더욱 장기 중심으로 바뀐다면 스톡옵션 보유자들도 그렇게 변화할 것이다.

요점은 이렇다. 단기성과주의는 실제로 존재하지만, 주식시장의 압력이나 임원의 이기심은 이를 충분히 설명하지 못한다. 아울러 단기성과주의는 상장 기업 CEO만 위협하는 것이 아니다. 가령 공기업의 수장들은 어떤가? 공공기관들은 장기적인 인프라 투자를 미루고 싶어 하지 않을까? (대도시 대중교통 당국의 유지 관리 투자나 절실한 고속도로망 사업을 생각해보라.) 종종 정치인들은 여론의 즉각적인 반응이 두려워 필수적인 개혁을 미루지 않았던가? 요컨대 지금껏 과도하게 장기적인 사고방식 때문에 비판받은 사람이 있었던가?

이 질문에 대한 대답이 명백하다면 그것은 우리가 희생양을 찾느라 길을 잃었기 때문이다. 경영자들은 확실히 단기성과에 지나치게 초점을 맞춘다. 하지만 우리 역시 그렇다.

단기 이익보다 장기 성과를 추구할 용기

당신은 오늘 100달러를 받고 싶은가, 아니면 내일 102달러를 받고 싶은가? 아마 당신은 오늘 100달러를 받고 싶을 것이다. 행동경제학 실험에서도 많은 사람이 당신과 같은 선택을 했다. 많은 언어권에는 비슷한 내용의 속담 두 가지가 있다. 첫째, '시간은 돈이다'. 오늘 받은 100달러는 내일까지 이자를 받을 수 있다. 둘째, '손안에 있는 한 마리 새의 가치는 수풀에 있는 두 마리 새의 가치와 같다'. 뭔가를 기다리는 것은 위험하다. 약속은 항상 지켜지는 것이 아니기 때문이다.

오늘의 100달러와 내일의 102달러 사이의 선택은 경제학의 기초 과정에 나오는 질문이다. 현재가치와 미래가치를 비교하기 위해서는 할인율을 사용해야 한다. 할인율은 시간과 위험을 모두 반영한 이자율이다. 내일의 102달러 대신 오늘의 100달러를 선택한 것은 당신의 할인율이 1일당 2퍼센트보다 높다는 뜻이다. 따라서 당신을 내일까지 기다리게 하려면 당신의 인내와 위험 선호에 대해 더 높은 이자율로 보상해야 한다. 가령 102달러가 아닌 150달러를 제시하면 당신은 아마 기다리는 쪽을 택할 것이다.

문제는 우리의 할인율이 항상 일정하지는 않다는 것이다. 숫자는 내버려두고 날짜만 바꾸어보자. 당신은 365일 뒤의 100달러와 366일 뒤의 102달러 중 어느 것을 받고 싶은가? 사람들은 대부분 쉽게 선택한다. 그렇게 오랜 시간을 기다려야 한다면 하루 더 기다리는 것이 대수인가? 2달러를 더 받는 편이 더 낫다!

이것은 자연스럽고 명확해 보인다. 하지만 실제로는 비논리적이다. 첫 번째 상황에서는 100달러를 선택하고, 두 번째 상황에서는 하루 더 기다렸다가 102달러를 받기로 했다면, 왜 시간에 따라 당신의 할인율이 바뀌는 걸까? 이 질문을 단순하게 표현하면, 당신이 2달러를 더 받기 위해 하루 더 기다릴 의향이 있다면 왜 지금은 그러지 않는가? 정확히 1년의 시간이 지난 뒤에는 두 번째 상황이 첫 번째 상황과 정확히 똑같지(오늘과 내일 중에 선택하는 것) 않은가?

이 실험이 보여주듯이 여러 선택지 중에 가까운 현재가 포함되면 우리의 인내심은 상당히 떨어진다. 오늘 선택해야 하는 경우 우리는 손안에 든 한 마리 새를 선택할 가능성이 훨씬 더 높으며, 내일 선택해야 하는 경우 수풀 속의 두 마리 새를 선택할 가능성이 더 높다. 이는 널리 입증된 경향으로 현재 편향present bias이라 불린다.

예를 들어 앞에서 설명한 것과 비슷한 실험에서 리처드 탈러는 피험자들에게 지금 15달러를 받는 대신 일정 기간 기다리려면 얼마를 받아야 할지 물었다. 10년 뒤에 받을 경우 그들이 대답한 중위 금액은 100달러였고, 1개월 뒤 받을 경우 20달러였다. 터무니없는 금액은 아니었다. 하지만 경제학자의 관점에서 보면, 그들이 암묵적으로 보여준 연간 할인율은 10년의 경우 19퍼센트, 1개월의 경우 345퍼센트다.

현재 편향을 훨씬 더 명료하게(그리고 익숙하게) 보여주는 예는 자기 통제다. 우리는 디저트를 거부하거나 금연을 하거나 아침 일찍 체육관에 가는 것을 힘들어한다. 이러한 다양한 행동에 따르는 미래의 혜택을 예상하면서도 말이다. 새해 결심을 하거나 달콤한 과자 또는 담배가 보관된 찬장을 비우거나 체육관에 등록하는 것은 쉽다. 이렇게 함으로써 우리는 내일 이후의 이로움을 얻기 위해 내일의 노력을 약속하게 된다. 하지만 내일 동일한 이로움을 얻기 위해 오늘 동일한 노력을 하는 것은 거부한다. 우리는 즉시 노력할 필요가 없다면 얼마든지 인내심을 발휘할 수 있다!

현재 편향과 6장에서 다룬 손실회피 편향을 결합하면 단기

성과주의의 행동적 기초를 이해할 수 있다. 비용-편익 분석cost-benefit analysis에서는 '손실'이 비슷한 크기의 이익보다 더 중요하다는 점을 기억하라. 여기에 현재와 미래 중에는 현재가 훨씬 더 큰 목소리를 낸다는 사실을 추가해보라. 내일의 이익을 기대하며 오늘의 손실을 선택하는 것은 분명히 매우 반갑지 않은 제안이다. 단기목표가 달성되지 못하면 손실이 발생한 것으로 간주된다. 실패는 아무리 장기적으로는 정당화된다 해도 그저 패배로만 여겨질 뿐이다. 그에 따른 신뢰와 명성의 상실은 견뎌내기 어려울 수 있다.

단기성과주의는 5장에서 다룬 관성의 함정에도 기여한다. 우리는 관성 탓에 어려운 결정을 미룬다. 이런 어려운 결정 중에는 몰입 상승을 중단하겠다는 결정도 포함된다(예컨대 실패한 사업부를 매각 또는 폐쇄하는 것과 성과가 없는 사업을 중단하는 것은 손실로 기록된다). 설령 이러한 현재의 손실이 미래의 이익(또는 더 큰 손실의 회피)으로 이어진다고 해도, 손실회피와 현재 편향 탓에 이런 결정을 내리기는 매우 어렵다.

이런 편향은 모두 너무나 인간적이어서 미덕과 악덕, 영웅과 악당의 관점에서 바라보고 싶다는 유혹이 생긴다. 예를 들어 메드트로닉Medtronic의 전 CEO였고, CEO에 관한 글을 쓴 빌 조지Bill George는 이렇게 말한다. "좋은 경영자는 단기 이익에 굴복하라는 외부의 압력을 무시하고 장기 성과를 추구할 용기를 갖고 있습니다."

'용기 있는 좋은 경영자'와 '굴복하는' 형편없는 사람들을 대립시키면 얼마나 단순한가! 하지만 이 문제를 해결하려면 도덕적인 선언 이상의 것이 필요하다. 시간과 관련된 문제는 자본주의의 악덕만도 아니고, 일부 CEO의 단순한 도덕적 실패도 아니다. 이것은 인간의 본성에서 비롯되는 문제다.

summary

- 단기성과주의는 미래의 이익을 희생해서 현재의 이익에 몰두하기 때문에 문제다.

- 주식시장이 단기성과주의를 쫓는 것처럼 보이지만 주가 역시 장기 성과를 반영한다.

- 시간 경과에 따른 선호의 변화가 우리의 현재 편향을 보여준다.
  : 오늘과 내일 사이의 간격은 지금으로부터 1년 뒤 오늘과 내일 사이의 간격보다 더 길게 느껴진다.

- 단기성과주의는 손실회피와 현재 편향이 합쳐진 것이다.

Chapter 8
어리석은 결정도 그럴싸해 보이는 이유
집단사고의 함정

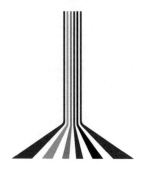

세상의 지혜는 우리가 전통적인 방식으로 패배하는 것이
비전통적인 방식으로 성공하는 것보다 더 낫다고 가르친다.

존 메이너드 케인스

케네디John F. Kennedy 대통령은 취임 직후인 1961년에 미국
CIA가 훈련시킨 1,400명의 쿠바 출신 망명자들이 쿠바를 공격
하는 것을 승인했다. 그들의 피그스만 침공은 참패였다. 그들은
며칠 만에 대부분 사살되거나 포로로 잡혔다. 이 실패는 미국
역사의 굴욕이었다.

훗날 많은 역사가는 이 참패가 결코 불운 탓이 아님을 보여
주었다. 대통령에게 제출된 침공 계획은 모순투성이였다. 그 계
획은 부실한 가정에 기초했다. 특히 쿠바 사람들이 반카스트로
부대원들을 해방자로 환영할 것이란 생각이 치명적이었다. 어쩌

다가 대통령과 당대 최고의 인재들이 그런 형편없는 결정을 했을까? 아니면 케네디가 스스로 말했듯이 "어떻게 그렇게 어리석을 수 있단 말인가?"

지금까지 살펴본 모든 끔찍한 결정들에도 같은 질문을 할 수 있다. 왜 아무도 경고를 울리고 열차를 멈춰 세우지 않았을까? 왜 회사의 이사회는 지나치게 높은 가격의 인수를 막지 못했을까?

이 질문들에 답을 하려면 잠시 인지과학에서 벗어나 사회심리학의 세계로 우회할 필요가 있다. 리더들은 최종 책임을 져야 하지만 조직 내에서 그들은 혼자 결정을 내리지 않는다. 정말 큰 실수는 대개 팀 활동의 결과다.

워런 버핏이 이사회에서 기권표를 던진 까닭

케네디 대통령의 특별보좌관 아서 슐레진저 2세Arthur M. Schlesinger Jr.는 이렇게 썼다. "피그스만 공격이 끝나고 몇 개월 뒤, 나는 회의 중에 계속 침묵한 것에 대해 심하게 자책했다……. 내가 소심하게 몇 가지 질문밖에 못 한 것은 이런 터무니없는 계획에 대해 경고하려는 마음이 토론 분위기에 휩쓸려 사라졌기 때문이다."

이 글은 집단사고를 완벽하게 보여준다. (윌리엄 화이트William

Whyte가 만든) 이 용어를 대중화시킨 심리학자 어빙 재니스Irving Janis는 집단적 의사결정에 기초해 집단 역학을 연구했다. 케네디 대통령의 최측근 보좌관 슐레진저는 쿠바 침공을 결정한 것은 실수라고 확신했고 그로 인한 끔찍한 결과도 예측했다. 하지만 그는 '소심하게 몇 가지 질문밖에 못 했다'. 그는 자신의 의심에 대해 입을 다물었고 집단과 리더가 제시한 지배적인 의견에 따랐다.

이런 현상을 풀어줄 열쇠는 슐레진저가 '토론 분위기'라고 말한 것에 있다. 엄밀히 말하면 집단사고라는 것은 없다. 집단은 아무것도 사고하지 않는다. 집단에 속한 구성원이 생각할 뿐이며, 집단의 의견이 항상 수렴되지도 않는다. 다들 토론 참석자들이 서로 의견이 달라서 격렬하게 논쟁하다가 때로 개인적인 갈등으로 비화되는 경우를 본 적이 있을 것이다. 하지만 피그스만 침공 결정에서는 집단 자체가 어떤 사고방식을 갖고 있어서 참석자의 독자적인 사고를 막은 것처럼 보였다. 이런 동질성은 어디서 왔을까? 참석자들은 언제, 왜 집단 내에서 우세한 의견을 따라가게 됐을까?

이 주제는 심리학자 솔로몬 애시Solomon Asch가 1950년대 처음 연구했다. 유명한 일련의 실험에서 애시는 10인으로 구성된 피험자 집단을 대상으로 아주 단순한 질문을 했다(종이 위에 그려진 선들의 길이를 비교하는 것). 피험자들은 질문에 큰 소리로 대답했다. 문제는 10명의 참가자 가운데 아홉 명이 실험 설계자와 공모한 사람들이라는 것이었다. 그들은 자신 있게 만장일치로 틀린 대답을 했다. 마지막으로 대답한 참가자만이 진짜 '피험자'였다. 그의 선택지는 단순했다. 눈앞에 있는 현실을 그대로 말하든지, 집단의 의견을 따라 사실과 다른 대답을 하든지.

이 실험의 결과는 지금도 우리를 깜짝 놀라게 한다. 참가자 중 4분의 3이 적어도 한 번은 집단의 의견을 따랐다. 그들이 자신의 대답과 자신의 오감이 제공하는 증거가 모순된다는 것을 확실히 알고 있었음에도 말이다. 집단사고의 힘은 그들이 집단적 관점을 따르게 할 정도로 강했다.

게다가 이 실험에서는 완전히 낯선 사람들이 모인 집단을 대상으로 정답이 바로 눈앞에 있어서 어떠한 사고나 판단도 필요 없는 질문을 던졌다. 그렇다면 몇 가지 해결책이 있는 복잡한 문제에 대해 의견을 제시해야 하는 경우 우리가 집단의 영향에 민감해지는 것을 두고 과연 놀라워해야 할까? 우리가 높이 평가하는 동료들이나 우리에게 지침을 내리는 상급자들에게 둘러싸여 있을 때 훨씬 더 쉽게 외부의 영향을 받는 것이 정말 놀라운 일일까?

지금까지 살펴본 다른 편향과 마찬가지로 우리의 지적 '면역 체계'는 즉각 우리를 변호하러 나선다. 우선 우리는 타인의 영향을 많이 받는 순진한 피험자와는 달리 집단사고에 영향을 받지 않을 것이다. 어쩌면 애시의 피험자들이 특히 외부의 영향을 많이 받는 사람들이었을 수도 있다. 또는 그들이 단순히 어색한 순간을 피하기 위해 편의상 집단의 의견을 따른 것일지도 모른다. 피그스만 침공 결정의 경우 케네디 대통령과 그의 보좌관들이 정치적인 군사 자문들에 의해 터무니없이 오도되지 않았다면 어땠을까?

지금 이런저런 반박거리가 머릿속에 떠오르고, 집단사고의 힘이 당신을 흔든 적이 없다는 생각이 드는가? 그렇다면 여기 또다른 사례가 있다. 2014년 코카콜라 이사회에서 벌어진 일이다. 이 회사의 경영진은 임직원들을 위한 주식 보상 계획을 이사회에 제안하고 승인을 요청했다. 상당히 후한 계획이었다. 너무 후해서 대주주이자 활동 투자자(회사의 중대한 변화를 목적으로 이사회의 의결권을 확보하려는 개인 또는 단체-옮긴이)인 한 사람이 소리를 지르며 격렬하게 반대했다. 그는 그 계획이 주주들의 지분 가치를 대폭 희석하는 것이라 믿고는 이사회가 경영진의 탐욕을 막고 주주들의 이익을 옹호해야(상장 기업 이사회의 역할 중 하나다) 한다고 주장했다. 다른 투자기관과 함께 그는 이사회에 그 계획을 거부하라고 요구했다.

물론 코카콜라 경영진은 그의 의견에 반대했다. 하지만 이 문제를 결정하는 것은 이사회의 몫이다. 공교롭게도 당시 코카콜라 이사회에는 스톡옵션을 '로또'라고 부르며 비판하는 가장 저명하고 독립적인 이사가 있었다. 그는 나름 신중하게 숙고한 뒤 보상 계획에 반대했다. 그는 자신의 의견을 숨기지 않았고, 심지어 CNBC 인터뷰에서도 그런 의견을 밝혔다.

그렇다면 그가 그 계획에 반대표를 던졌을까? 아니, 그는 투표하지 않고 기권했다. 나중에 자신의 투표에 대해 설명해달라는 요청을 받자 그는 특유의 무뚝뚝한 태도로 대답했다. 스톡옵션 계획에 반대하는 것은 "저녁 식탁에서 트림을 하는 것과 약간 비슷합니다. 트림을 너무 자주 하면 안 된다는 뜻이죠. 그러다가는 조만간 주방에서 혼자 음식을 먹어야 될 테니까요."

지금쯤이면 이 이사가 누군지 눈치챘을지도 모르겠다. 그는 바로 워런 버핏이었다. 많은 사람이 역사상 가장 위대한 투자자로서 '오마하의 현인'이라 불리는 그의 지혜를 듣기 위해 그를 찾아간다! 다른 동료 이사들에 맞설 영향력을 지닌 이사가 있다면 바로 워런 버핏일 것이다. 주주로서(당시 코카콜라 주식의 약 9퍼센트를 보유했다) 그의 이익은 경영진이 아니라 그가 대변해야 하는 다른 주주의 이익과 완전히 일치했다.

그러나 버핏은 집단의 조화를 깨는 행위를 거부했다. 그의 말이 모든 것을 설명해준다. "나는 코카콜라를 사랑합니다. 그리고 경영진을 정말 좋아합니다. 나는 이사들도 좋아합니다. 그래서 반대표를 던지고 싶지 않았습니다. 코카콜라 회의에서 반대표를 던지는 것은 비미국적인 행동입니다."

좋은 기업의 지배구조란 유능하고 의지가 강하고 독립적인 이사들로 이사회를 구성하는 것이라고 생각한다면 이런 상황이 당연히 심란할 것이다. 하지만 어떤 사람은 명백한 갈등 상황에서 버핏이 현명한 전술적 선택을 내린 것이라고 주장할 수도 있다. 그는 경영진을 공개적으로 비난하지 않음으로써 튼튼한 인간관계를 유지하여 보상 계획을 수정할 것을 권유했다. 하지만 이런 일이 자주 벌어지는 것은 아니다. 버핏은 말한다. "내가 참석한 19개 이사회에서 (주주 보상 계획에) 반대하는 의견을 결코 들어본 적이 없습니다." 이것이 관례라면 주주는 이사회를 통해 보상 계획을 효과적으로 통제할 수 없을 것 같다.

더 나아가 집단사고는 화기애애한 분위기가 지배적이고 뚜렷한 갈등이 없을 때에도 우리에게 영향을 미친다. 기업 인수와 주식 매각을 승인하는 사모펀드 투자위원회의 의사결정 과정에서 이런 상황이 벌어진다. 이런 때는 모든 투자위원회 위원의 이해관계가 완전히 일치한다. 모든 위원은 사모펀드에 투자했고 투자 성과에 따라 보상을 받는다. 그 때문에 그들은 올바른 결정을 내려야 한다! 신중을 기하기 위해 위원회는 한 가지 규칙을 정한다. 이를테면 투자 승인은 12명의 위원 중 10명의 찬성이 필요하다. 합의하려면 거의 만장일치로 찬성을 해야 한다.

하지만 위원회의 과거 투자를 분석해본 결과 이따금 지나친 낙관주의가 개입하여 위험한 투자에 나서곤 하는 것이 드러났다. 이런 결과에 위원회 위원들은 깜짝 놀랐다. 그들은 거의 만장일치를 요구하는 규칙 탓에 오히려 매력적인 투자 대상을 놓칠까봐 염려했었다. 그렇다면 그런 신중한 규칙을 적용했는데도 그들은 어떻게 그런 위험한 선택을 했을까?

이 역설은 위원회의 역학관계를 생각해보면 쉽게 풀린다. 모든 팀 경기와 마찬가지로 하나의 팀으로서 승리하는 것이 중요하긴 하지만 가장 좋은 것은 자신이 득점을 올리는 것이다. 이 사례에서 영웅은 승인된 투자를 제안한 위원이다. 오늘 동료 위원의 제안서에 찬성한 위원들은 내일 자신의 투자 아이디어를 제출하고 승인을 신청하게 될 것이다. 그가 동료의 의견에 이의를 제기하면 동료가 자신의 제안에 반대할지 모른다는 두려움이 생긴다. 그들은 이런 방식으로 집단사고의 함정에 빠진다.

누가 무슨 말을 하는지가 드러나기 때문에 만장일치에 가까운 찬성 요건도 집단사고의 영향을 막지 못한다. 오히려 이 요건이 상황을 더 악화시킨다.

그 이유가 궁금하다면 회의적인 견해를 가진 위원의 입장에서보라. 당신은 자신이 먼저 비판적인 질문을 하면 다른 사람들도 동조해줄 것이라는 사실을(특히 당신이 타당한 질문을 제기한다면) 안다. 암묵적인 동의를 의미하는 침묵을 깬다면 당신은 다른 위원에게 말할 기회를 터주는 셈이다.

당신은 투자 제안을 거부하기 위해서는 두 사람만 더 당신의 의심을 공유하면 된다는 사실을 알고 있다! 당신은 이 제안서를 제출한 동료가 몇 주 동안 열심히 준비했고 이 제안서에 그의 평판이 걸려 있다는 것도 알고 있다. 그런데도 당신은 그의 제안을 처음 비판한 사람으로 기억되고 싶은가?

이런 경우 우리는 투자 제안에 대한 의심을 내려놓고 싶다는 유혹을 거의 떨쳐버릴 수 없다. 솔로몬 애시의 실험에서 피험자들이 선의 길이에 대해 자신의 의심을 내려놓았던 것처럼 말이다. 이해관계가 완전히 일치하는 노련한 경영인들조차도 충분한 이유가 있는 비판을 표현하는 대신 집단의 화합을 유지하는 쪽을 선택할 수 있다.

집단사고는 연약함의 표시인가, 합리적 선택인가

집단사고를 설명하는 어휘에는 흔히 도덕적 판단이 담겨 있다. 집단사고에 굴복하는 개인은 자신의 의견을 드러낼 용기가 없는 사람으로 여겨진다.

집단사고는 부분적으로 사회적 압력과 관련이 있다. 우리는 보복이 두려워서 다수의 생각을 따라간다. 자신의 투자 제안이 어떻게 받아들여질지 고민하는 투자위원회 위원들의 사례처럼 이런 보복은 실제로 일어나곤 한다. 하지만 일반적으로 보복은 상징적인 것이다. 당신이 집단의 합의에 반대하면 동료들부터 이해받지 못하고 그다음에는 괴롭힘, 마지막에는 왕따를 당할 것이다. 이는 '주방에서 혼자 음식을 먹게 될 것'이라는 워런 버핏의 농담에 단적으로 드러난다. 어떤 식의 보복이든 두려운 사람은 입을 다물게 된다. 이것을 비겁하고 이기적인 행동이라고 여기든, (워런 버핏의 예처럼) 지혜롭게 싸움터를 선택하는 현실주의자의 특징이라고 여기든, 기본적인 메커니즘은 사회적 압력의 메커니즘이다.

하지만 집단 내에 의심이 있음에도 침묵하게 되는 더욱 그럴 듯한 이유가 있다. 우리는 다수의 의견에 따라 자신의 의견을 합리적으로 조정하기 위해 생각을 바꾸곤 한다. 집단의 많은 구성원이 같은 시각을 공유한다면 그럴 만한 타당한 이유가 있을 것이고, 따라서 그들의 관점이 옳다고 가정하는 것은 전적으로 논리적이다. 프랑스 수학자이며 정치철학자인 콩도르세Marquis de Condorcet가 이런 상식적인 추론을 수학적으로 입증했다. 1785년에 발표한 〈배심원 정리Jury Theorem〉에서 그는 몇 명의 유권자가 서로 독립적으로 자신의 의견을 낸다면, 그리고 각자의 의견이 옳을 가능성이 더 높다면, 다수가 옳을 확률은 유권자의 수가 증가할수록 더 커진다는 것을 보여주었다. 달리 말하면 상당히 합리적인 조건 아래에서는 다수의 규모가 클수록 그들이 옳을 확률이 더 높다.

경영진의 경우에도 개개인이 틀릴 가능성보다는 옳을 가능성
이 더 높다고 가정하는 것이 매우 타당하다(만일 그렇지 않다면
직원들은 다른 일자리를 알아보고 싶을 것이다). 이것은 일반적으로
옳을 뿐만 아니라 다음과 같은 구체적인 질문에 대해서도 옳다.
당신의 동료 임원이 유능하고, 지식이 풍부하고, 검토 중인 주제
에 대한 정보도 많다고 믿는다면 그의 의견을 더 중요하게 여기
는 편이 매우 합리적일 것이다. 슐레진저는 피그스만 침공 계획
을 승인하는 회의에서 다른 참석자들(그리고 당연히 그 계획을 제
안한 장군들)이 자신이 직접 보지 못한 관련 정보와 분석을 입수
했을 것으로 생각하는 편이 합리적이었을 것이다. 절대 다수의
찬성을 요구하는 규칙이 위험한 투자를 방지하는 안전장치라고
생각한 사모펀드의 사례에서도 투자위원회 위원은 거래를 제안
한 위원이 관련 산업의 전문가이며 투자 대상을 상당히 면밀히
조사했다는 것을 알고 있다. 지금 처음으로 투자 제안서를 읽는
비전문가가 투자 제안자의 판단에 따르는 것은 매우 합리적인
태도다.

이런 조건에서 집단의 열정이 개인의 의심보다 중요하게 여겨
지는 것은 매우 합리적인 일이다.● 당신이 소수 의견을 갖고 회
의에 들어가서 침묵하는 것은 단순히 당신의 의견이 틀렸음을

● 다른 사람들의 의견에 비추어 자신의 의견을 얼마나 합리적으로 바꾸어야 하는지를 계량적
으로 결정할 수 있다. 15장에서 이 부분을 다시 다룬다.

알게 되어서일 수도 있다. 다수 의견을 채택하는 것이 반드시 약함의 표시는 아니며, 합리적인 선택일 수 있다.

그렇다면 둘 중 어느 것이 더 강한 동기일까? 한 개인이 다수의 편에 서는 것은 사회적인 압력 때문인가 아니면 합리적 조정 때문인가? 집단사고의 힘은 이 두 가지 메커니즘이 뗄 수 없게 연결되어 있다는 사실에서 비롯된다. 아마 소수의 사람들은 자신의 의심과 질문에 대해 침묵하는 편을 선택할 것이다.

하지만 다수의 의견을 받아들이는 사람들은 대부분 자신의 생각을 진심으로 바꾼다. 집단적 합의가 형성되면 그리고 그에 따라 사회적 압력이 증가하면 사람들은 논증을 듣고 진심으로 설득된다. 결국 그들은 자신의 의심을 억누르는 대신 그것을 극복한다. 그들은 설명을 듣고 마음을 바꾼다. 이것은 비겁한 것이 아니라 지적으로 정직한 것이다.

다수의 의견을 극대화하는 집단사고

일반적으로 집단사고는 다수 의견과 다른 의견을 침묵하게 만든다. 집단의 의견이 기존 선택지 중 하나로 모아진다. 하지만 경우에 따라서는 여기서 더 나아가 집단사고가 다수의 의견을 강화할 수 있다.

경영진 회의에서 임원들이 어떤 문제에 대해 차례로 자신의 견해(예를 들어 투자 제안에 대해 찬성 또는 반대하는지)를 말하는 장면을 상상해보라. 모든 참석자들은 앞서 설명한 '합리적 조정'을 할 것이다. 첫 번째 발언자가 투자에 찬성한다면 두 번째 발언자는 그 의견을 고려할 것이다. 그가 첫 발언자라면 의구심을 드러냈을지도 모른다. 하지만 그는 동료의 말을 듣고 투자에 대해 점점 더 확신하게 된다. 이제 그가 한 치의 의심도 없이 투자 계획에 찬성할 가능성이 약간 더 높아진다. 그다음 세 번째 임원이 말할 차례가 된다. 그는 두 동료의 우호적인 의견을 고려하기 때문에 역시 계획에 찬성할 가능성이 더 높아진다. 이런 식으로 회의가 계속된다. 완전히 합리적인 방식으로 각 임원은 앞 사람의 의견을 고려하여 자신의 판단을 조정할 것이다. 이것이 바로 정보 폭포information cascade 현상이다.

정보 폭포는 두 가지 중요한 결과를 낳는다. 당신이 회의를 운영한 경험이 있다면 첫 번째 결과가 익숙할 것이다. 사람들이 말하는 순서가 토론의 결과에 영향을 미칠 수 있다. 정보 폭포는 첫 번째 발언자에게 지나치게 큰 중요성을 부여한다. 14장에서 이런 현상을 다시 살펴보고 이것이 훌륭한 대화를 원하는 사람들에게 갖는 실제적인 의미를 생각해볼 것이다.

두 번째 결과는 좀 더 미묘하다. 완전히 합리적으로 행동하는 집단은 참석자 다수가 혼자 결정했다면 피했을 실수를 저지를 수 있다. 앞서 언급한 단순한 투자 결정의 예로 돌아가보자. 각 참석자는 앞 사람의 의견을 고려한다. 그런데 앞 사람들이 모두 찬성 의견을 밝혔고, 그다음에 말하는 사람들이 앞 사람들이 제시한 찬성 이유를 자신의 의구심보다 중요하게 여긴다고 가정해보자. 그러면 투자 제안은 결국 만장일치로 승인되게 된다. 만세!

하지만 만장일치의 의사결정은 오류일 가능성이 있다. 정보 폭포의 비극은 각 개인의 논리적 결정이 집단에게는 참담한 결과를 낳을 수 있다는 것이다. 폭포의 각 단계에서 일부 정보가 사라진다. 각 발언자는 모든 사람이 의견을 제시하고 숙고했더라면 상황을 바꾸었을지도 모르는 우려와 의심을 제기하지 않는다. 집단의 일부 구성원만이 알고 있는 개인적인 정보가 공유되지도 않는다. 또는 일부만 공유되어 논의에서 덜 중요하게 취급된다. 결국 논의는 공유된 정보와 관점에 초점을 맞추어 집단적 합의를 뒷받침한다. 대체로 집단의 정보는 집단 구성원이 가진 정보의 총합보다 적다.

정보 폭포 탓에 집단은 다수의 의견을 받아들이게 될 뿐만 아니라 이를 더욱 극단화하곤 한다. 많은 연구에 따르면 집단의 숙고는 두 가지 효과를 동시에 일으킨다. 집단은 종종 평균적인 구성원이 처음에 제안하려고 했던 내용보다 더욱 극단적인 결론에 이른다. 아울러 각 구성원은 함께 논의하지 않았을 때보다 그 결론을 더욱 확신하게 된다. 이런 이중적인 증폭(토론 결과와 그에 대한 집단의 확신의 증폭)이 바로 집단의 극단화group polarization다.

최근 연구에 따르면 이런 현상은 기업 이사회의 보상위원회가 CEO에 대한 보상 계획을 논의할 때도 발생한다. 좋든 나쁘든, 기업들은 대부분 벤치마킹을 통해 CEO의 보상 계획을 세운다. 벤치마킹의 목적은 기준점을 정하는 것이다. 기업들이 정한 평균적인 CEO 보상 계획은 동종 업계에서 대체로 같은 수준이다.• 보상위원회는 자사의 CEO가 이 기준점보다 더 많은 보수 또는 더 적은 보수를 받을 자격이 있는지 결정한다.

연구자들은 보상위원회 위원들이 이전에 다른 이사회에서 내린 의사결정 패턴을 분석했다. 일부 위원은 CEO의 보수를 시장가격 이상으로 지급하는 경향을 보였고, 다른 위원은 시장가격 이하로 지급하는 경향을 보였다. 이런 사실이 차후 이사회의 결정에 영향을 주었을까? 그렇다. 그리고 집단의 심사숙고는 그것을 증폭시켰다!

이전 이사회에서 CEO에게 시장가격보다 많은 돈을 지급한 이사들은 숙고를 통해 예전보다 훨씬 더 많은 보수를 결정했다. 반면 기준점 이하로 CEO의 보수를 지급한 경험이 있는 이사들

• 동종 기업들과의 비교를 통해 CEO 보상 계획을 수립하는 것은 논란이 많은 방식이다. 이런 방식이 집단의 극단화에 민감하게 영향을 주기 때문만은 아니다. 분명한 것은 CEO들이 대부분 자신의 업무능력이 동료 집단 중 중간 이상이라고 믿고 싶어 하고 많은 이사회가 이에 동의하는 것 같다는 점이다. 비교를 통한 보상 결정 방식은 아마 최근 수십 년간 임원들의 보수 인상에 중요한 요인으로 작용했을 것이다.

은 이보다 낮은 보수를 결정했다. 보상위원회의 숙고는 위원들의 원래 선호를 강화하고 집단을 극단화했다.

집단의 극단화에서 비롯된 또 다른 현상은 5장에서 언급한 몰입 상승이다. 일반적으로 몰입 상승은 개인이 아니라 팀 또는 전체 조직에서 발생한다. 몰입 상승은 집단적 결정에서 더 흔하고 더 강력하다.

기업을 급격히 추락시키는 요소들

당연하겠지만 이런 집단적 역학관계는 문화적 동질성에 의해 악화된다. 자신을 동료들과 동일시할 때 동료들의 판단을 더욱 존중하게 된다. 또한 가치를 강하게 공유할 때 동료의 의견에 동의해야 한다고 느끼는 사회적 압력 역시 커진다. 따라서 동질성은 집단사고의 두 가지 엔진을 강화한다. 많은 경험적 연구에 따르면 집단 구성원이 자신을 공통의 조직 문화와 동일시할 때 자신의 의구심을 드러내지 않고 의견이 극단화되며 막다른 길을 고집하는 경향이 강화된다.

집단 구성원이 개인적으로는 내리지 않았을 해로운 결정을 집단이 내릴 때 집단 정체성의 중요성을 확인할 수 있다(이를 흔히 '나쁜 조직 문화'라고 한다). 한 예로 미국 최대 은행 중 하나인 웰스파고Wells Fargo에서 2016년부터 수년간 계속된 위기를 들 수 있다. 은행은 금융상품과 서비스를 최대한 많이 '끼워 파는' 방식으로 판매 실적을 올리라고 직원들을 부추겼다. 하지만 금융 상품을 판매하는 것은 쉽지 않다. 그보다는 기존 고객들이 모르게 신규 예금, 신용카드, 추가적인 보험 등의 서비스를 그들의 계정에 추가하는 것이 훨씬 쉽다! 웰스파고 직원들은 가짜 이메일, 가짜 핀PIN, 가짜 주소를 이용해 수백만 개의 거짓 계정을 만들었다. 일부 직원은 고객의 서명을 위조하기까지 했다.

분명히 거의 모든 사람(그리고 웰스파고의 모든 직원도 분명히 알았을 것이다)이 이런 행위가 용납될 수 없다는 것을 안다. 하지만 이런 행위가 웰스파고에 널리 퍼졌다. 350만 개의 가짜 계정이 개설되었고, 그 결과 최소 5,300명의 직원이 회사를 떠나야 했다. 2018년 말 이 은행은 벌금과 합의금으로 약 30억 달러를 지급했고, 추가로 수십억 달러에 달하는 벌금과 과태료를 내야 하는 상황에 직면했다. 이런 규모를 고려할 때 지금 우리가 언급해야 할 것은 몇 개의 썩은 사과가 아니라 나쁜 사과 상자 자체다. 웰스파고 관련 기사에는 '나쁜 조직 문화', '치열한 경쟁 문화', '문화 문제'를 보여주는 직원들에 대한 비판이 가득하다.

그런데 '문화'란 정확히 어떤 의미일까? 물론 은행에는 직원들에게 더 많은 판매 실적을 올리도록 권장하는 인센티브 제도가 있다. 다행히 판매 목표를 할당받은 모든 직원이 법을 어기는 것은 아니다. '나쁜 조직 문화'가 생기려면 인센티브 제도만으로는 충분하지 않다.

개개인이 주위에서 일탈 행동을 목격할 때 문제가 걷잡을 수 없게 된다. 당신이 존경하는 많은 동료가 비정상적인 행동을 받아들일 때, 특히 당신 상사가 똑같은(또는 다른 방식으로) 행동을 할 때 비정상적인 것이 정상적인 것이 된다. 집단사고는 일탈을 정상적인 것으로 만든다. 규칙 위반이 규칙이 된다. "남들도 다 하는데 나라고 못 할 게 뭐야?"

동질적인 기업 문화, 주변에서 목격되는 일탈 행동들, 집단사고에 대한 동조, 바로 이것들이 기업을 급격히 추락시키는 요소들이다. 집단사고가 하나의 기업은 물론 전체 업계에서 발생하면 또는 모든 시장 주체들이 같은 방식으로 생각하기 시작하면 급격한 추락은 투기적 버블이나 체계적 위기로 나타날 수 있다.

이런 참사가 집단사고로 인한 재난의 전부는 아니지만 큰 잘못이 사회에 미치는 중대한 영향을 잘 보여준다.

아마 당신도 이 모든 오류 안에 있는 또 다른 핵심 요소를 알아차렸을 것이다. 바로 조직의 목표에서 벗어나는 개인적인 동기다. 이것이 9장의 주제다.

summary

- 집단사고는 가장 많은 정보를 가진 사람이 자신의 의심에 대해 침묵하
  게 할 위험이 있다.

- 집단사고는 여러 사람의 의견을 고려할 수 있기 때문에 합리적이지만, 집
  단에게는 개인이 알고 있는 유용한 정보의 공유를 막기 때문에 해롭다.

- 집단은 다수의 의견을 강화하기도 한다(집단의 극단화).

- 동질성은 집단사고를 악화시키고, 이것이 윤리적인 추락으로 이어질
  수 있다.
  : "남들도 다 하는데 나라고 못 할 게 뭐야?"

Chapter 9
내 이익은 고려하지 않는다는 거짓말
이해충돌의 함정

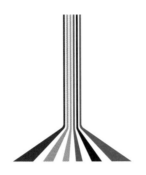

무지의 대가로 이익을 얻는 사람에게 어떤 것을 이해시키기는 어렵다!

업튼 싱클레어

개인의 이해관계가 의사결정에 영향을 미칠 수 있다는 생각은 분명히 새로운 것은 아니다. 이것은 보통 우리가 실수에 대해 들을 때 첫 번째로 떠올리는 말이다. 2008년 금융 위기를 초래한 금융인들이 자신의 성과보상 체계에 영향을 받지 않았을까? 위험한 기업을 인수했던 CEO들은 무엇보다도 자기 제국의 확장과 대중매체의 주목에 신경 쓰지 않았을까? 어려운 개혁을 연기하는 정치인들은 대개 재선을 고려하지 않을까?

이런 질문에 대한 대답은 분명해 보인다. 애덤 스미스Adam Smith는 1776년 '주식회사joint-stock company'에 대한 글에서 "이런 기업의 이사들은…… 자신의 돈이 아니라 다른 사람들의 돈을 관리하는 사람이기 때문에 유한회사의 파트너가 자신의 돈을 관리하는 것처럼 조심스럽고 신중할 것이라고 기대하기 힘들다"라고 했다.

스미스의 견해는 요즘의 대리인 이론agent theory 또는 본인-대리인 모델principal-agent model을 떠올리게 한다. 이 모델은 '본인'이 '대리인'에게 권한을 위임하는 상황을 설명해준다. CEO는 주주의 대리인이고, 직원들은 상사의 대리인이며, 선출직 공무원들은 '국민'의 대리인들이다.

대리인 이론은 본인과 대리인의 동기가 완벽하게 일치하지 않고, 또한 본인과 대리인이 똑같은 정보를 이용하지 않기 때문에 대리인이 본인에게 최적이 아닌 의사결정을 한다는 것을 보여준다. 이런 통찰은 본인과 대리인이 맺는 최적의 계약 내용에 대해 중요한 결론을 도출해낸다. 또한 임원들이 창출한 주주가치에만 기초하여 임원들의 능력을 평가해야 한다는 사고를 일반화시켰다.

대리인 이론의 관점은 우리가 인간의 행동에 대해 갖는 생각과 전혀 다르지 않다. 인간이란 모든 기회를 최대한 이용해 자기 조직의 이익을 희생하고 개인적인 이익을 추구하는 존재라는 생각 말이다. 마르크스의 유명한 표현처럼 공동선을 "이기적인 계산이라는 차가운 물"속에 빠뜨려 죽이는 자기밖에 모르는 이기적인 존재가 인간이라는 것이다. 역설적이게도 이처럼 널리 받아들여지는 설명은 대체로 사실이면서도 매우 부족하다.

리더의 전략적 선택에도 개인의 이익이 따른다

많은 연구는 비즈니스 분야에서 본인-대리인 모델에 대한 경험적 근거를 제공한다. 임원들은 천사가 아니다. 기업 리더들의 전략적 선택과 그들의 개인적 이익 사이에는 분명한 연결 고리가 존재한다. 예컨대 그들은 경제적으로나 정서적으로 자신들이 이끄는 기업의 규모를 키우려는 동기를 갖고 있다. 설령 그런 행위가 주주가치를 해치더라도 말이다. 흔히 제국 건설empire building이라고 불리는 이런 현상은 과도한 비용을 지불하며 기업을 인수하는 동기가 된다. 퀘이커오츠가 스내플을 인수할 때처럼 말이다.

기업의 경영진 내에는 비슷한 긴장이 종종 나타난다. 고위 경영자는 기업 전체의 성과가 아니라 자신이 맡은 사업부의 성과에 따라 경제적 인센티브를 받는 경우가 일반적이다. 설령 그렇지 않다 해도 관리자들은 자기 사업부의 이익을 위해 일한다. 많은 기업에서 이런 태도가 자연스럽게 예상되고 심지어 권장되기도 한다. 자신의 부서나 팀의 이익을 옹호하는 것은 자신의 계획에 대한 확신과 개인적 열정, 그리고 궁극적으로는 리더십을 보여주는 표시로 이해된다. 이런 종류의 사내정치는 기업의 병적인 현상이 아니라 엄연한 삶의 모습이다.

사내정치는 우리가 지금까지 살펴본 몇 가지 실수의 핵심 요인이며, 특히 손실회피 편향이 작용할 경우 더욱 그렇다. 6장에서 다룬 위험감수에 대한 문제를 다시 떠올려보자. 우리는 경영자들이 좀처럼 위험한 투자를 지지하지 않으며, 그 결과 전체적으로 비합리적인 수준의 위험회피가 발생한다는 사실을 보았다. 이런 행동에 대한 한 가지 설명은 개인이 회피하려는 손실이 기업이 회피하려는 '손실'과 동일하지 않다는 것이다. 임원들에게 기업이 잃는 돈은 이차적인 문제다. 가장 중요한 것은 프로젝트가 실패할 경우 자신이 입게 될 손실이다. 이 실패가 자신의 신뢰도, 평판, 경력에 어떤 영향을 미칠까? 기업은 살아남아서 다른 싸움을 시작하겠지만 경영인의 평판은 한 번 잃으면 끝이다.

마지막으로 본인-대리인 모델은 일탈 행동을 설명하는 데 유용하다. 웰스파고의 사례에서 우리는 직원들에게 할당된 판매 목표액이 스캔들의 주요 요인이었음을 보았다. 스톡옵션의 소급 적용에서부터 기업들의 반경쟁적 공모와 엔진 배출 가스 조작에 이르기까지 각종 대규모 범죄 사례에서 경제적 인센티브는 항상 큰 부분을 차지한다.

경제적 인센티브가 유일한 동기는 아니다

사실 이런 내용은 별로 놀라운 것이 아니다. 경영인들은 기업의 이익보다 자신의 이익을 앞세우기 때문에 이를 이용한 경영 방침이 널리 나타났다. 예컨대 개인의 경제적 인센티브와 기업의 성공을 일치시키는 것은 효과적인 조직 구축에 필수적인 선결 요건으로 여겨진다.

본인-대리인 모델이 리더가 다른 사람들의 제안과 의견을 경청하는 방식에 어떤 영향을 미치는지는 명확하지 않다. 임원들은 동료들이 어느 정도는 이기적일 것이라고 예상한다. 임원들은 건너편에 앉아 있는 사람이 무엇을 추구하는지 항상 자문해야 한다는 것을 알고 있다. 그들은 흔히 개인적인 이익을 추구하거나 자기를 홍보하는 주장에 속지 않는 것을 자랑스러워한다. 대기업의 경험 많은 임원들에게 이런 경계심은 제2의 본성이 되었다.

이러한 온건한 냉소주의는 역설적인 위안을 제공한다. 우리는 개개인이 어떤 이익을 추구하는지 알고 있으면 이기심을 쉽게 관리할 수 있다고 생각한다. 임원들은 동료들의 동기를 아주 잘 안다고 생각하기 때문에 그들의 정치적 행동을 완전히 파악할 수 있다고 믿는다.

하지만 경영인이 다른 사람을 잘 믿지 않는 합리적 대리인이라는 관점은 널리 받아들여지는 동시에 몇 가지 심각한 반대에 부딪힌다. 일상적인 관찰이나 신중한 경험적 연구에 따르면 개인은 이기심으로만 행동하지 않는다. 한마디로 사람들은 호모 이코노미쿠스homo economicus 또는 '이콘Econ(리처드 탈러가 오직 개인적 이익에 의해서만 움직이는 가상의 인격에 대해 붙인 명칭)'으로서만 행동하지 않는다.

이런 사실은 '최후통첩 게임ultimatum game'을 이용한 실험에서 확인된다. 이 실험에서는 두 명의 참가자들(두 가지 역할 중 하나에 임의로 배정된다)이 돈을 나눠 가져야 한다. 첫 번째 참가자는 돈을 나누는 방법을 제안한다. 두 번째 참가자는 첫 번째 참가자의 제안을 받아들이거나 거부할 수 있다. 제안을 받아들이면 참가자 모두 돈을 갖게 된다. 하지만 제안을 거절하면 참가자 모두 아무것도 얻지 못한다.

실험에서 개인의 이익 극대화를 추구하는 이콘 제안자는 자신에게 가장 큰 몫이 돌아오도록 제안해야 한다. 이콘 응답자는 자신의 몫이 아무리 작아도 제안을 받아들여야 한다. 한푼도 받지 못하는 것보다는 조금이라도 돈을 받는 것이 낫기 때문이다. 하지만 이런 일은 일어나지 않는다. 일반적으로 참가자들은 비교적 공평하게 배분된 돈을 제안한다.

만일 참가자가 이기적인 이콘처럼 자신에게 유리하도록 매우 불공평한 몫을 제안한다면 상대방은 대부분 제안을 거절한다. 상대방은 자기과신에 빠져서 우쭐대는 제안자를 '처벌'하기 위해 자신의 경제적 이익을 주저 없이 포기하는 것이다. 실험을 몇 번이나 반복해도 똑같은 결과가 나왔다. 돈의 총액이 참가자들의 3개월치 월급에 해당하는 저소득 국가에서 특히 그랬다.

최후통첩 게임과 일상에서 관찰된 결과들은 인간의 본성에 대해 다행스러운 메시지를 보여준다. 즉 우리의 행동은 항상 직접적인 경제적 이익에만 좌우되는 것은 아니다.

공정 또는 평판을 지키려는 욕구와 같은 다른 고려 사항도 우리의 행동에 영향을 미친다. 확실히 이런 요소들은 서로 다시는 보지 않을 완전히 낯선 사람들이 참여하는 게임 상황보다는 조직 환경에서 더 중요하다. 따라서 모든 CEO와 임원들이 항상 모든 환경에서 이기적으로만 행동한다고 가정하는 것은 너무 단순한 생각이다.

자기본위 편향에서 벗어날 수 있는가

그렇다면 경제적 인센티브의 중요성은 무시해도 괜찮은 것일까? 전혀 그렇지 않다. 다만 경제적 인센티브가 우리의 유일한 동기는 아니라는 뜻이다.

그런데 최근 연구에 따르면 경제적 인센티브는 생각보다 훨씬 큰 영향을 미친다. 비록 경제적 인센티브가 우리의 행동을 모두 결정하는 것은 아니지만 우리는 그 영향에서 자유롭지 못하다.

하지만 이런 영향은 일반적으로 상상하는 것과는 아주 다른 방식으로 의사결정에 영향을 미친다. 우리는 대리인들이 개인적인 이익을 앞세운다고 말할 때 보통은 그들이 의도적으로 그렇게 한다고 가정한다. 우리는 대리인들이 인센티브에 '반응'하여 자신에게 최선이 무엇인지 의식적으로 계산하며 행동한다고 여긴다.

그런데 많은 연구자가 이와는 매우 다른 시각을 갖고 있다. 즉 우리가 무의식적으로 자신에게 이로운 행동을 한다는 것이다. 그들은 우리가 경제적 인센티브에 대부분 저항할 수 없다고 생각한다. 설령 우리가 저항할 마음을 먹더라도 말이다.

이런 현상은 고객의 이익을 자신의 이익보다 우선해야 할 의무가 있고 실제로도 그럴 의도가 있으며 성공적으로 그렇게 하고 있다고 믿는 전문직들에게 분명하게 나타난다. 경험적 연구에 따르면 전문직들의 이익이 그들의 판단을 흐리게 하고 있었다. 예를 들어 변호사들은 고객에게 최선의 방안을 조언할 의무가 있다. 하지만 성공 여부에 따라 보수를 받는 변호사들은 고객들이 빨리 합의하도록 조언하는 반면 시간에 따라 보수를 받는 변호사들은 재판까지 가는 경우가 많다. 비슷하게 모든 의사는 자신이 환자들에게 가장 적절한 치료법을 제안하고 있다고 믿는다. 하지만 외과의사의 수입이 수술 건수에 좌우될 경우 의학적 치료보다는 수술을 추천하는 경향이 높다. 회계사들은 해당 재무제표가 고객사의 것인지 아닌지에 따라 똑같은 회계 서류에 대해 다른 결론을 내린다(당연히 회계장부가 고객사의 것일 때 적정 의견을 더 많이 낸다).

기업 임원들 역시 이런 편향에서 벗어나지 못한다. 전략적 의사결정에 참여할 때 사업부 책임자는 자신의 사업부가 많은 자원을 지원받을 자격이 있다고 (믿는 척하는 것이 아니라) 진심으로 확신하곤 한다. 경제적 인센티브가 있든 없든 (사람들, 브랜드, 장소에 대한) 정서적 애착 역시 판단에 영향을 미칠 수 있다.

이것은 개인적인 이익을 의식적으로, 그리고 이기적으로 극대화하려는 이콘의 행동이 아니다. 회계사들이 고객들을 기쁘게 하려고 회계장부를 의도적으로 조작하거나 의사들이 환자를 의도적으로 오도하는 경우는 거의 없다.

문제는 이들이 대부분 진실하다는 것이다. 경제학의 제한된 합리성bounded rationality과 유사한 제한된 윤리성bounded ethicality이 맥스 베이저먼Max Bazerman과 돈 무어Don Moore가 언급한 "훌륭한 사람들이 자기도 모르게 비윤리적인 행동을 하게 만드는 인지 편향"을 설명해준다. 이것은 흔히 자기본위 편향self-serving bias이라고 불린다.

우리는 이런 분석을 순진한 것으로 여기기 쉽다. 그렇다면 이런 사람들이 선의로 행동하고 있으며, 그들의 정직한 실수가 그저 그들의 이기심과 우연히 일치한 것뿐이라는 사실을 어떻게 알 수 있을까? 그들이 터무니없는 거짓말을 하고 있지 않다는 것을 어떻게 확신할 수 있을까?

그 대답은 편향이 작동하는 방식을 보면 알 수 있다. 1장에서 살펴본 확증 편향에서 시작해보자. 우리의 첫 가설이 우리의 이익에 유리한 내용일 것이라는 점은 쉽게 알 수 있다. 그다음 이런 사실을 깨닫지 못한 채 우리는 이 가설과 모순되는 자료는 비판적으로 검토하고 가설을 지지하는 증거는 자동적으로 받아들인다. 우리는 이런 왜곡에 대해 모르기 때문에 완전히 공평하게 사실을 조사하고 있다고 계속 확신한다.

우리의 윤리적 판단에 영향을 주는 또 다른 편향은 적극적 행동과 소극적 행동의 차이와 관련이 있다. 어떤 비난받을 만한 행위가 저질러지면 우리에게 이익이 온다고 가정하자. 이때 어떤 사람이 그 행위를 저지르도록 내버려두는 것이 우리가 직접 그 행위를 하는 것보다는 긍정적으로 느껴진다.

이런 차이점을 잘 보여주는 연구가 있다. 연구팀은 사람들에게 제약회사가 독점적 지위를 이용하여 약품 가격을 대폭 인상하는 것에 대해 어떻게 생각하는지 물었다. 당연히 사람들은 그 회사를 엄청나게 비난했다. 하지만 특허권 인수자가 (인수 비용을 거둬들이기 위해) 약품 가격을 대폭 인상할 것임을 알면서도 그 회사가 특허권을 매각했을 경우에는 그리 비난하지 않고 순순히 받아들였다.

같은 메커니즘이 집단사고 사례에도 적용된다. 즉 경영진이 CEO의 나쁜 결정을 그냥 받아들이는 사례 말이다. 이 경우 그들이 직접 그런 결정을 내리는 것은 아니지만 소극적 행동을 통해 그런 결정에 기여한다. 그 정도는 윤리적으로 받아들일 수 있기 때문이다. 경영진 가운데 누군가가 전략적 합의 실패에 대해 책임지고 사임하는 경우가 거의 없는 것도 이런 이유 때문이다.

현실을 자신에게 유리하게 해석함으로써 일관되게 사실을 왜곡하는 사례는 많다. 판단하기 모호할 때 우리는 자신의 이익에 부합하되, 다른 사람들(그리고 우리 자신)이 의심(우리가 의도적으로 사실을 왜곡한다는 의심)하지 않을 정도로 그럴듯하게 선별적으로 추론한다. 댄 애리얼리는 이런 행동을 인상적인 문장으로 요약한다. "우리는 자신의 이미지가 상당히 정직한 개인으로 남을 만한 정도까지만 다른 사람들을 속인다."

자기본위 편향의 '진정한' 본질은 다른 실험을 통해 추가로 입증된다. 2010년 연구에서 신경과학자들은 돈을 받고 실험에 참가한 사람들에게 현대 회화의 수준에 대해 평가해달라고 요구했다. 일부 그림 옆에는 기업의 로고가 있었다. 실험 참가자들은 그 기업이 실험을 지원했다는 말을 들었을 때 기업 로고가 붙은 그림을 더 높게 평가했다. 그들은 문제의 기업과 아무런 상관이 없는 데다가 그 기업이 그들에게 직접 돈을 주는 것이 아닌데도 단지 실험을 지원했다는 사실만으로 편향된 판단을 보여주었다.

이 실험에서 흥미로운 점은 연구자들이 실험 참가자들을 기능성자기공명장치fMRI 안에 들어가게 한 뒤, 그림에 대한 심미적 견해를 말하게 한 것이다.

연구자들은 실험 참가자들이 기업 로고가 붙은 그림을 볼 때 미술품에 대한 선호를 나타내는 뇌의 영역이 활성화되는 것을 관찰했다. 2장에서 언급한 후광효과와 비슷하게 후원 기업에 의해 조성된 긍정적인 인상이 그림에 전이되었다. 실험 참가자들은 의례적인(또는 위선적인) 모습을 보인 것이 아니라 정말 그 그림들을 더 좋아했다.

무의식적으로 작동하는 자기본위 편향

이기심에 기초해 의사결정을 하는 사람들이 매우 진실하게 행동한다는 것, 아울러 무의식적인 자기본위 편향이 의식적이고 이기적인 숙고와 전혀 다르다는 사실을 아는 것이 왜 중요할까? 두 가지 중요한 이유가 있다. 자기본위 편향에 대한 오해는 그런 편향에 쉽게 영향을 받는 개인에 대한 오해로 이어지고, 이로 인해 잘못된 조치를 취하게 되기 때문이다.

첫째, 우리가 이해 충돌에 영향을 받는 개인들의 행동을 판단하는 방식은 그들의 결정이 의식적인지 아닌지에 대한 우리의 판단에 영향을 받는다. 앞서 언급한 변호사, 의사, 회계사가 거짓말을 하고 있다고 생각할 경우, 그리고 그들이 고객이나 환자의 이익을 무시하고 자신의 수입을 극대화하기 위해 의식적으로 의사결정을 바꾸고 있다고 믿을 경우, 우리는 그들이 비난받아 마땅하다고 여긴다. 우리는 자신이 잠시라도 그렇게 부패할 수 있다고는 생각하지 않기 때문에 자신이 그들의 입장이 되더라도 그런 유혹에 저항할 수 있다고 확신한다.

대표적인 예가 미 연방 대법관 안토닌 스칼리아Antonin Scalia였다. 스칼리아는 딕 체니Dick Cheney 부통령이 연루된 재판에 참여할지 여부를 결정해야 했다. 스칼리아 대법관은 3주 전에 체니의 사유지에서 오리 사냥을 같이할 정도로 그와 아주 친한 사이였다. 그는 재판 회피를 거부하고 자신의 결정을 해명하는 21페이지짜리 보고서를 썼다. 대부분의 사람들처럼 그는 자신이 의사결정을 내릴 때 우정이나 이기심을 배제할 수 있다고 믿었다. 그는 이렇게 썼다. "대법관을 그렇게 쉽게 매수할 수 있다면 이 나라는 내가 상상했던 것보다 훨씬 더 심각한 곤경에 빠질 것이다."

이해 충돌 상황에 처한 사람들은 흔히 이런 식으로 화를 낸다. "난 그렇게 쉽게 매수당할 사람이 아닙니다!" 다수의 의사들은 제약회사 영업 사원이 책상에 두고 가는 형식적인 선물에 자신은 절대 흔들리지 않는다고 주장한다. 많은 연구자는 연구 결과가 해당 연구를 후원한 기업에 어떤 식으로든 영향을 받지 않는다고 진심으로 믿는다. 베이저먼과 무어는 이렇게 썼다. "대부분의 전문직은 이해 충돌이 존재한다는 점에 동의한다…….하지만 그들은 자신들이 그런 이해 충돌에 영향을 받지 않는다고 추정한다."

자기본위 편향을 이해하면 근본적으로 다른 분석이 가능하다. 아무리 열심히 노력해도 우리가 자신의 이익을 무시할 수 없다면 이익이 판단을 왜곡하는 것은 불가피하다. 그 소송이 다른 사람과 관련된 것이었다면 스칼리아(다수 의견인 체니에게 유리한 쪽으로 판결했다)가 다른 결정을 내렸을지는 모르겠다. 하지만 그럴 가능성이 있다고 의심할 만한 충분한 이유가 있다.

그가 그 재판에 참여하지 말아야 한다고 제안한 것은 그가 쉽게 매수될 사람이라는 의미가 아니라 그의 판단이 흔들릴 수도 있다는 뜻이었다. 그가 자발적으로 위법한 행위를 하리라 추정한 것이 아니었다. 오히려 그는 자신의 비자발적인 실수로 인한 잠재적 피해자였다. 이런 상황에서는 그가 먼저 자신이 재판에서 배제되길 원했어야 했다.

자기본위 편향에 대한 과소평가는 또 다른 결과를 낳는다. 이런 과소평가는 이해 충돌을 예방하는 투명성에 대한 무익하고 심지어 역효과를 낳는 신념으로 이어진다. 많은 국가가 전문직 종사자에게 공시의무를 부과한다. 예를 들어 재무분석가들은 자신이 분석하는 주식과의 관련성을 공개해야 한다. 의사들은 제약 산업과의 모든 관계를 밝혀야 한다. 정치인들은 자신의 선거 캠프에 기부한 사람들의 명단을 공개해야 한다. 연구자들은 연구 자금의 출처를 밝혀야 한다.

하지만 투명성을 위한 이런 조치는 양날의 검이다. 이 조치는 소수의 나쁜 개인들이 자기 이익을 위해 일부러 거짓말을 하지 않도록 제어해준다. 하지만 이 조치는 완전히 정직한 사람들의 행동을 바꿔주지는 못하고, 그들이 무의식중에 영향을 받지 않았는지 확인해주지도 못한다.

게다가 일부 연구들은 공시의무가 이해 충돌을 줄이기는커녕 오히려 악화시킨다는 점을 보여준다. 자신의 이해 충돌을 공개하여 '자유로워졌다'고 느끼는 당사자들은 객관성 유지에 주의를 덜 기울이게 된다.

집단사고처럼 자기본위 편향은 윤리적 취약성이나 의도적인 탈선으로 잘못 이해된다. 하지만 이런 편향은 무의식적이라서 위험하다. 집단사고의 원인이 다수 의견에 의도적으로 따르는 비겁함이 아니듯이, 자기본위 편향도 거짓말을 하거나 속임수를 쓰려는 계산된 시도가 아니다. 이런 인식 부재 때문에 자기 본위 편향에서 비롯된 문제가 해결되지 않는 것이다.

summary

- '대리인'은 자신이 대리하는 사람들의 이익을 무시하고 자신의 이익에 따라 행동한다.

  : 주주를 대신하는 이사들, 유권자를 대신하는 선출직 공무원 등

- 기업의 사내 정치 탓에 사람들은 이기적인 개인의 조언을 쉽게 무시할 수 있다고 생각한다.

- 자기 이익은 우리에게 의식적이고 의도적인 영향을 미칠 뿐만 아니라 부지중에도 영향을 미친다.

- 자기본위 편향은 우리의 윤리성을 제한해 윤리적 판단에 영향을 미친다.

- 자신이 이해 충돌의 영향을 받지 않는다고 생각될 때에도 이해 충돌 상황을 반드시 회피해야 한다.

- 공시의무는 자기본위 편향을 없애지 못하며 때로 더 악화시킨다.

Part 2

탁월한 의사결정을 위한
혁신 도구들

앞에서 다룬 아홉 가지 '함정'은 기업 리더와 조직들이 반복적으로 저지르는 실수들이다. 이런 실수에서 나타나는 인지 편향들은 단순하지만 매우 당혹스러운 사실을 드러낸다. 중요한 사업상의 결정을 포함해 우리의 실제 의사결정 방식은 학교에서 배운 합리적인 의사결정 모델과는 거의 상관이 없다는 것이다. 2부에서는 의사결정에 있어서 이러한 편향들을 고려하기 위해 필요한 두 가지 핵심적인 요소로 '협업'과 '프로세스'를 소개한다.

Chapter 10
인지 편향은 모든 실패의 원인인가

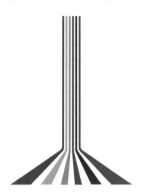

우리가 지금껏 만난 적은 바로 우리 자신이다.

월트 켈리

□□에서는 이런 편향들을 고려한 □사결정 방법을 개략적으로 소개□□□한다. 그러기 □□□는 앞서 소개한 편향들을 다시 살펴보면서 요점을 파악하고 아울러 몇 가지 범주로 정리하면 도움이 될 것이다.

여러 편향을 분류하는 일은 흥미롭다. 이 일을 통해 전문가들이 끝없이 확산시키고 있는 편향에 대한 각종 분류 방식을 매듭짓고 싶다. 칩 히스Chip Heath와 댄 히스Dan Heath는《자신 있게 결정하라》에서 여러 편향을 묶어 '의사결정을 망치는 4명의 악당'으로 분류한다.

시드니 핑켈스타인Sydney Finkelstein, 조 화이트헤드Jo Whitehead, 앤드루 캠벨Andrew Campbell도 편향을 4가지 범주로 구분했다(물론 히스 형제의 4가지 범주와는 다르다). 카너먼과 트버스키는 1974년 중요한 논문에서 12가지 편향을 소개한다. 베이저먼과 무어는 경영 관련 의사결정에 관한 교과서에서 12가지 편향을 제시한다.

《스마트한 생각들》을 쓴 스위스 작가 롤프 도벨리Rolf Dobelli는 온갖 추론 오류를 포함한 99개 편향 목록을 제시한다. 위키피디아의 인지 편향 목록에는 약 200개가 올라 있다. 읽기는 힘들지만 아름다운 바퀴 모양으로 정리되어 있다. 하지만 이것은 초보자용일 뿐이다.•

물론 편향을 분류하는 단 하나의 올바른 방법은 없다. 각각의 분류 방식이 분류 목적에 얼마나 부합하는가에 유용성이 달려 있다. 내가 여기서 제안하는 분류 방식은 세 가지 목적을 위해 의도적으로 단순화한 것이다. 세 가지 목적은 다음과 같다. 첫째, 아주 기억하기 쉽게 만들어 독자들이 실제 상황에서 편향을 인식하도록 도움을 주는 것이다(매우 긴 목록은 적절하지 않다). 이를 위해 편향의 심리적 원인(관찰자들에게 대부분 보이지 않고 적절하지도 않다)보다는 편향의 효과에 따라 편향을 다섯 가지 그룹으로 분류한다. 둘째, 경영 관련 의사결정, 특히 전략적

• 한 가지 독특한 편향 분류 방식은 행동에 영향을 미치기 위해 편향을 이용하는 방법을 기준으로 범주화하는 것이다. 가장 잘 알려진 이런 분류 방식은 영국 행동통찰팀(또는 넛지팀)이 개발한 것이다. 두문자어로 MIND-SPACE와 EAST로 요약할 수 있다.

결정에 영향을 주는 편향에 초점을 맞추는 것이다. 조직의 상황과 별로 관련이 없는 오류를 발생시키는 많은 편향들은 의도적으로 배제한다. 마지막으로, 편향들 간의 상호작용을 보여주는 방식으로 그룹을 구분하는 것이다. 이 상호작용의 핵심적인 내용은 추가로 살펴볼 것이다.

의사결정에 치명적인 5가지 편향 유형

다음 [표 1]에 5가지 유형의 그룹이 소개되어 있다. 각 편향의 정의는 [부록 1]에 나와 있으며 각각의 편향을 다룬 페이지도 소개된다.

우선 이 표의 상단에 나오는 패턴 인식 편향을 살펴보자. 여기서는 확증 편향이 주요 편향이지만 스토리텔링의 힘, 경험 편향, 귀인 오류 등도 포함된다.

이 편향들은 모두 비슷한 방식으로 작용한다. 이 편향들은 이전에 경험한 패턴을 이용해 복잡한 현실을 이해한다. 우리가 알고 있다고 생각하는 패턴은 사실 우리가 확신하는 하나의 가설일 수 있다. 예컨대 우리는 이야기의 전개 과정이나 핵심 인물의 성격 등 다양한 상황에 대해 인식 패턴을 갖고 있다. 하지만 패턴은 현실을 실제보다 더 단순하고 더 일관성 있고 더 다루기

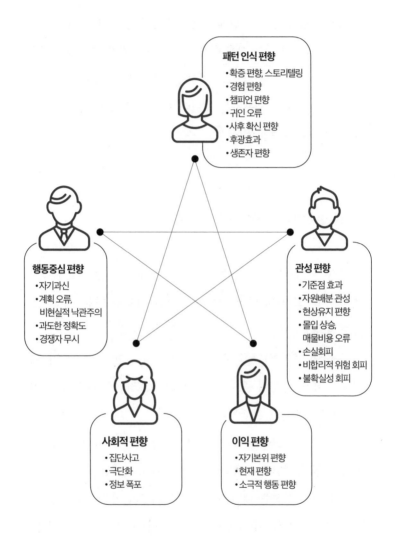

패턴 인식 편향
- 확증 편향, 스토리텔링
- 경험 편향
- 챔피언 편향
- 귀인 오류
- 사후 확신 편향
- 후광효과
- 생존자 편향

행동중심 편향
- 자기과신
- 계획 오류,
  비현실적 낙관주의
- 과도한 정확도
- 경쟁자 무시

관성 편향
- 기준점 효과
- 자원배분 관성
- 현상유지 편향
- 몰입 상승,
  매몰비용 오류
- 손실회피
- 비합리적 위험 회피
- 불확실성 회피

사회적 편향
- 집단사고
- 극단화
- 정보 폭포

이익 편향
- 자기본위 편향
- 현재 편향
- 소극적 행동 편향

[표 1] 의사결정 편향의 5가지 유형

쉬운 것처럼 만든다.

패턴 인식 편향은 우리의 가정과 가설의 원천이기 때문에 모든 추론의 기초가 된다. 하나의 사례만 살펴보자. P&G가 클로록스를 공격했다가 엄청나게 패했을 때 작용한 주요 편향은 일종의 자기과신이었다. 이 계획을 제안한 P&G 경영진은 아마 과거에 성공했던 제품 출시 캠페인을 떠올렸을 것이다. 패턴 인식의 렌즈를 통해 바라보면 표백제 시장은 지난 사례와 상당히 비슷하게 보였을 것이다. 그로 인해 이번 경우의 다른 특징(클로록스라는 고도로 숙련되고 지배적인 대기업 경쟁자의 존재)은 쉽게 간과되었다. 이러한 잘못된 유추가 없었다면 P&G는 실수를 피할 수 있었을 것이다.

그다음 두 가지 편향 그룹에는 서로 상반된 힘이 작용한다. 첫 번째 그룹은 행동중심 편향으로, 여기에는 다양한 형태의 과신이 포함된다. 일반적으로 행동중심 편향은 하지 말아야 할 일을 하게 하고 감수하지 말아야 할 위험을 감수하게 만든다. 이와 상반된 그룹에는 관성 편향이 있다. 이 편향들은 행동해야 할 때 행동하지 못하게 하고, 감수해야 할 위험을 회피하게 만든다. 특히 기준점 효과, 자원배분 관성, 현상유지 편향 등이 관성 편향에 속한다.

이런 상반된 특성에도 불구하고, 행동중심 편향과 관성 편향은 6장에서 '소심한 선택과 대담한 예측'이라는 역설을 통해 살펴보았듯이 때로 한 가지 현상 안에서 함께 작용한다. 이런 현상을 보여주는 다른 사례가 있다. 치명적인 위협에 대응하는 대신 모호한 태도를 취한 블록버스터와 폴라로이드와 같은 기업들은 분명히 관성 편향에 영향을 받았다. 하지만 그들은 또한 과도한 낙관주의를 보였다. 이 기업들의 리더는 자신들의 전통적인 핵심 사업을 다시 일으킬 계획을 너무 쉽게 확신했다. 패턴 인식 편향도 어느 정도 작용했을 것이다. 예를 들어 당신이 블록버스터 CEO인 존 안티오코의 입장이라면 넷플릭스와 만났을 때 자신이 예전에 쉽게 패배시켰던(또는 무시해도 무방했던) 다른 많은 작은 기업들을 떠올렸을 것이다. 이 사례에서는 여러 편향이 함께 작용하고 있는 것 같다(그래서 극복하기 더 어렵다).

마지막 두 그룹인 사회적 편향과 이익 편향 역시 큰 실수에 작용한다. 예컨대 '석유 탐지 항공기' 이야기에 넘어간 프랑스인의 사례에서 우리는 스토리텔링의 중요성을 강조했다. 하지만 의사결정자들에게는 고수익 신기술을 발견하려는 강력한 동기가 있었던 데다 숙고 과정에 대한 비밀 유지가 집단사고의 위험을 증가시킨 것이 분명하다. 리더들이 받아들인 잘못된 확신은 아마 그들이 사실로 믿고 싶은 확신일 것이다. 그리고 그들이 잘못된 신념에 따라 행동하면 종종 한 집단 전체도 그것을 선택하게 된다.

인지 편향에 관한 3가지 오해

우리는 성급한 결론을 피하기 위해 신중해야 한다. 적어도 세 가지 일반적인 오해가 편향에 관한 일상적인 대화를 잘못된 방향으로 이끈다.

첫 번째 오해: 어디에서나 편향을 찾을 수 있다. 인지 편향에 대해 알게 되면 그 영향을 어디에서나 찾고 싶은 마음이 든다 (이것은 확증 편향의 영향일 것이다!). 하지만 모든 잘못이 편향 탓은 아니다. 일부 나쁜 결정은 단순히 의사결정자들의 무능이나 어리석음 탓이다. 나쁜 결정 중 많은 부분이 성급함과 부주의의 산물이다. 패턴 인식의 탓으로 돌릴 수 없는 추론의 오류도 있고, 과신과 거의 상관없는 위험 추정 오류도 있다.

이와 비슷하게 부정직하거나 부패한 개인들이 내린 선택은 자기본위 편향의 영향을 받은 선의의 의사결정과 전혀 다르다. 무의식적인 편향은 의식적인 잘못에 대한 변명이나 해명이 될 수 없다. 간단히 말하면 편향의 종류는 그냥 많을 뿐이지만, 일이 잘못되는 방식은 무한히 많다.

두 번째 오해: 바람직하지 않은 결과는 나중에 편향 탓으로 돌릴 수 있다. 이런 실수를 가장 명확하게 보여주는 예는 나쁜 결정을 내린 뒤에 자기과신 탓이라고 오해하는 것이다. 필 로젠츠바이크가 《올바른 결정은 어떻게 하는가》에서 설득력 있게 지

적했듯이 실패에 대해 논평하는 사람들은 흔히 리더의 과신이나 자만심을 탓하곤 한다. 그리고 운이 좋은 의사결정자의 선각자적 리더십을 서둘러 칭찬한다. 그들의 분석은 분명히 나중에 알게 된 성과에 영향을 받는다. 어떤 결정이 발표될 당시에는 그 위험성이 그렇게 확실하지 않다. 모든 결과가 나온 뒤에 실패한 의사결정에 영향을 미친 편향을 찾을 때마다 우리는 사후 확신 편향의 위험을 안고 있는 셈이다.

그러면 지금 우리가 이런 함정에 빠지지 않았다는 사실을 어떻게 알까? 론 존슨이나 스내플의 사례를 이야기할 때 우리는 이야기의 결말이 무엇인지 분명히 알고 있다. 이런 이야기에 대해 읽는 것이 사후 확신 편향의 산물인가? 바이브런트가 큰 성공을 거두었다면 P&G의 추론에 대해서 지금과 똑같이 분석할까? 아니면 P&G 리더들의 대담성과 능력에 박수갈채를 보낼까? 생존의 갈림길에 직면했던 폴라로이드나 블록버스터가 여전히 번창하고 있다면 지금과 똑같은 방식으로 판단할까?

이런 이의 제기에 대해 간단하게 대답할 수 있다. 이 이야기들은 단순한 일화가 아니라 전형적인 사례라는 것이다. 1부에서 아홉 가지 함정을 구체적으로 보여준 사례들은 예외적인 것이 아니다(가끔 기업 규모를 제외하고). 그것들은 자주 그리고 쉽게 인식되는 현상을 보여주는 대표적 예들이다. 그것들은 자주 발생하는 상황의 대표적 사례이며, 그런 상황에서 리더들은 똑같이 예측 가능한 방식으로 잘못된 선택을 한다.

예컨대 스내플의 사례는 단순히 기억에 남을 만한 이야기가 아니다. 여러 연구는 기업 인수자들이 일반적으로 시너지 효과를 과대평가하고 인수 가격을 지나치게 많이 지불한다는 사실을 일관되게 보여준다. 바이브런트는 단순히 P&G만의 이야기가 아니다. 예측 가능한 경쟁자들의 반응을 전혀 예상하지 못한 시장 진출 계획은 예외가 아니라 일반적인 현상이다. GM이 만년 적자 사업부인 새턴을 오랫동안 유지한 것은 비용과 시간 측면에서는 특이한 경우지만 여전히 수백 개의 다국적기업들이 망해가는 벤처 사업에 대한 투자를 고집스럽게 이어가고 있다.

편향이 과거의 의사결정에 작용했다는 의심이 들 때마다 그 결정이 일회적인 것인지 아니면 대표적 사례인지 구별해야 한다. 예를 들어 목표 달성에 실패한 신제품에 대해 분석한다고 가정해보자. 목표를 설정할 때 출시팀이 자기과신에 빠져 있었나? 이 실패는 다른 종류의 편향과는 관련이 없는 일회적인 사고인가? 우리는 신제품 출시가 일정 수준의 실패 확률이 필연적으로 수반되는 위험한 활동이라고 결론을 내려야 할까?

이런 설명들은 모두 타당성이 있다. 명백한 잘못이 없었다면 어느 것이 옳다고 단정할 수 없다. 편향, 가령 자기과신이 신제품 출시에 영향을 미치는지 알기 위해서는 일회적인 이야기가 아니라 통계적 접근이 필요하다. 제품 출시 사례들을 분석함으로써 예측이 체계적으로 지나치게 낙관적인지를 발견할 수 있다. 하지만 이런 자료가 없다면 특정 상황에 대한 일반적인 설명을 찾고 싶다는 충동을 자제해야 한다.

세 번째 오해: '유일한' 편향을 찾을 수 있다. 심리학자들은 실험실에서 피험자들에게 영향을 미칠 만한 다른 모든 요인을 통제함으로써 특정한 편향을 확인할 수 있다. 그러나 실제 현실에서 하나의 편향이 오류의 유일한 원인이 되는 상황은 드물다. 하나의 '근본 원인'을 찾고 싶은 마음이 아무리 간절해도 1부에서 살펴본 함정들 가운데 하나에 빠지는 순간, 해당 편향에 의해 상호 강화되는 또 다른 편향이 함께 작용하게 된다.

예컨대 JC페니의 론 존슨 이야기에서 우리는 존슨의 과거 경력이 어떤 영향을 미쳤는지를 지적했다. 그는 자신이 애플에서 했던 선택을 대부분 그대로 재현했다. 하지만 다른 편향도 작용했을 가능성이 있다. 이사회(그리고 더 넓게는 론 존슨의 천재성을 애플스토어 성공의 주요 원인으로 보았던 모든 사람)는 귀인 오류 때문에 방향감각을 상실했을 것이다.

강력한 낙관주의 편향 역시 작용했다. 존슨(이 기업에 자신의 돈 5,000만 달러를 투자한 것은 자기 확신에 대한 구체적인 증거다)은 유행에 민감한 젊은 소비자층이 새롭게 개장한 'jcp'에 와서 쇼핑하게 하기까지 걸릴 시간을 분명히 과소 추정했다.

또한 이 이야기에서는 몰입 상승 신드롬도 볼 수 있다. 즉각적인(그리고 지속적인) 참담한 결과에도 불구하고, 경영진도 이사회도 근본적인 전환 전략이나 전략의 시행 속도를 재고하지 않았다.

스내플의 예에서는 몇 가지 그룹에 속한 편향들이 함께 영향을 미쳤다. 패턴 인식 편향은 게토레이와의 잘못된 비교에서 분명히 드러난다. 행동중심 편향들은 시너지 효과에 대한 과대 추정으로 이어졌다. 흔히 그렇듯이 최초 요구 가격을 '기준점' 삼아 협상이 진행되었다고 본다면, 일부 관성 편향들이 퀘이커오츠가 지나치게 높은 인수 가격을 지불하게 한 것으로 보인다. 일부 퀘이커오츠 경영진이나 이사들은 집단사고의 영향으로 거래에 관한 자신의 의구심에 침묵했을 것이다. 마지막으로 임원들이 자신의 제국을 확장하려는 경우 또는 그들에게 조언하는 금융 전문가들의 자문 수수료가 인수 가격에 따라 결정될 경우 항상 자기본위 편향이 개입하지 않는지 의심해야 한다. 인수와 합병은 편향의 지뢰밭이다!

요약하면 모든 잘못이 인지 편향 탓은 아닐 수 있다. 실수가 편향의 결과처럼 보일 경우 충분한 증거가 확보될 때까지 결론을 내리지 않아야 한다. 단 하나의 사례만으로는 충분한 증거라고 볼 수 없다. 우리는 가장 명백한 하나의 편향이 아니라 잘못된 결정에 영향을 미친 모든 편향을 찾아야 한다.

편향 이용하기 vs. 편향 극복하기

인지 편향에 대해, 그리고 인지 편향을 제대로 식별하는 법에 대해 안다면 당신의 의사결정이 달라질까? 물론 서론에서 언급했듯이 다른 사람의 편향을 이용하고 싶은 마음이 들 수도 있고 그를 통해 종종 이익을 볼 수 있다. 이것이 행태주의 마케팅, 행태주의 재무학, 또는 '넛지'의 목적이다. 하지만 자신의 편향을 극복함으로써 자신의 의사결정을 개선하는 것은 전혀 다른 문제다. 이 책의 나머지 부분에서는 이 주제를 다룬다.

summary

- **의사결정에 있어서 편향은 아래의 5가지 유형으로 구분된다.**

  : 패턴인식 편향은 우리의 초기 가설에 영향을 미친다.

  : 행동중심 편향은 하지 말아야 할 일을 하게 한다.

  : 관성 편향은 우리를 가만있게 함으로써 실패하게 한다.

  : 사회적 편향은 조직에서 잘못이 발생하도록 방치한다.

  : 이익 편향은 의사결정을 내리는 개인의 판단을 흐린다.

- **모든 나쁜 결정이 편향에서 비롯된 것은 아니다. 무능, 부주의, 부정직 등이 나쁜 결정의 원인이 되기도 한다.**

- **부정적인 결과가 알려진 뒤 사후 확신 편향의 영향을 '인식'하는 것은 위험하다.**

- **편향들은 서로를 강화한다. 심각한 잘못에는 거의 항상 다수의 편향이 관련된다.**

- **다른 사람의 편향을 이용하는 것과 자신의 편향을 극복하는 것은 별개의 문제다.**

Chapter 11
우리는 편향을 극복할 수 있는가

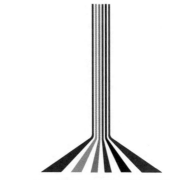

너는 형제의 눈 속에 든 티는 보면서도
어째서 제 눈 속에 들어 있는 들보는 깨닫지 못하느냐?
루가의 복음서 6장 41절

의사결정자들이 빠지는 함정과 그렇게 만드는 편향들을 알았으니 이제 해결 방법을 생각할 수 있을 것이다. 실패로부터 교훈을 배울 수 있지 않을까? 실수를 알면 더 이상 그것을 반복하지 않을 수 있지 않을까? 문제가 해결되었다!

일부 저자들은 정확히 이렇게 약속한다. 우리는 자기 절제를 통해 편향에서 자유로워질 것이다. 어떤 사람들은 함정을 미리 알면 충분히 피할 수 있다고 말한다. 유비무환인 셈이다. 어떤 사람들은 편향의 위험 신호를 알려주는 붉은 깃발을 식별하게 도와주겠다고 약속한다.

또 다른 저자는 절대적으로 확실한 방법에 대해 설명한다. "의사결정의 잠재적 영향이 중대할 경우(예컨대 중요한 개인적인 결정이나 사업상 결정) 나는 최대한 이성적이고 합리적으로 선택하려고 노력합니다. 비행기 조종사들이 하듯이 오류 목록을 꺼내 하나하나 체크합니다." 그의 특별한 체크리스트에는 피해야 할 실수가 거의 100가지는 포함되어 있어서 의사결정이 상당히 지연되는 것은 어쩔 수 없다.

진실을 말하자면, 우리는 살을 빼듯이 자신의 편향을 줄이겠다고 결심할 수 없다. 자신의 편향을 바로잡으려는 시도는 세 가지 문제에 부딪힌다.

편향 사각지대는 나 자신이다

《성경》에 따르면 첫 번째 문제는 다른 사람의 티끌 같은 편향은 쉽게 보지만 자신의 들보 같은 편향은 보지 못하는 것이다. 단적으로 우리는 자신의 편견을 깨닫지 못한다.

이것이 편향과 단순한 실수의 핵심적인 차이점이다. 우리는 모두 무엇이 실수인지 안다. 우리는 실수를 하면 대개 그것을 인식할 수 있고 똑같은 실수를 두 번 다시 저지르지 않는다. 하지만 자신의 편향은 거의 절대로 깨닫지 못한다. 그러고는 아무런 의심 없이 편안하고 자신만만하게 추론을 한다.

예를 들어 당신이 확증 편향에 빠져 있다면 자신의 가설에 반대되는 증거를 찾는 대신 그것을 정당화하는 자료에만 우호적일 것이다. 모든 생각이 자신의 기존 관점을 확인해주는 증거를 찾는 쪽으로 움직이지만 자신이 편향에 빠졌다는 사실은 알아차리지 못한다. 그렇다면 편향을 극복하는 법을 어떻게 배울 수 있다는 것일까?

과신(확인하기 쉬운 편향)은 이런 문제에 대해 매우 분명한 사례를 제공한다. 인터뷰 대상자의 약 90퍼센트가 자신이 운전자 중 상위 50퍼센트에 속한다고 대답했던 실험을 다시 떠올려보자. 기회가 있다면 당신이 직접 이 실험을 해보라(12명 이상의 성인 집단을 실험 대상으로 한다). 그들에게 손을 들게 해보면 모든 구성원들이 자신을 과대평가한다는 사실을 알 수 있다. 자신이 중간 이상이라고 생각하는 사람들의 비율이 50퍼센트는 족히 넘는다.

당황스러운 웃음이 지나가도록 잠시 시간을 준 다음, 이런 질문을 던져보라. "이 중에 지난 몇 분 동안 생각을 바꾼 분이 있습니까? 자신의 운전 실력이 그렇게 좋은 것은 아니라고 생각하는 사람이 있습니까?" 아마 아무도 없을 것이다! 모든 피험자가 집단의 문제점을 확인하고도 자신의 개인적인 결론을 바꾸지 않는다. 분명히 누군가는 자신을 과대평가하는 것이 틀림없지만 적어도 나는 아니다. 과대평가자는 다른 사람들이다!

　이런 통계적 피드백이 충분하지 않다면 더 강력하고 개인적이며 요란하고 명확한 피드백은 어떨까? 한 연구팀이 운전 기록이 좋지 않을 뿐만 아니라 부주의로 교통사고를 내고 병원에 입원한 운전자 집단을 조사했다. 그들은 좋은 운전 기록을 가진 통제집단보다 자신을 과신하고 있었다. 그들은 자신의 운전 실력이 평균 이상이라고 믿었던 것이다!

　이런 예가 보여주듯이 '자신의 편향에 주의를 기울이게' 하는 것이 실질적인 결과를 만들어낼 것이라고 기대할 수는 없다. 사람들에게 편향이 있다는 것을 머리로는 알아도 우리는 편향이 특히 자신에게 미치는 영향을 과소평가한다. 이것을 편향 사각지대bias blind spot라고 한다. 카너먼이 말했듯이 "우리는 명백한 것을 보지 못할 뿐더러 자신의 맹목도 보지 못할 수 있다".

　이처럼 현실에서 발생하는 편향을 깨닫기 어렵기 때문에 사람들의 개인적인 판단에서 편향을 제거하기 위한 개입은 그다지 성공하지 못한다. 이런 오래된 농담이 있다. 형편없는 영화가 상영 중인 극장에서 누군가 밖으로 나가다가 당신 발을 밟았다면 그는 아마 매몰비용 편향을 깨달은 경제학자일 것이라는 농담 말이다.

　하지만 이 경제학자는 배후에 작용하는 편향을 깨달은 것이 아니라 과거에 형편없는 영화를 끝까지 보고 나서 느꼈던 허달

한 경험을 떠올렸을 가능성이 더 높다. 이 경제학자가 다른 상황에서 매몰비용을 인식할 것이라는 보장은 없다. 예컨대 그는 퇴짜 맞은 박사학위 논문에서 손을 떼거나 불행한 결혼생활을 끝내는 일에 일반인보다 민첩하지 못할 것이다.

이런 예는 편향 관련 연구에서 도출한 일반적인 결론을 반영한다. 즉 충분한 훈련을 받은 사람들은 특정 영역에서 자신의 편향을 인식하고 억제할 수 있다. 하지만 거의 예외 없이 이런 훈련은 다른 상황에서 성과를 개선해주지 못한다. 그들은 자극이 없는 경우 자신이 배운 것을 적용할 필요성을 깨닫지 못하기 때문이다.

따라서 '보통의' 실수와 인지 편향은 근본적으로 다르다. 무엇보다도 고대 로마의 스토아 철학자인 세네카가 "실수하는 것이 인간"이라고 말하고 2,000년이 지난 후에 대니얼 카너먼이 단순히 그 의미를 재발견했다면 그에게 노벨 경제학상을 주었겠는가?

어떤 편향을 바로잡아야 하는가

10장에서 우리는 편향을 극복하기 어려운 두 번째 이유를 간단히 살펴보았다. 실험실과 달리 현실에는 하나의 편향만 존재하는 것이 아니다. 흔히 몇 가지 편향이 서로를 강화하거나 상쇄하면서 실수가 발생한다. 비록 우리가 이런 편향 중 하나를 간신히 바로잡는다 해도 우리의 결정이 개선되리라 장담할 수 없다.

예를 들어 당신이 자기과신과 관련된 경험에서 교훈을 얻었다고 가정해보자. 이런 위험에 특별한 주의를 기울이도록 규칙적으로 일깨워줄 간단한 방법을 만들 수 있을까? 자신에게 꼭 필요한 겸손을 가르쳐준다면 얼마나 도움이 되겠는가!

과거 사람들은 이런 방법을 시도했다. 그중 한 사람은 1959년 폭스바겐Volkswagen 비틀 광고에서 "작게 생각하라"는 광고 문구로 유명해진 전설적인 광고인 빌 번벅Bill Bernbach이었다. 그는 항상 재킷 주머니에 이렇게 적힌 카드를 넣고 다녔다. "그가 옳을지도 모른다Maybe he's right." 번벅은 편향에 대해 몰랐지만 다른 사람들처럼 자신이 틀릴 수도 있다는 점을 깊이 인식했다. 그는 광고 분야에서 천재로 평가받은 덕분에 어떤 반대도 자신 있게 짓밟을 수 있는 위치에 있었기에 자기과신의 위험을 알게 되었다.

하지만 그가 모든 인지 편향을 피할 수 있었을까? 그는 동료들의 의견에 더 주의를 기울이면서 집단사고의 위험에 빠지지 않았을까? 그가 어떤 의견에는 "그가 옳을지도 모른다"는 카드를 꺼내고, 다른 의견에는 그렇게 하지 않는다면 그는 자기 동료들의 의견에만 귀를 기울이는 챔피언 편향에 빠졌을 수도 있다.

다행히 번벅은 때로 자기과신을 간신히 막을 수 있었다. 하지만 그는 자신의 판단에 개입하는 다른 모든 편향에 대해서는 통제는커녕 인식도 못 했다. 좀 더 정확한 말은 이런 것이었을 것이다. '내가 틀렸을 수도 있다.' 하지만 안타깝게도 이런 말은 그다지 도움이 되지 않는다. '내가 틀렸을 수도 있다. 하지만 어떻게?'

모든 편향을 극복해야 하는 것은 아니다

세 번째 문제가 아마 훨씬 더 중요할 것이다. 설령 우리가 편향을 억제하여 완전히 합리적이고 냉정하고 계산적인 의사결정자가 될 수 있다고 해도, 이것은 좋은 생각이 아닐 것이다! 3장에서 살펴보았듯이, 우리의 편향은 대부분의 일상적인 결정에서 우리가 사용하는 강력하고 빠르고 효과적인 직관적 추론법인 휴리스틱스의 부산물이다. 휴리스틱스는 우리가 내리는 거의 대부분의 의사결정에 탁월한 결과를 제공한다.

패턴 인식 편향에 대해 생각해보자. 우리는 경험에 기초해 패턴을 인식할 때 의사결정 휴리스틱스를 사용한다. 분명한 것은 과거 경험을 이용하거나 유사성에 의지하거나 직감을 기르는 것이 항상 잘못된 것은 아니라는 점이다!

이와 유사하게 행동중심 편향은 생산적인 휴리스틱스의 또 다른 측면이다. 낙관적인 태도는 일반적으로 유익하다. 사회적 편향은 타인에 대한 판단이 대체로 타당하다는 점(많은 상황에서 실제로 그렇다)을 보여주는 휴리스틱스의 결과로 발생한다.

우리가 (자기본위 편향의 위험을 각오하고) 자신의 이익을 옹호할 때나 (관성 편향의 위험을 무릅쓰고) 갑작스러운 방향 전환보다 안전을 우선시할 때도 역시 마찬가지다.

그런데 우리는 우리가 편향을 갖게 되는 한 가지 이유가 있다는 점을 쉽게 잊는다. 즉 휴리스틱스는 우리가 길을 잃게 할 수도 있지만 필수불가결한 서비스를 제공하기도 한다. 카너먼과 트버스키는 1974년에 발표한 중요한 논문의 첫 단락에서 이런 사실을 분명하게 밝혔다. "일반적으로 이런 휴리스틱스는 매우 유용하지만, 때로 심각하고 체계적인 실수를 유발하기도 한다." 가끔 발생하는 실수를 피하기 위해 일상적으로 꼭 필요한 도구를 없애는 것은 상당히 나쁜 거래다.

조직의 의사결정 과정을 개선하라

요약하면 우리가 편향을 인식하는 것은 극히 어렵다. 어떤 편향을 미리 알고 중립적인 태도를 취하는 것은 불가능하다. 설령 편향에서 자유로운 의사결정자가 될 수 있다고 해도 득보다 실이 많다. 결론적으로 우리는 자신의 힘으로 자신의 편향을 없앨 수 없다. 따라서 자기 계발은 편향을 극복하는 효과적인 도구가 아니다.

이처럼 도전 과제가 복합적이기 때문에 많은 전문가가 편향의 극복 가능성에 대해 상당히 비관적이다. 대니얼 카너먼은 개개인이 스스로 편향을 극복할 가능성에 대해 이렇게 말했다. "사실 낙관적이지 않습니다. 대부분의 의사결정자가 자신의 직관을 신뢰하는 것은 자신이 상황을 분명하게 보고 있다고 생각하기 때문입니다."

비합리적인 의사결정에 관한 베스트셀러를 쓴 댄 애리얼리는 독자들에게 편향을 피하는 '비결'을 약속하는 대신 이렇게 인정한다. "의사결정 편향에 대해 이해하고 분석할 수도 있지만, 나는 여전히 편향을 경험합니다. 내가 편향에서 완전히 자유로운 경우는 결코 없습니다(우리가 더 나은 의사결정자가 되려고 노력할 때 명심해야 할 말이다)."

아울러 편향에 대한 지식이 의사결정을 개선할 만큼 충분하다면, 카너먼과 트버스키가 처음 관련 논문을 출판한 지 거의 반세기가 지난 지금쯤에는 우리의 모든 의사결정이 현저하게 개선되었어야 한다. 하지만 아직 그런 개선은 뚜렷하게 보이지 않는다.

그런데 잠깐만…… 편향을 극복할 방법은 없고, 또 편향이 실수를 유발한다면 왜 실수가 훨씬 더 자주 발생하지 않을까? 논리적으로 편향이 때로(늘 그런 것은 아니다) 실수를 유발한다면 여기에 다른 요인들이 작용하고 있는 것이 틀림없다. 이 요인들은 무엇일까?

앞으로 보겠지만 이 질문에 대한 대답을 통해 신뢰할 만한 더 나은 의사결정의 길이 열린다. 여기서 지금까지 강조하지 않았던 매우 중요한 구분, 즉 개인과 조직이라는 두 가지 분석 차원의 구분이 나타난다.

지금까지 논의한 편향들은 대부분 개인에게 영향을 미친다. 자기과신, 손실회피, 후광효과, 자기본위 편향 등은 모두 개인의 판단과 결정에 영향을 미친다. 집단사고만 경영진과 같은 소규모 집단에 관련될 뿐이다. 하지만 지금까지 분석한 전략적 오류는 개인들에 의해서만 발생하지 않는다. 우리가 매우 빈번하게 주목한 과도한 기업 인수 가격, 낙관적 시각에 기초한 과도한 사업 투자, 실패한 자회사에 대한 지속적인 투자는 조직의 오류 패턴을 보여준다.

일상적인 대화에서 종종 이런 두 가지 분석 차원이 혼동된다. 예컨대 관찰자들은 흔히 조직의 오류를 조직을 이끄는 개인들 탓으로 돌린다. 위험할 정도의 과도한 단순화다. 개인의 특성, 강점과 약점을 단순히 확대하여 조직의 행동을 판단할 수는 없다.

예를 들어 우리는 조직의 의사결정 능력을 조직 리더들의 평균 지능지수로 추정할 수 없다는 사실을 알고 있다. 기업이 모험적이고 창의적인 개인들을 많이 고용해도 시장에 성공적인 혁신 제품을 내놓지 못할 수 있다는 것도 알고 있다.

이 때문에 기업이나 정부의 실수를 개인의 편향 탓으로 돌리기 전에 다시 생각해보게 된다. 개인이 체계적인 판단 오류를 범한다는 것은 알지만, 조직의 실수를 설명하기 위해선 개인의 선택이 조직의 의사결정으로 바뀌는 메커니즘에 주목해야 한다.

이와 반대로 조직 차원의 실수를 예방하려면 개인의 편향을 감수하거나 확대하는 대신 그것에 대응하는 조직 차원의 의사결정 메커니즘을 추구해야 한다. 지금까지 논의했듯이 의사결정자가 편향에서 자유로워지기는 매우 어렵다. 하지만 의사결정자의 추론 방식 대신 환경을 바꾸는 방법들은 대체로 좋은 결과를 보인다.

결론을 말하자면 자신의 편향과 그것을 줄이는 방법에 집착하는 것은 시간 낭비다. 조직의 의사결정을 개선하는 방법은 조직의 의사결정 과정을 개선하는 것이다.

이와 같은 동어 반복적인 설명에는 중요한 의미가 있다. 어떤 결정이 리더만의 결정이 아니라 조직의 결정이어야 한다면 리더는 혼자 결정할 수 없다. 의사결정이라는 예술에는 집단적인 차원이 있어야 한다. 전략적 선택에 직면한 똑똑한 리더는 팀원들에게 의지하고 전문가에게 묻고 이사회와 함께 논의할 것이다. 리더는 스스로 자신의 편향을 바로잡을 수 없다는 것을 알고, 다른 사람들이 그의 편향을 분명하게 보고 피하도록 도와줄 것이라고 믿는다.

설령 리더가 최종 판단을 내린다고 해도 의사결정 과정에서 리더는 결코 혼자가 아닐 것이다. 그는 편향과의 개인적인 싸움에서 패배를 인정함으로써 나쁜 결정을 막기 위한 집단적 싸움에서 승리할 가능성을 높인다.

하지만 집단이 항상 좋은 결정을 내린다면 지금까지 언급한 실수는 전혀 발생하지 않았을 것이다. 의사결정 측면에서 팀은 최고의 수단인 동시에 최악의 수단이 될 수도 있다.

케네디의 엑스콤이 증명한 의사결정 프로세스

하나의 역사적인 예가 집단적 의사결정의 양극단을 분명하게 보여준다. 8장에서 케네디 대통령과 측근들이 어떻게 피그스만 침공을 결정하게 되었는지 살펴보았다. 하지만 18개월 뒤에 케네디는 명석한 판단력으로 쿠바 미사일 위기를 성공적으로 해결하여 오늘날 협상과 국제관계 과목에서 사례연구 대상이 되었다. 두 가지 의사결정의 차이는 팀 구성원의 차이에서 비롯된 것이 아니었다(기본적으로 똑같은 사람들이었다). 그 차이는 의사결정 방법에 있었다.

미국의 피그스만 공격이 실패한 뒤, 쿠바는 소련과의 관계를 강화했다. 미국인들은 소련이 쿠바에 핵탄두 미사일 기지를 설치했다고 의심했고, 1962년 10월 14일 그것이 사실임을 확인했다. 그 미사일로 인해 미 동부 해변의 모든 도시가 핵 공격의 사정권 안에 들었다. 미국으로선 두고 볼 수 없는 위협이었다.

케네디 대통령은 이 상황을 관리하기 위해 14명으로 구성된 위원회를 만들고 엑스콤ExComm이라고 불렀다. 이 위원회는 위기를 해결할 방법을 찾았다. 엑스콤은 케네디가 미국 국민, 동맹국, 소련 측의 대화 상대인 니키타 흐루쇼프Nikita Khrushchyov와 소통하는 과정도 지원했다.

피그스만 위기 초기에 케네디 대통령은 군부가 제안한 두 가지 선택안, 즉 아무것도 하지 않거나 쿠바를 침공하는(많은 보좌관이 선호했던 계획) 선택안을 갖고 있었다. 쿠바 미사일 위기 때 케네디는 동생 로버트 케네디Robert Kennedy가 제안한 다른 방식을 선택했다.

케네디의 비망록에 기초한 영화 〈D-13〉에서 그의 역할을 했던 배우는 기억에 남을 만한 말을 한다. "우리에게 똑똑한 사람들이 있어요. 방 안에 그들을 가두고 해결책을 제시할 때까지 엉덩이를 걷어찹니다." 엑스콤은 행동하지 않는 방법과 침공하는 방법의 중간 단계에 해당하는 몇 가지 선택지를 찾았다. 여기에는 해상봉쇄 아이디어가 포함되었는데 나중에 이것이 결정적인 방법으로 판명되었다.

엑스콤은 한 팀으로 일하면서 다양한 선택안을 평가했다. 역사가들에 따르면, 미사일 배치를 확인하고 며칠 동안 엑스콤은 '강경' 쪽으로 의견이 기울었다. 그 후 점차 강경 모드에서 벗어나 결국 국방장관 로버트 맥나마라Robert McNamara가 처음 제시한 해상봉쇄 아이디어를 채택했다. 일부 위원들의 공공연한 반대에도 불구하고 대통령은 서서히 이 선택안의 장점을 확신하게 되었다.

열띤 논쟁이 이어졌고 때로 예상치 못한 방향 전환도 있었다. 공습이 유력해졌을 때 국무차관 조지 볼이 반직관적인 유추를 통해 이 의견을 약화시켰다. 그는 쿠바 공습 계획을 미국이 20년 전에 겪은 진주만 기습 공격에 비유했다. 이를 통해 그는 동료들이 쿠바와 국제 여론의 관점에서 공습 결과를 숙고하게 했다.

영향력이 컸던 로버트 케네디를 비롯하여 엑스콤 위원 대다수는 때로 자신의 관점을 바꾸었다. 새로운 사실이 나타나거나

(예컨대 소련 외교관과의 비밀 접촉), 다양한 옵션의 성공 가능성과 그 결과에 대한 판단이 달라졌기 때문이었다. 케네디 대통령의 보좌관 두 명은 검토 중인 계획안의 단점을 지적하는 '정보 감시인(악마의 변호인의 다른 명칭이다)'의 역할을 맡았다. 각 계획에 대한 지속적이고 종종 열띤 토론은 위기의 해법을 찾는 열쇠였다.

쿠바 미사일 위기 사례는 성공적인 팀워크의 전형적인 예로 꼽힌다. 이 팀은 피그스만 침공을 결정했던 팀과는 근본적으로 다른 방식으로 움직였다(하지만 이 팀의 구성원은 이전 팀과 거의 같았다). 미사일 위기 관리팀은 성급한 결정을 피했다. 이 팀은 의도적으로 양자택일식 선택을 거부하고 몇 가지 다양한 대안을 만들어 검토했다. 아울러 이런 대안들과 가능한 대안 조합에 대해 다양하고 상반된 관점이 표출되도록 권장했다. 팀원들이 생각을 바꾸는 것도 기꺼이 받아들였다. 이 팀은 각 대안이 유발하는 반응과 결과를 평가하기 위한 정보를 찾았다.

한마디로 말하면 엑스콤은 효과적인 의사결정에 도움이 되는 업무 프로세스를 채택했다. 케네디 대통령은 뛰어난 개인으로 구성된 팀을 주변에 두는 것만으로는 충분하지 않다는 것을 알았다. 이 팀은 올바른 방법과 과정을 따라야만 했다.

다행히도 기업 임원들의 의사결정에 핵 공격은 포함되지 않는다. 하지만 그들이 테이블에 둘러앉아 전략적 결정을 내릴 때 케네디가 1962년에 던졌던 질문을 그대로 하면 도움이 될 것이다. 의사결정에 관련된 정보를 얻으려면 어떤 팀이 필요할까? 그 팀에서 최선의 결과를 얻으려면 어떤 의사결정 프로세스가 필요할까? 우선 팀과 의사결정 프로세스에 초점을 맞춤으로써 임원들은 확실히 더 나은 의사결정을 내릴 것이다.

12장에서 보겠지만, 이것은 위험 수준이 높고 반드시 성공하고자 할 때 우리가 반드시 선택해야 할 행동 방식이다.

summary

- 자신의 편향을 바로잡으려는 시도는 아래의 세 가지 문제에 부딪힌다.

  : 자기 자신의 편향을 알아차리는 일은 쉽지 않다.

  : 모든 상황에서 여러 가지 편향이 개입된다.

  : 휴리스틱스처럼 우리에게 필요한 편향도 있다.

- 개인과 달리 조직은 의사결정 과정을 바꿈으로써 의사결정을 개선할 수 있다.

- 의사결정을 개선하는 두 가지 조건은 협업과 프로세스다. 협업을 통해 개인들은 다른 사람들의 편향을 바로잡을 수 있고, 프로세스를 통해 집단은 집단사고에 함몰되지 않는다.

Chapter 12
협업과 프로세스라는 혁신 도구들

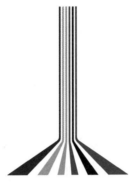

실패는 옵션이 아니다.
진 크란츠

비 오는 날 오후, 당신은 처음 방문한 작은 도시의 미끄러운 거리를 이리저리 돌아다니고 있다. 운이 나쁘게도 당신의 업무 미팅은 조금 전 취소되었다. 당신은 비행기 예약 시간까지 이 도시에서 시간을 보내야 한다.

이제 비가 더 세차게 내린다. 당신은 비를 피하기 위해 서류 가방을 품에 안은 채 아치형 건물로 들어간다. 그곳으로 많은 사람이 들어오고 있다. 우연히도 이곳은 법원 건물이고 재판이 곧 시작될 예정이다. 시간 여유가 있으니 앉아서 재판을 지켜보는 편이 좋을 것 같다. 적어도 당신은 돌아가서 동료들에게 들려줄 이야깃거리를 갖게 될 것이다.

재판이 시작되고 당신은 법정에 자리를 잡고 앉는다. 재판은 강도 피고인이 집주인을 총으로 쏜 사건에 대한 것이다. 피해자는 의료진이 도착한 직후 사망했다. 음울한 도시의 우울한 이야기이지만, 적어도 당신은 법원 창문을 계속 두드리는 비를 피하고 흥미로운 시간을 보낼 수 있게 되었다.

텔레비전 범죄 드라마에서 볼 수 있는 통상적인 재판 과정 대신, 검사가 프로젝터 쪽으로 가서 노트북을 켜고 슬라이드를 보여주기 시작한다. 그는 능숙하게 파워포인트로 사건 발생 당시의 시간표를 보여주며 피고인의 알리바이에 이의를 제기한다. 증인이 피고인을 마지막으로 목격한 시간과 살인이 발생한 시간 사이에 피고인이 범죄 현장에 다녀올 시간은 충분했다.

검사는 차분하게 발표를 진행하고 슬라이드(범죄 현장, 흉기, 포렌식 감식 결과, 피고인의 지문, 피고인의 도주 경로를 보여주는 구글맵)를 바꿀 때마다 방청석의 이목이 집중된다. 발표를 마무리할 때 검사는 이전 슬라이드를 요약한 명료하고 간결한 핵심 내용을 한 페이지에 보여준다. 그리고 결론적으로 피고인은 유죄이며 최소 20년 형에서 최고 종신형까지 형벌을 받아야 한다고 말한다.

법정 뒷자리에 앉은 당신은 오늘 아침에 무산된 업무 미팅은 까맣게 잊고 이 엄숙한 순간에 빠져든다. 당신은 검사의 발표 스타일에 제법 깊은 인상을 받는다. 사법 체계는 당신 생각보다 훨씬 더 전문적이다! 자연스럽게 당신은 피고인 측 변호인이 똑같은 기술을 이용해 피고인이 무죄임을 보여주거나 최소한 합리적인 의구심을 제기할 것이라고 예상한다.

하지만 그런 일은 일어나지 않는다! 첫째, 법정에는 배심원이 없었다. 이 재판은 판사 앞에서 진행된다. 이것만으로도 매우 이상하다……. 그다음 판사는 피고인에게 발언권을 주지 않고 검사와 대화하면서 검사의 일부 주장에 대해 이의를 제기한다.

"세 번째 슬라이드로 돌아가서 한 가지 증거가 당신의 주장과 어떻게 맞아떨어지는지 설명해줄 수 있습니까?" 검사는 다시 설명한다. "탄도 전문가가 범죄에 사용된 무기를 정확하게 확인해주었습니까?" "물론입니다." 검사는 자신 있게 대답한다. 몇 가지 추가 질문과 대답이 오간 뒤, 판사는 검사의 명쾌한 설명에 고마움을 표한다. 드디어 판사는 더 이상 고민하지 않고 피고인에게 유죄를 선언하고 20년 동안 교도소에 감금하라고 판결한다.

독단과 인간적 오류를 막는 안전장치

움찔하면서 악몽에서 깨어나 보니 당신은 비행기 좌석에 앉아 있고, 비행기는 이미 낯선 소도시에서 멀리 떠나 비구름 위를 날고 있다. 기지개를 켜면서 당신은 정말 이상한 꿈을 꾸었다고 생각한다.

물론 실제 재판은 꿈에서 본 재판과는 거리가 멀다! 세계 최악의 독재자들도 정적을 노동수용소로 보내고 싶을 때 겉보기에는 적절한 법 절차를 밟는다. 공정한 재판의 겉모습은 우리의 집단적 상상력을 사로잡기 때문에 심지어 테러 집단도 종종 인질을 처형하기 전에 소름 끼치는 모의재판을 연다.

그런데 왜 우리는 이처럼 악몽 같은 법정 장면이 투자 제안서나 구조조정 계획 또는 제품 출시 계획을 검토하는 이사회의 모습과 매우 비슷하다는 사실에 충격을 받지 않을까?

임원진에 둘러싸인 CEO는 '소송 사건'을 청취한다. 그는 최종 결정을 내려야 한다. 그 프로젝트를 조사·제안한 임원은 전혀 의심 없이 그 사업을 옹호한다. 이 '검사'가 주장을 펼칠 때 나머지 청중은 질문을 하거나 의견을 말할 수도 있지만 반드시 그래야 하는 것은 아니다. 그들이 발언할 때 구체적인 절차 규정을 따를 필요는 없다. 발표 이후 CEO는 동시에 두 가지 역할을 한다. 그는 반대편을 위한 변호인으로서 발표자가 제시한 사실관계와 권고 내용에 대해 이의를 제기한다. 동시에 판사로서 일단 확신이 들면 최종 결정을 내린다.

물론 경영 관련 의사결정이 법원 판결과 매우 다르다고 이의를 제기할 수도 있다. 경영 관련 의사결정은 악명 높을 정도로 느린 사법 체계와 달리 신속해야 한다. 반드시 위험도가 높은 것도 아니다. 아울러 임원들이 유능하고 그들에게 올바른 인센티브가 제공되었다고 전제되기 때문에 우리는 그들의 의사결정을 신뢰한다.

하지만 이런 차이점들을 근거로 양자의 의사결정 방법에 뚜렷한 차이가 있다고 주장할 수는 없다. 재판을 받는 사람들이 최선의 사법적 의사결정을 요구할 권리가 있듯이 기업의 주주들은 높은 수준의 사업상 의사결정을 기대한다.

속도는 상관 없다. 법정과 마찬가지로 기업에서도 다양한 속도가 요구될 수 있다. 재판이 느린 것은 양측의 주장을 들을 시간이 필요하기 때문이 아니다. 이해 당사자의 중요성에 차이가 있어서도 아니다. 사소한 범죄인 경우에도 우리는 정당한 재판 절차에 대한 기대를 포기하지 않으니까. 그리고 기업의 의사결정 역시 상당히 중요하다.

마지막으로 의사결정자의 유능함에 대한 신뢰 역시 상관이 없다. 판사에게 절차적 규정을 준수하라고 요구하는 것은 우리가 그들의 통찰이나 공평성을 의심한다는 뜻이 아니다.

기업의 선택과 사법적 결정 간의 차이를 이해하려면 그것들이 어떻게 이루어지는지 이해해야 한다. 전해지는 말에 따르면 프랑스 왕 루이 9세(나중에 성인 루이로 공표되었다)는 참나무 아래에 앉아 백성들을 재판했다. 그의 의사결정 시스템은 우리가 상상한 재판과 상당히 비슷했다. 비록 13세기의 청원자들은 파워포인트를 이용하지 않았지만 그들의 주장을 펼칠 기회가 있었다. 그러면 현명하고 박식한 왕이 그들의 말을 듣고 판결을 내렸다.

근대 사법 체계가 더 이상 이런 모습이 아닌 것은 사람들이 중세 의사결정 모델의 명백한 한계점을 받아들일 수 없었기 때문이다. 관찰자들은 판사들(그들이 왕이나 귀족이라 해도)이 감정과 편견에 영향을 받고, 하나의 정파와 개인적으로 연결되고, 허위 사실에 영향을 받는다는 점을 알 수 있었다.

판사도 인간인 탓에 불공정한 판결을 내릴 수 있다. 이런 위험은 결코 완전히 없앨 수 없지만 민주적 사법 체계는 이것을 줄이는 방향으로 발전했다. 일반적으로 '정당한 법 절차due process of law'로 알려진 절차적 요건은 독단과 인간적 오류를 막는 안전장치 역할을 한다.

기업의 의사결정은 구체적인 프로세스(예컨대 이해 충돌을 방지하는 규칙의 발전)를 제외하면 똑같은 방식으로 발전하지 않았다. 사법 체계를 면밀히 감시하는 시민들과 달리, 기업의 주주와 이사들은 정확한 의사결정의 중요성을 인식하지 못했다. 본질적으로 이것이 아직도 CEO들이 루이 9세가 참나무 아래에서 했던 것과 상당히 똑같은 방식으로 의사결정을 하는 이유다.

이런 주장은 기업 임원들의 능력에 의문을 제기하는 것이 아니며 그들이 진실하지 않다는 뜻도 물론 아니다(아무도 루이 9세의 훌륭한 판결에 의문을 제기하지 않았다!).

물론 어떤 리더들은 다른 사람들보다 편향을 더 잘 억제한다. 어떤 리더들은 다양한 패턴인식 편향에 저항할 정도로 명료한 통찰력을 지니고 있다. 어떤 리더들은 행동 편향의 희생양이 되지 않을 정도로 겸손하고 신중하다. 어떤 리더들은 용기를 발휘하여 조직 내의 관성 편향을 극복한다. 어떤 리더들은 집단사고에서 자유로울 정도로 독립적인 사고 능력을 갖고 있다. 어떤 리더들은 자기본위 편향에 휘둘리지 않을 정도로 진실해지려고 노력한다.

하지만 이것은 기업 리더들에게 기대하는 미덕의 목록일 뿐이다. 물론 편향이 모든 의사결정자가 항상 길을 잃게 만드는 것은 아니다. 한편으로 우리는 모든 리더가 이 모든 미덕을 갖추고 모든 결정에서 모든 편향을 극복하길 기대할 수 없다. 법정에서 그런 것처럼 이사회에서도 의사결정자들이 미덕을 갖추는 것만으로는 충분하지 않다. 개인은 다른 사람들과 협업할 수 있어야 한다. 혼자서 의사결정을 내릴 수는 없다. 지혜는 개인이 아니라 프로세스를 통해 나와야 한다. 협업과 프로세스는 건전한 의사결정의 토대가 된다.

실패가 절대 용납되지 않는 현장

주목할 점은 협업과 프로세스가 실수를 절대 용납할 수 없는 환경에서 많이 발견된다는 것이다. 아폴로 13호 우주비행사들처럼 "절대 실패해서는 안 되는 상황"임을 알 때 우리는 유능한 사람들에게 의지한다. 또한 팀워크와 신중하게 고안된 방법에 의존한다.

우주왕복선 애틀랜티스호와 디스커버리호를 타고 세 차례 우주비행 임무를 수행한 베테랑 프랑스 우주비행사 장 프랑수아 클레르보이Jean-François Clervoy는 "절대 실패해서는 안 되는 상황"이 무슨 의미인지 안다. 우주비행은 매우 위험한 활동이다. 그는 말한다. "역사적 자료에 따르면 우주비행사는 자신이 귀환할 확률이 200분의 1과 100분의 1 사이쯤이라는 것을 알고 있습니다." 우주 탐험이 시작된 이후 미국 우주비행사 14명, 러시아 우주비행사 4명이 사망했다.

하지만 우주비행사들이 지구 궤도를 돌 동안에는 이런 사고가 한 건도 발생하지 않았다. 1971년 러시아 우주비행사 세 명의 목숨을 앗아간 사고는 우주선이 대기권에 재진입할 때 대기권 밖에서 일어났다. 다른 사고들은 모두 우주선이 발사되는 과정이나 대기권에 재진입하는 과정에서 일어났다. 모두 우주비행사의 행동과는 무관한 사고였다.

그렇다고 다른 모든 비행이 별 탈 없이 진행된 것은 아니다. 우주비행사들은 아폴로 13호 사고를 포함해 수많은 심각한 위기에서 가까스로 살아남았다. 그들은 우주선을 타고 있는 중에 번개를 맞았다. 비행체 모듈 분리에 실패하기도 했다. 그들은 유독 가스 누출, 탑승 중 화재, 우주에서의 충돌, 엔진 고장에 직면했다. 그런데 우주비행사들은 상상하기 힘든 적대적인 환경에서 일어난 이런 심각한 사고들 속에서도 어떻게 살아남았을까?

우선, 우주선 장비는 위험을 최소화하도록 설계되었다. 장 프랑수아 클레르보이는 말한다. "장비를 설계할 때부터 발생 가능성이 높거나 중대한 영향을 미칠 만한 모든 문제를 찾아내 해결책을 마련합니다." 둘째, 우주비행사들은 가장 힘들고 예측할 수 없는 상황에서 올바른 결정을 내릴 수 있도록 훈련받는다.

"훈련 시간의 70퍼센트는 실제 우주선과 매우 유사한 비행 시뮬레이터에서 모든 상황에 대처하는 법을 배웁니다. 강사들은 점점 더 복잡하고 복합적인 장비 고장 상황을 상상해내죠."

하지만 무엇보다도 우주비행사들은 엄격하게 표준화된 프로세스에 의지한다. 클레르보이는 말한다. "화재, 공기 누출, 유해 물질 노출 등 다양한 비상 상황과 덜 심각한 사건마다 철저하게 따라야 할 체크리스트가 있습니다. 우주왕복선에는 이런 문서가 엄청나게 실려 있습니다. 임기응변의 여지가 없죠."

우주비행사들은 수천 명의 후보자 중에서 선발된 엘리트 집단이다. 그들은 극단적인 조건에서 다양한 훈련을 통해 "우주선에 관한 완벽한 지식을 습득하여 모든 것을 알게 된다"고 클레르보이가 말한다. 하지만 일이 발생하면 그들은 우선 정해진 프로세스에 의지한다. 자신의 본능을 믿는 우리 같은 사람에 비해 얼마나 겸손한가.

이것은 프로세스다. 협업은 어떨까? 장 프랑수아 클레르보이가 설명하듯이 모든 우주비행사는 철저하게 훈련받았다 해도 자신의 의구심을 나누고 편하게 말할 수 있어야 한다. 비행사들은 모든 실수나 망설임을 받아들여야 한다.

영화 〈필사의 도전〉에 나오는 '카우보이 문화(실수는 수치스러운 일이며 감추어야 한다)'는 오래전에 사라졌다. 대신 우주비행사들은 모든 의심에 대해 토론하고 작은 사고도 모두 보고하도록 권장된다. 그들은 그런 행동에 대해 칭찬을 받고, 그들의 보고가 차후 비행사 훈련이나 체크리스트 개정에 반영될 거라는 말을 듣는다. 우주비행사들이 생명을 구하는 올바른 의사결정을 한다면 그것은 임기응변이 아니라 프로세스 덕분이며, 개인의 천재성이 아니라 협업 덕분이다.

비행기 조종사들 역시 '피할 수 있는' 재난을 겪었다. 이런 참사 중 하나는 민간항공 역사를 바꾸었다. 1978년 유나이티드항공United Airline 173편의 승무원이 오리건주 포틀랜드에 착륙할 준비를 하다가 랜딩기어의 고장을 발견했다. 기장은 공항 주변을 선회하면서 문제의 원인을 찾아 해결하려고 했다. 30분 뒤 여객기는 공항에서 몇 킬로미터 떨어진 곳에 추락해 여덟 명의 승객과 두 명의 승무원이 숨졌다.

믿기 어렵게도 이 여객기는 연료가 바닥나버렸다. 기장은 랜딩기어 문제에만 몰두하는 바람에 연료 게이지를 확인하지 않았다. 조종실 녹음기록은 기장이 연료량에 대한 부기장과 항공기 엔지니어의 반복된 경고를 무시했음을 보여주었다.

또한 승무원들은 그 상황에 요구되는 명확하고 단호하고 긴급한 방식으로 상급자에게 경고하지 않았다. 이런 유형의 인간적 실수에 나타나는 분명한 특징이다. 이런 일은 부기장이 아니라 기장이 조종석에 앉아 있을 때 발생하곤 한다. 상급자에게 이의를 제기하지 못하는 승무원에 둘러싸인 채 확신에 찬 기장은 비행기를 대담하게 재난 속으로 몰아간다.

유나이티드 항공 173편의 추락은 적어도 이런 문제에 대한 인식을 높이는 데 도움이 되었다. 이를 계기로 1970년대 말에 비행기 조종실 자원관리cockpit resource management 또는 승무원 자원관리crew resource management(이하 CRM)가 발전하게 되었다. 미연방 교통안전 위원회와 항공국이 개발한 이 기법은 승무원들의 의사소통을 개선하고 예상치 못한 문제에 함께 대처하기 위한 도구를 제공한다. CRM은 어떻게 인간의 실수를 줄일까? 아주 간단히 말하면 협업과 프로세스를 통해서 줄인다. 이후 CRM

기법은 소방관, 항공 관제사, 의료팀과 같은 다양한 직업군에서 수정을 거쳐 채택되었다.

하지만 CRM은 민간항공이 이용하는 여러 프로세스 중 하나일 뿐이다. 여기서 가장 기본적인 요소는 체크리스트다. 항공 분야에서 체크리스트가 얼마나 완벽하게 정착했는지 알려면, 비행기가 이륙할 때 좌석에 편안하게 앉아 조종실의 안내방송을 듣는 모습을 상상해보면 된다.

"신사 숙녀 여러분, 기장입니다. 우리 비행기에 탑승하신 것을 환영합니다. 우리는 예정 시간보다 늦게 출발하고 있습니다만 제시간에 목적지에 도착하려고 합니다. 그래서 이륙 전 체크리스트를 확인하느라 시간을 낭비하지 않기로 결정했습니다. 걱정하지 마십시오. 저는 이 비행기에 대해 손바닥 보듯이 훤히 알고 있습니다. 안전벨트를 매어주시기 바랍니다!" 아마 당신은 안심하지 못할 것이다.

이 사고실험은 요점을 잘 보여준다. 우리는 높은 수준의 의사결정으로부터 이익을 얻을 때 협업과 프로세스 그리고 이것들을 구현하는 도구의 가치를 알게 된다. 우리 자신을 의사결정자로 바라보지 않으면 우리는 이런 가치를 알지 못하고 우리에게 강요된 체계적인 훈련을 싫어하게 된다.

미국의 의사이자 보건정책관료인 아툴 가완디Atul Gawande는 그의 주목할 만한 책《체크! 체크리스트》에서 이 점을 확실히 지적한다. 가완디는 세계보건기구who의 의뢰로 안전한 수술을 위한 체크리스트를 개발했다. 체크리스트의 목적은 비행기에서와 마찬가지로 매우 위험한 수술실 환경에서 안전을 지키는 것이었다.

체크리스트는 프로세스를 부여하고 일정 정도의 협업을 강제한다. 예컨대 수술 안전 체크리스트는 의료진에게 환자의 신분을 확인하고 그들이 올바른 절차를 따르고 있음을 확인시켜주며 모든 의료진의 이름과 역할을 환자에게 알려주라고 요구한다. 이런 간단한 확인은 의미 있는 결과를 낳는다. 이를테면 합병증을 3분의 1로 줄이고 수술 후의 사망률을 절반으로 낮춘다. 가완디가 지적하듯이 어떤 약품이 그런 결과를 보장한다면 즉시 블록버스터급 약품이 될 것이다.

그럼에도 체크리스트를 도입하는 일은 쉽지 않다. 체크리스트를 시험하여 긍정적인 효과가 입증됐지만 외과의사의 약 20퍼센트가 도입을 거부한다. 가완디가 설명하듯이 경험이 많은 외과의사들은 자신이 체크리스트를 그대로 따르기에는 수준이 높다고 생각할 수 있다.

그래서 가완디는 똑같은 외과의사들에게 다른 질문을 던졌다. 만일 당신이 곧 수술을 받을 환자라면 체크리스트를 사용하길 바라겠습니까? 외과의사 중 93퍼센트가 체크리스트 사용을 찬성할 것이라고 대답했다. 분명한 점은 당신이 환자라면 실패는 절대 용납되지 않는다는 것이다.

의사결정 공장에는 '종합품질관리'가 필요하다

사법제도, 우주여행, 민간항공, 외과수술. 이 모든 분야에서 협업과 프로세스는 의사결정을 확실하게 개선한다. 하지만 일반 회사나 대학, 정부기관은 어떨까?

다행히도 이들도 '협업과 프로세스'를 활용한다. 가장 널리 확산된 예는 제조 분야의 종합품질관리 방식total quality approach이다. 이것의 목적은 완제품의 품질을 개선하면서도 체계적으로 낭비를 줄이는 것이다. 여기에는 도요타Toyota의 '파이브 와이스 Five Whys'와 같은 방법이 포함된다(한 번이 아니라 다섯 번 '왜'라고 질문함으로써 피상적인 설명을 넘어 문제의 근본 원인에 도달하려고 노력한다). 협업 역시 노동자와 관리자의 적극적인 참여를 활용해 문제를 발견하고 해결책을 찾으려는 품질관리 방법의 핵심 요소다.

이와 상반된 예를 생각해보자. 예컨대 문제해결을 함께 추진할 업무팀 구성이나 그 팀이 사용할 공식적인 업무 프로세스에 관해 앞의 사례와 같은 획기적인 방법은 없다. 그런데 흥미롭게도 조직이 협업과 프로세스를 이용하는 경향은 당면한 의사결정의 중요성과 반비례한다. 대부분의 조직은 전략적 의사결정보다는 일상적인 의사결정에 공식적인 방법을 훨씬 더 자주 이용한다. 거의 모든 기업에 사무용품 구입 절차가 있지만 기업 인수나 합병에 대한 공식적인 절차가 있는 기업은 거의 없다!

다시 말해 기업들은 대부분 자사 제품의 품질을 높이기 위한 엄격한 프로세스를 갖고 있지만 의사결정에는 이와 동일한 품질 기준을 거의 적용하지 않는다. 모든 조직은 어떤 결정이든 내리는 '공장'이지만 이 가상의 공장에서는 실제 공장과 같은 품질 기준이 적용되지 않는다.

이론적으로 기업의 경영구조는 의사결정의 품질을 보장하는 역할을 한다. 특정 유형의 의사결정(예컨대 특정 금액을 초과하는 투자)을 승인하기 위해 이사회나 감사위원회의 동의가 필요하다면 이것은 일종의 프로세스다. 이사회는 합의체이기 때문에 이론적으로는 협업이 존재한다. 하지만 이사회가 효과적이고 협력적으로 운영된다 해도(매우 드문 경우다) 좋은 경영구조만으로는 충분하지 않다.

공장의 비유로 다시 돌아가면, 경영구조는 품질관리다. 이것은 '제품', 곧 이사회에 제출된 의사결정이 특정 기준에 부합하는지 확인해준다. 하지만 품질관리가 좋은 제품을 만들어주지는 않는다. 좋은 제조공정이 좋은 제품을 만든다. 마찬가지로 효과적인 경영구조는 리더들이 의사결정을 위한 좋은 '제조 프로세스'를 구축하도록 자극할 수는 있지만 그 자체만으로는 의사결정의 품질을 개선해주지 못한다.

사실 절대 실패해서는 안 되는 상황에서 높은 수준의 의사결정 시스템을 구축하기 위해 감독기관이 있어야만 하는 것은 아니다. 판사들이 정당한 법 절차를 존중하는 것은 법 절차를 준수하지 않으면 해임될 수도 있다는 두려움 때문이 아니다. 미 항공우주국의 우주비행사들이 체크리스트를 사용하는 이유는 휴스턴 우주센터에서 자신들을 지켜보고 있다는 사실과 아무 관련이 없다. 두 경우 모두 의사결정자들은 최선의 결정을 내리기 위해 노력하고, 협업과 프로세스가 최선의 방법임을 진심으로 확신한다.

이것은 중요한 질문으로 이어진다. 전략적 의사결정에서도 우리는 '협업과 프로세스'의 가치를 확신하는가? 우리는 '협업과 프로세스'가 다른 모든 방법보다 더 나은 결과를 만든다는 것을 어떻게 아는가? 이 질문에 대해서는 13장에서 살펴본다.

summary

- 우리가 정당한 재판 절차에 대한 기대를 포기하지 않듯이 기업의 의사
  결정에도 정당한 프로세스가 반드시 필요하다.

- 대체로 조직은 실패가 용납되지 않을 때 '협업과 프로세스'를 강화한다.
  : 우주비행사들의 훈련, 항공기 조종사와 승무원의 업무 절차, 외과의사의
    체크리스트

- 하위 수준의 의사결정을 내릴 때 역시 '협업과 프로세스'가 있다.
  : 사무용품 구매를 위한 공식적인 업무 절차

- 대부분의 기업이 전략적 의사결정에서도 '협업과 프로세스'의 원칙을
  적용하지 않는다. 하지만 기업이라는 '의사결정 공장'에는 '종합품질관
  리(협업과 프로세스)'가 반드시 필요하다.

Chapter 13
탁월한 결정은 반드시 이 룰을 따른다

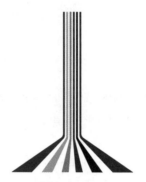

성공은 인간에게 속한 것이 아니오.
하지만 셈프로니우스, 우리는 그 이상을 할 것이오.
인간은 그럴 만한 가치가 있소.

조지프 애디슨, 《카토*Cato*》

2010년 남아공 월드컵 때 축구 팬들과 스포츠 기자들은 독일 오버하우젠의 참문어를 주목했다. 파울Paul이라는 이름의 이 문어는 놀라운 예측 능력을 보여주는 것 같았다. 이 문어는 독일 대표팀 경기의 승자를 예측했다.

매번 게임이 시작되기 전에 파울의 주인은 수조의 양편에 달린 출전 국가의 국기로 장식된 상자에 같은 양의 먹이를 넣어두었다. 점쟁이 문어 파울은 어느 쪽 먹이를 먹을지 '선택'했다. 이런 방식으로 파울은 미래의 승자를 여러 번 맞혔다. 파울은 독일이 호주, 가나, 잉글랜드, 아르헨티나와의 경기에서 승리할 것이라고 제대로 맞혔다.

하지만 그렇다고 해서 파울이 애국적이고 낙관적이며 맹목적인 독일 대표팀 지지자라고 오해해서는 안 된다. 파울은 조별 리그에서 독일 대표팀이 세르비아에, 준결승전에서 스페인에 각각 패할 것이라고 주저 없이 예측했다. 파울은 독일 팀이 우루과이와의 3위 결정전에서 승리할 것이라고 다시 제대로 예측했다.

추가로 파울은 결승전에서 스페인이 네덜란드에 승리할 것이라고 맞혀서 세계적 평판을 확고히 했다. 파울은 여덟 경기 모두 결과를 적중시켰다.

대부분의 축구 전문가와 해설자들은 문어 파울만큼 정확히 예측하지 못했다. 이쯤 되면 이런 의문이 든다. 당신이 마권업자이거나 온라인 도박회사의 사장이라면 예측 능력을 지닌 문어를 키워야 하지 않을까? 적어도 한 사람은 그렇게 생각했다. 한 러시아 온라인 도박 사업가는 10만 유로라는 엄청난 액수를 주고 파울을 사겠다고 제의했다. 파울의 주인이 거절하자 이 사업가는 가격을 3배로 올렸으나 다시 거절당했다.

점쟁이 문어 파울은 훌륭한 의사결정자인가

물론 러시아 사업가의 목적은 홍보였을 것이다. 제대로 된 생각을 지닌 사람이라면 아무도 문어 파울이 숙련된 예측가라고 믿지 않을 테니까. 파울의 능력을 제대로 평가하기 위해 파울의 예측이 단순한 우연일 가능성이 있는지 생각해보자. 무작위 프로세스가 연속해서 승자를 여덟 번 적중시킬 확률(동전 던지기에서 연속으로 여덟 번 앞면 또는 뒷면이 나올 확률과 비슷하다)은 0.4퍼센트다. 일어날 가능성이 희박하지만 절대 불가능한 일은 아니다.[•]

월드컵의 세계적인 인기를 고려할 때, 사람들이 경기 결과를 예측하기 위해 수천 마리의 생물을 '훈련시켰을 것'이라는 추정이 가능하다. 온라인 검색을 통해 소, 햄스터, 거북, 심지어 코끼리도 똑같은 예측을 시도하는 모습을 볼 수 있다. 우리가 이들 생물에 대해 들어본 적이 없다면 이것은 단순한 생존자 편향 사례일 뿐이다. 중국의 닭과 슬로베니아의 거위가 연속으로 여덟 번 패배한 팀을 적중시켰다 해도, 우리는 그에 대한 소식을 결코 듣지 못한다. 그런 결과는 통계적으로 파울의 경우만큼 개연성이 없는데도 말이다. 어쨌든 파울을 뛰어난 '의사결정자'로 만든 것은 단 한 가지, 우연일 수 있다.

도박을 제외하면 우연은 대체로 의사결정의 결과를 결정하는 유일한 요소는 아니다. 전문적인 능력이 중요하다. 하지만 정확히 얼마나 중요할까? 가장 광범위한 연구는 연도별로 투자 관리

[•] 이 계산에서 무승부를 제외시켜 조별 리그 세 경기의 확률 계산을 약간 단순화했다.

자의 성과를 측정·분석·비교한 것이다. '과거의 성과가 미래의 성과를 나타내지 않는다'는 경고에도 불구하고 투자자들은 과거의 성과를 면밀하게 조사한 뒤 어느 펀드에 투자할지 선택한다. 효율적인 시장을 믿든 그렇지 않든, 펀드 매니저가 수년 동안 연속으로 펀드의 기준지수를 능가하는 수익을 내면 그 사람에게 탁월한 능력이 있다는 결론을 뿌리치기 어렵다. 이런 성공이 매우 장기간 지속되면 그 펀드 매니저가 아주 특별한 사람이 분명한 것처럼 보인다.

2000년대 초 레그 메이슨Legg Mason의 대표 펀드 매니저 빌 밀러Bill Miller가 그런 명성을 누렸다. 밀러는 1년, 3년, 또는 5년이 아니라 무려 15년 동안 S&P500지수를 상회하는 성과를 올렸다. 밀러는 잡지 〈머니Money〉에 의해 '1990년대 가장 위대한 자산관리사', 투자 조사 기업 모닝스타Morningstar Inc.에 의해 '10년간 최고의 성과를 올린 펀드 매니저'라는 평가를 받았다. 경쟁사의 뉴스레터는 존경심을 담아 "지난 40년 동안 어떤 펀드도 12년 연속으로(물론 15년 동안은 아니다) 수익을 낸 적이 없었다"라고 언급했다.

이런 찬사는 이해할 만한 것이다. 그런 연속적인 성과가 단순히 우연일 가능성은 천문학적 수준으로 낮다. 적어도 언뜻 보기에는 그렇다. 하지만 좀 더 자세히 들여다보면 문어 파울의 성과에 적용했던 것과 똑같은 추론을 밀러의 성과에도 적용할 수 있다. 한 명의 특별한 매니저(밀러)가 특정 연도 동안(1991년에서 2005년까지) 시장을 상회하는 성과를 반복적으로 올릴 가능성은 정말 지극히 낮다. 하지만 이 문장은 사실이 아니다! 이런 결과를 낼 수 있는 수천 명의 펀드 매니저와 수십 번의 15년이 있기 때문이다.

시장이 완전히 효율적이고 펀드 매니저의 업무가 단순히 엄청난 우연의 게임이라고 가정할 경우, 우리가 이런 성과를 15년 동안 한 명의 관리자에게서 최소한 한 번 관찰할 가능성은 얼마나 될까? 물리학자 레너드 믈로디노프Leonard Mlodinow가《춤추는 술고래의 수학 이야기》에서 계산한 바에 따르면 대략 75퍼센트다. 이 수치는 사건의 예외적인 속성, 그리고 밀러의 성취를 제대로 보게 해준다.

"그래요. 하지만 빌 밀러 말고는 아직 그런 사람이 없죠. 밀러가 마땅히 누려야 할 영광을 부인하는 것은 다소 옹졸하지 않을까요?" 당신은 이렇게 말할지 모른다. 당신이 그렇게 생각한다면 한 가지를 더 고려해야 한다. 밀러의 '연속적인 성공'이 지속된 15년 동안 그가 12개월 연속으로 시장수익률을 밑도는 저조한 성과를 낸 힘든 시기도 있었다는 사실이 말이다. 다시 말해 1월부터 12월까지의 12개월이 아니라, 2월부터 다음 해 1월까지 또는 9월부터 다음 해 8월까지의 12개월을 기준으로 평가하면, 그의 탁월한 성과는 사라진다. 밀러 자신도 인정했다. "이것은 달력이 만들어낸 우연입니다……. 운이 좋았던 것이죠. 음, 아마 100퍼센트 행운은 아닐 겁니다. 95퍼센트 정도의 행운이 겠죠." 이런 점에서 그는 적어도 크게 칭찬받을 만하다. 그는 생존자 편향을 잊지 않은 드문 생존자이기 때문이다.

점쟁이 문어 파울과 빌 밀러의 사례는 우리에게 엄청나게 중요한 교훈을 가르쳐준다. 의사결정자(특별히 고위 임원)를 평가할 때 우리는 그의 성과를 기준으로 하고 싶어 한다. 좋은 의사결정자는 좋은 결정을 내린 사람이고, 좋은 결정은 좋은 성과를 올린 결정이라고 생각하는 것이 자연스러운 일이다. 하지만 이것은 위험한 가정이다. 우리가 성과를 기준으로 의사결정을 평가하면 흔히 우연의 역할을 과소평가하게 된다.

하지만 이것이 전부가 아니다. 우연의 필연적인 개입과 함께 많은 의사결정에는 일정 수준의 위험이 수반된다. 사후에 의사결정을 평가할 때는 위험 수준을 잊지 말고 반드시 고려해야 한다. 6장에서 언급한 위험한 투자의 예를 다시 생각해보자. 고위험 고수익 베팅은 완전히 합리적 선택이지만 손실로 이어질 수 있다. 반면 한 임원이 룰렛 게임에 기업의 자산을 베팅하고 우연히 이겼다고 상상해보자. 또는 더 현실적인 예로, 어느 주식 중개인이 자신의 한계를 훨씬 초과한 불법 거래를 통해 수익을 올렸다고 상상해보자. 어느 쪽도 좋은 의사결정이라고 칭찬받지 못할 것이다. 그들이 회사에 떠안긴 위험 수준이 터무니없이 막대하기 때문이다.

문제가 한 가지 더 있다. 성과는 의사결정에만 좌우되지 않는다는 점이다. 훌륭한 의사결정도 실행 과정은 형편없을 수 있고, 시원치 않은 의사결정도 완벽한 실행을 통해 좋은 성과를 낳을 수 있다. 비즈니스 분야에서는 실행의 질이 의사결정 자체보다 더 중요하다는 말이 있다. 이 말은 과장된 면이 있지만 핵심적인 진실을 담고 있다.

정리하면 우리가 보는 성과는 최초 의사결정에 따르는 순수한 결과가 아니다. 성과는 행운이나 불운, 적절한 수준 또는 부적절한 수준의 위험 감수, 좋거나 나쁜 실행의 결과일 수 있다. 따라서 성공 또는 실패의 극단적인 사례(이 책에서 언급한 일부 사람들처럼)를 제외하면 좋거나 나쁜 결과를 오로지 최초의 좋거나 나쁜 의사결정 탓으로 돌리는 것은 위험하다. 확률 이론 창시자의 한 명인 자코프 베르누이Jakob Bernoulli는 1681년에 이렇게 말했다. "인간 행동의 가치를 행동의 결과로 판단해서는 안 된다."

문제는 우리가 인간 행동의 가치를 그 결과로 판단하고, 그렇게 판단하는 것을 절대 중단하지 않는다는 것이다! 심지어 이것은 가장 확고하게 정립된 경영의 기본원칙 중 하나다. "중요한 것은 결과야!" 또는 훨씬 더 분명하게 이렇게 말한다. "똑똑한 것보다 행운이 더 나아!" 지금까지 보았듯이 사후 확신 편향은 심지어 성패에 대한 예측이 불가능한 상황에서도 실패의 책임을 의사결정자에게 묻게 한다.

반면 귀인 오류는 성공이 대부분 행운 덕분인 상황에서도 의사결정자에게 공로를 돌리게 한다. 많은 상황에서 단순하게 결과에 초점을 맞추고 그에 따라 책임을 묻는 데에는 다양한 이유가 있겠지만 이런 단순함의 대가는 너무 비싸다. 의사결정(그리고 의사결정자)을 그 결과로만 판단하다가는 점쟁이 문어 파울을 '고용하기' 위해 30만 유로를 제안했던 러시아 사업가와 똑같은 실수를 저지르게 된다.

이런 관찰 결과는 많은 의문을 제기하게 한다. 의사결정을 그 결과에 기초해 판단하지 않는다면 어떻게 평가해야 한단 말인가? 구체적으로 말하면, 우리는 협업과 프로세스가 진정으로 성과를 개선해주는지를 어떻게 알 수 있을까?

우선 반대 사례가 많다. 강압적인 리더들은 협력자들의 생각은 안중에 두지 않는다. 철저하게 직관적인 사상가들은 프로세스라는 말만 들어도 알레르기 반응을 보인다. 그런데도 그들은 상당히 자주 성공을 거둔다! 스티브 잡스에 대해 우리가 갖는 이미지(맞든 틀리든)는 협업에 거의 관심이 없고 프로세스에도 전혀 개의치 않는 강압적인 리더의 이미지다. 하지만 그의 성공은 의문의 여지가 없다.

또는 소프트뱅크Softbank 창업자 손정의孫正義가 1999년 알리바바Alibaba에 2,000만 달러의 투자를 결정하면서 했던 말을 생각해보라. "그(알리바바 창업자 마윈馬雲)는 사업 계획이 없었습니다……. 하지만 그의 눈빛은 매우 강렬했습니다. 강한 눈, 강하게 빛나는 눈이었습니다. 나는 알 수 있었습니다."

이것은 아무래도 공동 협력적인 의사결정이 아니며, 프로세스를 따른 결정도 아니다. 하지만 이 결정은 역대 가장 성공적인 투자 결정일 것이다. 20년 뒤 소프트뱅크의 알리바바 지분 가치는 약 1,300억 달러가 되었다.

물론 똑같은 사람들이 실수도 저질렀다. 스티브 잡스의 놀라운 실패는 그의 전설의 일부다. 손정의는 언뜻 보기에 육감에 의존해 알리바바에 대한 투자 결정보다 훨씬 더 의문스러운 결정을 내렸다. 예컨대 그는 '우버의 개 산책' 앱인 웩Wag에 3억 달러를 투자해 많은 조롱을 받았다. 더 중대하게 손정의는 위워크 WeWork의 모회사에 100억 달러를 투자했다. 위워크의 공동 창업자 애덤 뉴먼Adam Neumann 역시 확실히 강렬한 눈빛을 갖고 있었다(손정의는 그를 마윈에 비유했다). 하지만 뉴먼은 이기적인 행동과 불투명한 회계 관리로 인해 회사가 최초의 주식 공모를 취소하게 되면서 사임해야 했다. 그로 인해 소프트뱅크는 위워크의 즉각적인 파산을 늦추기 위해 추가로 80억 달러의 긴급 자금을 투자해야 했다.

이런 놀라운(그리고 모순적인) 이야기들은 사업가들에게 훌륭한 식후 이야깃거리를 제공한다. "그래요. 육감에 의존하는 것이 매번 효과가 있는 것은 아니에요! 하지만 가끔 통할 때가 있지요······." 물론 핵심은 불확실한 세상에서 어떤 접근 방식도 성공을 보장할 수 없다는 것이다. 우리가 대답하기 위해 노력해야 할 질문은 좀 더 미묘한 것이다. 어떤 의사결정 방식이 다른 방식에 비해 얼마나 많은 질적 차이(만약 있다면)를 만들어낼까? 구체적으로 말하면 '협업과 프로세스'가 의사결정 수준에 얼마나 영향을 미칠까?

협업과 프로세스가 분석보다 중요하다

어느 한쪽 사례만을 언급하면서 이런 질문에 대답할 수는 없다. 육감에 기초한 의사결정으로 성공한 사례가 있듯이 참패한 사례도 있기 때문에 우리는 협업과 프로세스가 좋은 결과를 만든다는 주장을 뒷받침하는 또는 반박하는 많은 이야기를 찾을 수 있다. 사례조사를 통해 결론을 내릴 수는 없다. 위험 선호, 실행, 우연이 결과에 큰 영향을 미치는 경우 특히 그렇다.

하지만 이 문제에 통계적 방법으로 접근할 수는 있다. 그러기 위해서는 많은 의사결정 표본을 선정해 '협업과 프로세스'가 사용된 표본과 그렇지 않은 표본을 비교해야 한다. 물론 이런 의사결정들의 결과는 우연의 요소에 영향을 받는다. 하지만 우연이 두 표본 집단 중 어느 한쪽에만 더 큰 영향을 미칠 것이라고 예상할 이유는 없다. 따라서 우리는 우연의 요소들이 서로 상쇄되고 의사결정 방법이 결과에 미치는 영향(만약 있다면)도 확인 가능할 것이라고 기대할 수 있다.

이런 가정하에 2010년 전 산업 분야에서 이루어진 1,048개의 의사결정 표본에 대한 연구가 진행되었다. 연구 대상이 된 의사결정은 모두 투자 선택(투자수익률이 성공의 확실한 평가 지표가 되기 때문이다)에 관한 것이었고, 주로 전략적 투자(인수, 합병, 신제품 출시 등)가 여기 포함되었다. 협업과 프로세스가 의사결정 수준에 미친 영향을 판단하기 위해 각 의사결정이 이루어진 방식에 관해 일련의 질문이 던져졌다.

질문의 절반은 의사결정에 사용된 분석 도구에 관한 것이었다. 이를테면 세부적인 금융 모델을 만들었습니까? 이 모델에 포함된 주요 매개 변수의 민감도 분석을 실시했습니까? 이런 질문들은 수치 분석과 사실 확인의 엄격성을 테스트하는 것이었다. 간단히 말해 의사결정자가 과제를 제대로 수행했는지 확인하는 것으로 투자 결정의 '무엇'에 해당했다.

다른 질문들은 '무엇'이 아니라 '어떻게'에 관한 것으로, 특히 협업과 프로세스에 관한 것이었다. 이를테면 의사결정 팀의 구성원 선발 기준은 전문적인 능력이었는가 아니면 서열이었는가? 의사결정을 둘러싼 불확실성을 명시적으로 논의했는가? 회의 때 투자 결정에 반대한 사람이 있었는가?

결론은 이렇다. '어떻게'와 관련된 요인들(협업과 프로세스의 수준)이 투자수익률의 53퍼센트를 설명해준다. '무엇'과 관련된 요인들(분석 수준)은 성과의 8퍼센트만 설명해준다. 나머지 39퍼센트는 산업 분야나 해당 기업과 관련된 변수에 의해 설명된다. 이 변수들은 해당 투자에만 특별한 영향을 미치는 요인이 아니며 의사결정자가 거의 또는 전혀 통제하지 못한다.

이런 결과는 반복적으로 언급할 가치가 있을 정도로 매우 놀라운 것이었다. 우리가 통제할 수 없는 투자 결정 요인을 제쳐둔다면 '협업과 프로세스'가 분석보다(6배나) 더 중요하다. 우리의 의사결정 방식('어떻게')이 의사결정 내용인 '무엇'보다 6배 더 중요하다!

분석은 줄이고 토론은 더 많이 하라

이런 결과가 얼마나 직관에 반하는지 알고 싶다면 가장 최근의 투자 결정을 되돌아보라. 또는 앞으로 내릴 결정을 숙고해보라. 당신의 회사가 대부분의 대기업처럼 일한다면, 당신은 일련의 추정 자료(매출액 추정, 비용 추정, 현금 흐름 추정, 기대수익률, 투자금 회수 기간 등)에 의존할 것이다. 당신은 전문가 팀을 이용해 이런 분석을 수행하고 검토하여 엄격히 표준화된 방법을 적용할 수 있을 것이다.

재무부서의 전문가들은 이런 방법들에 관해 토론할 것이다. 이를테면 투자 평가 기준으로 사용하는 최소 수익률을 바꾸어야 할까? '낙관적인' 경우와 '비관적인' 경우를 포함한 다수의 시나리오를 고려해야 할까? 마침내 이런 고민들이 주목할 만한 가치가 있다고 판단되면 당신의 회사는 여기 막대한 시간을 투자한다.

자, 당신은 이런 분석과 그 배후의 가설에 대해 얼마나 많은 시간을 들여 논의하는가? 더 나아가 당신은 이런 토론을 할 때 의사결정 프로세스에 대해 실제로 생각하는가? 예컨대 토론은 어떤 회의에서 이루어지는가? 참석자는 누구인가? 프로젝트 개발 단계 중 어느 단계에서 회의를 여는가?

많은 조직에서 이런 질문을 절대 하지 않는다. 대신 의사결정자나 의사결정위원회가 정기적으로 모여 회의 주제 중 하나로 투자 사업을 검토한다. 그들은 제안된 투자 사업을 뒷받침하는 일련의 분석 보고서를 받는다. 그들은 이 자료가 신중하게 절차에 따라 작성되었다는 점을 알고 있다. 그들은 보고서를(투자 사업의 핵심 제안자가 발표한 이후) 검토하고 승인 여부를 결정한다.

달리 말하면 우리는 노력의 대부분을 분석의 내용인 '무엇'에 쏟아붓는다. '어떻게'가 매우 중요함에도 그것에는 거의 관심을 기울이지 않는다. 결정할 시간이 되면 우리는 프로젝트의 합리적, 계량적, 객관적 측면에 너무 몰두한 나머지 협업과 프로세스의 영향을 깨닫지 못한다.

협업과 프로세스가 커다란 영향을 미치는 이유가 뭘까? 답을 알고 싶다면 의사결정 수준에서 차이를 만들어내는 '어떻게'의 구체적인 측면을 살펴보는 것이 유용하다. 1,048개의 의사결정 사례에서 투자의 성공과 가장 밀접한 관련이 있었던 요인은 무엇이었을까? 투자 결정에서 일반적으로 나타나는 편향을 극복하기 위한 협업과 프로세스였다. 특히 다음의 4가지 질문이 최선의 투자 결정과 최악의 투자 결정을 갈라놓았다.

첫째, 투자 제안과 관련된 위험과 불확실성에 대해 확실하게 논의했는가? 만일 이런 논의가 없었다면 자기과신의 위험이 높아진다. 그럼에도 논의가 이루어지지 않는 데는 이유가 있다. 투자를 둘러싼 분위기가 긍정적일 경우 아무도 어둡고 우울한 말을 해서 파티를 망치고 싶지 않은 것이다.

둘째, 투자 제안에 대해 토론할 때 CEO의 의견과 배치되는 관점이 제시되었는가? 그런 관점이 제시되어야 집단사고를 극복할 수 있다. 회의 참석자들이 의식적으로든 무의식적으로든 CEO의 의견에 동조하는 성향이 있다면 반대 의견을 공개적으로 밝히지 않을 것이다.

셋째, 투자를 지지하는 자료에만 집중하지 않고 그와 상반되는 정보를 의도적으로 찾아보았는가? 앞으로 보겠지만 이것은 확증 편향(투자 제안을 자연스럽게 묵인하게 한다)을 방지하는 직접적인 방법이다.

마지막으로, 투자 승인 기준이 사전에 설정되었는가? 그리고 그 기준이 회의 참석자들에게 투명하게 공개되었는가? 이런 행동은 의사결정자들이 스토리텔링 편향에 빠지지 않게 한다. 우리는 선별된 자료를 이용해 좋은 이야기를 만듦으로써 모든 결정을 얼마나 쉽게 정당화할 수 있는지를 보았다. 사전에 설정된 명확한 기준이 없다면 당신은 원하는 결론에 맞게 추론을 하고, 그것을 뒷받침하는 자료를 선택할 위험이 있다.

예컨대 "그래요, 이 투자는 우리의 재무 기준에 부합하지 않습니다. 우리는 '전략적인' 이유에서 투자해야 합니다. 예를 들어……"라고 말하거나 이와 반대로, 투자 제안이 투자 기준을 모두 충족하는데도 당신 마음에 들지 않으면 "서류상으로는 좋아 보이지만 성공할 것 같진 않군요. 그 이유는……"이라고 말하는 것이다.

3부에서는 가령 투자 회의를 준비하고 원활하게 진행하는 데 도움이 되는 기법을 소개한다. 하지만 핵심은 단순하다. 이를테면 한 시간 안에 중요한 결정을 해야 할 상황이라면 추가로 정보를 찾거나 추가로 분석을 하거나 재무 모델을 한 번 더 돌리느라 시간을 낭비하지 말라는 것이다. 대신 그 시간을 수준 높은 토론에 투자하라는 것이다. 분석은 줄이고 토론을 더 많이 하라!

프로세스 vs. 팩트

당신은 분석이 의사결정 수준에 매우 미미한 영향을 미친다는 말에 의구심이 들 것이다. 그러면 토론만으로도 좋은 의사결정을 내릴 수 있다는 뜻인가? 수치 분석은 생략하고 맥주나 마시면서 우호적인 대화를 나눠도 될까? 물론 아니다. 현실은 더 미묘하다.

사실 거의 모든 사람이 제안된 투자에 대해 나름 괜찮은 재무 분석을 할 수 있다. 대부분의 사람들(그리고 대부분의 기업들)이 똑같은 공식과 소프트웨어를 사용하여 똑같은 분석 과정을 거친다. 재무 분석의 기술적 수준은 더 이상 좋은 의사결정과 나쁜 의사결정을 가르는 기준이 아니다. 재무 분석은 하나의 선결 조건이다.

이런 분석을 뒷받침하는 정보와 자료의 질이 때로 큰 차이를 만들기도 한다. 하지만 투자 결정에서 이런 경우는 비교적 드물다. 재무 모델에 사용되는 자료(매출액 목표, 비용 추정치, 예상 일정표 등)는 흔히 투자를 제안하는 사람들에 의해 똑같이 표준화된 방식으로 수집되기 때문이다. 특별히 깐깐한 사장이나 분석자가 직접 이의를 제기하는 경우를 제외하면 통상적인 투자 분석은 대개 가공되지 않은 원자료를 이용하지 않는다.

다시 말해, 차별화된 분석은 저절로 이루어지지 않는다. 어떻게 하면 그런 분석을 할 가능성이 높아질까? 그 답은 좋은 프로세스에 있다! 예컨대 수준 높은 의사결정과 가장 밀접한 관련이 있는 4가지 요소 중 하나로 돌아가는 것이다. 이를테면 투자 아이디어와 반대되는 정보를 의도적으로 찾는 것은 '표준적인' 관행이 아니지만 확실히 좋은 의사결정 프로세스다.

무엇보다 최고의 조사와 가장 통찰력 있는 분석이라도 논의가 이루어지지 않는다면 쓸모가 없다. 이 문제는 사후 분석을 살펴보면 분명하게 드러난다. 내가 함께 일했던 자산운용사는 매우 실망스러운 투자 이후, 의사결정 과정을 재검토하고 분별력을 갖게 되었다. 이 회사의 경영진들은 예비실사팀과 투자위원회가 어떻게 심각한 문제가 있는(나중에 밝혀진 사실이다) 기업을 인수하기로 결정했는지 알고 싶어 했다. 투자위원회에 연이어 제출된 토론 자료를 깊이 검토한 결과 그들은 이상한 점을 발견했다.

최초 발표에서 세 가지 문제(핵심 임원들의 낮은 전문 역량, 제품 라인 중 한 가지 제품의 수요 미약, 한 가지 특허권의 확실성에 대한 우려)가 기업 인수에 잠재적 장애 요소로 제시되었다. 두 번째 발표에서는 이 문제들 중 두 가지가 사라졌다. 세 번째 발표에서는 슬쩍 언급만 하고 지나쳤다. 투자 결정 전의 마지막 발표에서는 세 가지 장애 요소가 아예 없어졌다.

이 문제들이 어떻게 해소되었는지에 대한 설명은 전혀 제시되지 않았고, 그에 대한 명시적인 질문도 없었다. 매번 새로운 발표가 있을 때마다 전반적인 분위기는 더 낙관적으로 바뀌어 기업 인수 쪽으로 점점 더 기울게 되었다.

흥미롭게도 자산운용사의 사후 분석은 여기서 멈추지 않았다. 그들은 기업 인수 후에 그 기업을 관리하는 팀이 만든 보고서를 살펴보았다. 인수 계약서의 잉크가 마른 뒤 해결해야 할 가장 긴급한 이슈는 무엇이었을까? 몇 달 전 최초의 예비실사 보고서에서 제기되었던 바로 그 세 가지 문제였다. 그중 하나는 기업 인수 성과를 지독히 실망스럽게 만든 중요한 이유가 되었다. 그 문제들은 사라지지 않았고, 단지 은폐된 채 집단사고와 집단적 자기과신의 영향을 받았을 뿐이다(인수와 합병에 관여한 사람들에게 잘 알려진 '거래 열병*deal fever*'). 많은 경우처럼 이 사례에서도 여러 사실에 대한 깊은 검토가 있었다. 필요한 모든 분석이 제대로 시행되었다. 하지만 결함이 있는 의사결정 프로세스가 분석을 완전히 무용지물로 만들었다.

이런 예가 보여주듯이 사실과 수치를 좋은 프로세스와 대립시키는 것은 그다지 타당하지 않다. 프로세스가 수치 계산보다 더 많은 차이를 만들어낸다고 해서 분석이 무의미한 것은 아니다. 분석은 거의 항상 선결 조건이고, 좋은 프로세스를 통해 활용되기 때문이다.

따라서 의사결정의 질을 개선하고자 한다면 그 출발점은 의사결정 과정이 되어야 한다. 특히 좋은 의사결정 프로세스를 따르는 좋은 팀은 중요한 정보가 빠졌을 때 이를 파악하고 필수적인 분석을 신속하게 실행한다. 좋은 의사결정 회의라면 누락된 스프레드시트를 만들 것이다. 하지만 그 반대는 사실이 아니다. 아무도 스프레드시트 때문에 회의를 소집하지는 않는다.

협업과 프로세스가 차이를 만든다

그렇다면 프로세스는 좋은 의사결정의 열쇠다. 하지만 프로세스라는 용어는 흔히 엇갈린 감정을 불러일으킨다. 많은 리더가 이 용어에 알레르기 반응을 보인다. 어떤 리더들은 프로세스를 통한 의사결정을 그들이 자신들의 핵심적인 역할로 생각하는 경영 판단과 상반된 개념으로 이해한다. 어떤 리더들은 프로세스를 관료제나 불필요한 요식 행위와 연관짓는다. 즉 여러 절차를 만들어 점검한 뒤, 박스에 담아 버릴 서류 더미와 연관짓는 것이다.

협업과 관련하여 프로세스라는 말은 또 다른 불안을 유발한다. 이를테면 '과잉 정보로 인해 분석이 불가능'해지거나 끝없는 논의 끝에(만약 어떤 결정이라도 내린다면) 결국 모호한 합의로 끝날 위험이 있다는 불안 말이다. 흔히 '위원회에 의한 경영'은 책임을 희석하고 경영자의 전략적 비전이나 결단을 없애버린다고들 말한다.

이런 우려들은 충분히 이해할 만하다. 공공 부문이든 민간 부문이든 관료적 체계에서 일해본 사람이라면 누구나 이런 우려에 공감할 것이다. 하지만 그들은 이 책에서 말하는 협업과 프로세스의 의미를 잘못 이해하고 있는 것이다.

당연히 협업은 한 사람 이상이 필요하다는 뜻이다. 하지만 쿠바 미사일 위기와 항공기 조종실의 사례 그리고 재판에 대한 비유에서 보았듯이, 이런 종류의 협업은 합의를 추구하는 것과는 다르다. 협업의 핵심은 논쟁이며 다양하고 상반된 관점들의 표출과 경청을 보장하는 것이다. 이것은 최종 결정이 어떤 식으로든 '민주적'이거나 다수결로 이루어진다는 뜻이 아니다. 내각이든 조종실이든 수술실이든 상관없이 누가 책임자인지는 매우 명확하다.

프로세스란 무엇일까? 조직의 절차와 프로세스는 의사결정 전에 반드시 수행해야 할 미리 정해진 업무와 분석에 대한 지시 사항으로 이루어진다. 시간이 흐르면 이것은 대개 아무 생각 없이 점검표에 체크하는 통상적인 절차가 된다. 자산운용사의 예에서 보았듯이 이런 통상적인 절차는 최종 결과물을 확인하고 논의하지 않는다면 쓸모가 없다. 이것이 좋은 프로세스의 핵심이다. 이를테면 상황에서 한 걸음 물러나 비판적 판단을 하는 개방적 태도를 가진 임원들이 의사결정 회의를 효과적으로 구성하고 진행시키는 것이다.

이것은 루브 골드버그 장치Rube Goldberg machine(단순한 결과를 얻기 위해 복잡한 과정을 거치도록 설계된 기계-옮긴이)와 전혀 다르다! 협업과 프로세스라는 용어가 와 닿지 않는다면 다른 용어를 사용하는 것이 어떨까?

어떤 사람은 의사결정의 모범사례best practices라는 표현을 더 선호한다(하지만 2장에서 말했듯이 모범사례라는 개념에는 위험이 있다). 일부 경영인들은 이런 의사결정 방식을 그들의 경영 스타일 또는 개인적인 시스템이라고 부르기도 한다. 의사결정 방식을 체계화한 기업들은 그것을 경영관리 원칙governance principles, 관례rituals, 플레이북playbooks이라는 다양한 용어로 부른다.

3부에서는 의사결정 구조decision architecture라는 용어를 사용할 것이다. 리처드 탈러와 캐스 선스타인은 《넛지》에서 선택 설계자choice architect들의 역할을 강조한다. 그들은 의도적이든 아니든 소비자나 시민들에게 선택지를 제시하는 방식을 설계한다. 같은 맥락에서 기업의 의사결정 절차를 설계하는 임원들은 의사결정 설계자decision architect다. 의사결정 구조가 편향을 극복하기 위해 협업과 프로세스를 이용한다면, 이 구조 '안에 사는' 사람들(무엇보다 설계자 자신)은 최고의 의사결정에 도달할 가능성이 더 높아질 것이다.

내가 선택한 구조라는 용어는 유용한 의미를 지닌다. 무엇보다도 (건축)구조는 과학이 아니라 예술이다. 의사결정 설계자로서 자신을 바라보면 의사결정이라는 예술이 순수한 계량 분석으로 환원될 수 없다는 점을 깨닫게 된다.

둘째, 우리는 창고를 짓기 위해 건축가를 부르지는 않는다. 마찬가지로 의사결정의 중요성이 인정될 때, 이를테면 기업의 미래를 결정하는 선택을 할 때 의사결정 구조에 대해 생각해볼 가치가 있다. 이런 선택은 사업 다각화 또는 합병과 같이 오직 한 번뿐인 선택이 될 수 있다. 또는 기업의 전략을 전체적으로 규정하는 반복적인 의사결정이 될 수도 있다. 예를 들어 제약회사의 연구개발 의사결정이나 광산 기업의 투자 결정처럼 말이다.

사소한 선택을 위한 의사결정 구조를 지나치게 복잡하게 만드는 것은 무의미하다. 하지만 너무나 많은 기업이 여러 복잡한 절차를 통해 직원을 꼼짝 못 하게 옭아매고 있다. 이것은 의사결정구조가 아니라 관료주의다.

마지막으로 구조라는 개념은 일이 시작되기 전에 수립되는 계획을 암시한다. 의사결정 구조를 정의하고, 의사결정 방법을 선택한 뒤에 의사결정 프로세스를 시작하는 것이 타당하다. 이 순서를 항상 지킬 수는 없겠지만(예컨대 위기 상황에서) 일반적으로는 지키는 것이 바람직하다.

이 책의 나머지 부분에서는 의사결정 구조에 대해 살펴보면서 각자의 의사결정과 의사결정 방법을 돌아보도록 도움을 주고자 한다(다시 말해, 당신의 의사결정 방법을 선택하도록 도와준다). 이것은 세 가지 주제 또는 좋은 의사결정 구조의 세 가지 기둥으로 구성된다.

첫 번째 기둥은 대화다. 대화는 서로를 설득하려고만 하는 것이 아니라 진정으로 경청하려는 사람들이 자신의 관점을 솔직하게 나누는 것이다. 효과적인 협업을 위한 선결 조건이다. 다음은 관점의 다양화다. 관점의 다양화는 사실에 근거한 타당한 기초 자료를 대화에 제공하여 대화가 단순한 생각의 대립으로 끝나지 않게 한다. 마지막으로 조직 내 의사결정의 역동성은 대화와 관점의 다양화를 촉진해야 한다(많은 조직은 이것을 억압하는 경향이 있다).

물론 이런 일반 원칙만으로는 충분하지 않다. 의사결정 구조에는 이런 원칙을 실현할 실용적인 도구가 필요하다. 일부 사람들은 이것을 관례적 절차와 편향을 극복하는 대응 방법 또는 편향 방어책이라고 부른다. 이 책에서는 의사결정 기법이라고 부를 것이다. 각 기법은 특정 편향의 해독제 역할을 한다. 앞으로 보겠지만 대부분 개인이 아니라 조직을 위한 기법이다. 편향은 개인적인 것이지만 우리가 사용할 치유책은 거의 대부분 집단적 차원이다.

3부에서는 총 40가지 기법이 제시된다([부록 2]에 요약되어 있다). 14장에는 실제적인 대화를 촉진하는 의사결정 구조를 만드는 실용적인 기법이 소개된다. 15장에서는 관점의 다양화를 촉진하는 기법을 제안한다. 16장에서는 의사결정 프로세스 단계마다 생산적인 역동성을 불러일으키는 기법을 제시한다. 이 기법들은 모두 다양한 규모(스타트업에서 다국적기업까지)의 조직, 가령 금융 투자 기업, 전문 서비스 기업, 공공 부문에서 일하는 임원들과의 대화, 그리고 그곳의 의사결정 프로세스에 대한 관찰에서 나온 것이다.

이런 기법을 설명하기 위해 사용한 사례들은 대부분 익명으로 처리했다. 자신의 방법과 실수 그리고 거기서 배운 교훈을 나누어준 고위 임원들의 신분을 지켜주기 위해서다. 그들의 익명성을 보장하는 데는 그에 못지않게 중요한 이유가 있다. 바로 '모범사례'를 모방하는 함정을 피하려는 것이다. 당신이 특정 기업이 사용한 도구에 관해 읽으면 그 기업의 평판 때문에 해당 도구에 대한 판단이 흐려질 수 있다. 아이디어의 출처를 모르면 아이디어 자체의 장점에 따라 판단하고, 자신의 상황에 적용할 수 있을지를 자문할 수 있다.

물론 이 기법들이 전부는 아니다. 이 기법들을 소개하는 목적은 의사결정 구조에 대해 영감을 제공하려는 것이다. 각 조직은 자신만의 기법이 필요하다. 따라서 리더들은 여기에 제안된 기법들을 자유롭게 바꾸거나 새로운 기법을 만들 수 있어야 한다. 뛰어난 설계자들은 공통의 원칙을 따르면서도 똑같은 건축물을 설계하지 않을 테니까.

Part 2 탁월한 의사결정을 위한 혁신 도구들

summary

- 성공이 좋은 의사결정을 의미하지 않는다. 우연, 위험, 실행 역시 성공에 영향을 미친다.

- 많은 상황에 의사결정 방법을 적용하여 자료를 수집하고 협업과 프로세스가 차이를 만든다는 것을 입증해야 의사결정 방법의 유용성을 판단할 수 있다.

- 리더의 핵심 과제는 '의사결정 방법을 결정하는' 의사결정 설계자가 되어 조직의 의사결정에 협업과 프로세스를 도입하는 것이다.

Part 3

함정을 기회로 바꾸는
선택 설계자들

현명한 리더는 자신을 결정을 내리는 사람으로 보지 않는다. 혼자서는 결코 최적의 의사결정을 할 수 없다는 것을 알고 있기 때문이다. 리더는 조직의 의사결정 방법을 결정하는 '의사결정 설계자'가 되어야 한다. 3부에서는 의사결정 설계자가 전략적 의사결정 프로세스를 설계할 때, 사용할 수 있는 세 가지 원칙과 이를 바탕으로 세계를 이끄는 조직들이 실천하는 40가지 실무 기법을 설명한다.

Chapter 14
대립적인 관점을 확보하라

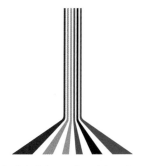

우리는 의사결정에 대해 전적으로 같은 생각을 하고 있는 것 같다. 그래서 나는 이 문제에 대한 추가 토론을 다음 모임 때까지 연기할 것을 제안한다. 그러는 동안 우리는 각자 다른 관점을 생각함으로써 의사결정의 핵심이 무엇인지 깨닫게 될 것이다.

앨프리드 슬론

당신은 2000년대 초 실리콘밸리의 중심인 캘리포니아 마운틴뷰에 있다. 이곳에서 구글의 새로운 역사가 시작되고 있다. 당신은 '구글러들'이 주차장에 차를 세우고 사무실 책상에 앉아서 세상을 정복할 준비를 할 것이라고 생각할지 모른다. 하지만 그렇지 않다. 실은 주차장은 롤러 하키를 하는 격렬한 게임 장소다. 플레이어들은 거침이 없다. 그들은 하키 스틱으로 서로를 후려치고 소리를 지른다. 몇몇 사람들은 기진맥진하거나 누군가에게 떠밀려서 바닥에 쓰러진다. 공격적인 플레이어일수록 무리의 환호를 받는다.

구글의 공동 설립자 래리 페이지와 세르게이 브린Sergey Brin이 코트에 등장하자 직원 한 명이 말한다. "장갑을 사용하지 않습니다. 완전히 맨몸으로 부딪치는 경기죠." 게임이 끝나자 땀에 젖은 직원들이 사무실로 향한다. 게임 중 다친 사람들은 양호실로 간다.

이상한 방식으로 하루를 시작한다고? 구글의 리더들은 아마도 직원들의 공격성이 스포츠를 통해 해소되길 바랐을 것이다. 사무실에는 롤러스케이트도 하키 스틱도 없지만 그곳에서도 운동 경기 못지않은 격렬한 '게임'이 펼쳐진다. 구글러들은 회의 때 아무에게나 소리를 지르며 동료들의 감정을 배려하지 않는다. 직원이 어떤 아이디어에 대해 '바보 같다'거나 동료 직원에게 '순진하다'고 말하는 경우도 드물지 않다. 온갖 종류의 욕설이 일상적이다.

이런 경영 스타일이 확실히 모방하고 싶은 '모범사례'는 아니다. 오늘날의 구글은 초기보다 확실히 덜 거칠다. 극단적이긴 하지만 이 사례는 교훈을 준다. 이를테면 좋은 의사결정에 도달하려면 어느 정도의 갈등과 불편을 감수해야 한다는 것이다. 하지만 많은 기업이 불편한 상황을 만들지 않기 위해 갈등을 회피하려고만 한다.

문제는 필요 이상의(물론 하키스틱을 사용하지 않고) 불편함을 초래하지 않고 어떻게 적절한 수준의 갈등을 자극할 것인가다.

이것은 좋은 의사결정의 첫 번째 기둥이다. 즉 사람들 간의 충돌로 비화되지 않도록 주의하면서 상반된 아이디어 간의 긴장 상태를 유지하는 것이다. 이것은 당면한 의사결정에 대해 진솔한 대화를 끌어낼 때만 가능한 일이다.

'잘 진행된' 회의는 위험하다

예컨대 투자제안서를 검토하는 임원 회의처럼 당신이 최근 참석한 '일상적인' 의사결정 회의를 생각해보라. 한 임원이 사업계획을 발표하고 수십 장의 파워포인트 슬라이드를 보여준다. 몇몇 참석자들은 사업 제안에 찬성한다. 많은 기업에서 흔히 그렇듯이 사업 제안자는 지지를 요청하거나 최소한 중립을 요구하기 위해 핵심 참석자에게 사업계획에 대해 '미리 귀띔을 한다'.

담당 임원은 참석자들에게 의견을 요구하면서 신속하게 합의점을 찾으려고 한다. 임원들은 사장이 제안된 사업을 어떻게 생각하는지 감을 잡고 쓸데없는 우려를 제기하지 않으려고 조심한다. 모든 사람이 이제 의구심을 나타내기에는 너무 늦었다는 것을 알아차린다. 예상대로 사업은 승인된다. 의기양양한 발표자는 불안해하는 그의 팀에 돌아가서 회의 진행 경과에 대해 질문을 받는다. 그는 말한다. "아주 좋았어. 토론은 전혀 없었거든!"

많은 조직에서 '잘 진행된' 회의는 논쟁이 없는 회의다. 생각이 서로 부딪치면 매우 불편하기 때문에 사람들은 실질적인 토론을 회피하여 불편한 상황을 만들지 않으려 한다. 마찰이 예상되면 현명한 발표자는 회의 전에 핵심 이해당사자들과 일대일로 만나 문제를 해결한다. 회의는 결국 이미 결정된 사안을 대충 훑어보고 승인하는 요식 행위가 된다.

이런 행위가 다양한 편향을 어떻게 발생시키는지 쉽게 알 수 있다. 예컨대 집단사고는 대다수가 이미 투자 제안에 찬성하는 것으로, 확증 편향은 청중이 발표자의 이야기를 추종하는 것으로, 자기과신은 아무도 지나치게 낙관적인 계획에 이의를 제기하지 않는 것으로, 이익 편향은 의사결정위원회 구성원이 서로의 프로젝트에 대한 지지를 암묵적으로(또는 명시적으로) 거래하는 것으로 각각 나타난다. 의사결정 회의는 이런 편향들이 표면으로 끓어오르는 가마솥이다.

하지만 모든 회의가 이렇지는 않으며 흥미로운 역설을 보여주는 경우도 있다. 예컨대 당신은 창의력 세미나에 참석한 적이 있는가? 대개 참석자들은 여기서 브레인스토밍의 원칙을 배운다. 이를테면 비판이나 자기 검열을 하지 마라. '나쁜 아이디어'는 없으니 제시된 아이디어를 자세히 검토하지 말고 그 제안에 자신의 아이디어를 덧붙여라.

이런 방법이 효과적인지 여부와 상관없이(많은 증거는 효과가 없음을 보여준다), 아무도 제시된 규칙에 이의를 제기하지 않는다. 창의성은 너무 신비한 활동이어서 '통상적인' 회의와는 다른 것 같다. 구체적인 규칙을 전혀 따르지 않는 일반적인 의사결정 회의와 얼마나 대조적인가. 우리는 특별한 도구나 기법 없이 귀로만 의사결정을 할 수 있다고 생각한다.

이런 역설이 나타나는 이유는 편향이 우리 눈에 보이지 않기 때문이다. 창의적인 아이디어를 찾기 위해 모이지만 아무런 성과가 없으면 우리는 즉시 실패를 경험한다. 그래서 이런 결과를 피하기 위해 브레인스토밍 기법을 기꺼이 받아들인다. 반면 우리가 의사결정을 위해 모일 때는 우리를 정상궤도에서 벗어나게 하는 편향을 인식하지 못하면서도 회의에 공식적인 절차는 필요 없다고 여긴다.

하지만 즉흥적인 방식으로는 좋은 대화를 나눌 수 없다. 다른 관점을 용인하는 것은 쉽지 않으며, 그것을 권장하기는 더더욱 어렵다. 의견이 다른 사람들 간의 갈등을 유발하지 않고 의견 간의 긴장을 솔직하게 드러내기란 쉽지 않다. 확고한 관점을 가지고 열정적으로 주장하고 싶은 관리자들이 대화에 참여하여 솔직하게 말하고 서로 적극적으로 경청하기는 쉽지 않다. 하지만 실제적인 대화를 촉진해주는 일반적인 절차들이 있다.

대화를 위한 무대를 설치하라

성공적인 대화를 위한 첫 번째 전제조건은 거의 동어반복적인 표현이긴 하지만 다양한 관점을 충분히 인정하는 것이다.

다양성이란 말이 의미하는 다양한 배경은 자연스럽게 대화에 기여한다. 하지만 서로 다른 성, 연령, 국적, 민족의 사람들을 받아들이는 것만으로는 충분하지 않다. 사람들이 오랫동안 같은 조직이나 팀에서 일하면 같은 훈련, 경험, 성공, 실패를 공유하게 된다. 그들은 같은 가설을 만들고, 같은 이야기를 믿고, 일반적으로 같은 편향에 영향을 받을 가능성이 있다. 집단 내의 문제해결을 연구한 결과, 문제해결 가능성은 인지적 다양성(정보처리 측면에서 다양한 선호도)과 관련되며 인구학적 다양성이 반드시 요구되는 것은 아니었다. 다양한 능력과 관점이 다양한 정체성보다 더 중요하다.

인지적 다양성의 예는 은행장이 은행 이사회를 구성할 때 특별한 이력을 가진 사람들(위험관리 전문가, 법률 전문가, 미시경제학자, 은행이 투자한 주요 국가 및 산업 분야 전문가들)을 포함시키는 것이다. 분명히 이런 배경을 지닌 이사회 구성원은 자신의 전문 분야에서 소중하고 실질적으로 기여할 것이다. 확실하지는 않지만, 다양한 배경은 이사들이 회의에서 다양한 관점과 사고방식을 제시하는 데 중요한 역할을 할 것이다.

이사들은 각자 자신의 경험과 성향이라는 프리즘을 통해 의사 결정을 숙고하고, 설령 구체적인 전문 지식이 없더라도 당면 과제를 다른 사람과 약간 다르게 바라본다. 2008년 금융 위기 이전 일부 은행이사회는 이러한 관점의 다양성이 매우 부족했다.

기법 2: 토론을 위한 충분한 시간을 제공하라

대화의 두 번째 조건(첫 번째 기법과 마찬가지로, 원칙은 분명하지만 실제 상황에서는 흔히 무시된다)은 충분한 시간을 갖는 것이다. 실질적인 대화는 피상적인 합의보다 더 오랜 시간이 필요하다.

앞서 언급한 은행장은 이사들에게 1년에 25일 이사회에 참석해달라고 요청한다. 이사회는 한 번 모일 때마다 이틀 동안 진행된다. 물론 이 특별한 사례는 일반적인 원칙은 아니다. 하지만 은행장은 이것이 이사회의 성공 열쇠라고 주장한다. 매우 다양한 배경과 전문 지식을 지닌 사람들이 효과적으로 협력하고 실질적 대화를 나누려면 함께 시간을 보내야 한다.

다양성과 논의 시간 사이에는 밀접한 관계가 있다. 참석자들의 사고방식이 더 유사할수록 더 빨리 합의에 도달하게 된다. 설령 그들이 모두 틀렸다고 해도 말이다! 하지만 그들이 더 다양하다면 서로의 관점에 귀를 기울이고 마음을 바꾸는 데 시간이 더 많이 필요할 것이다.

대화의 세 번째 전제조건은 회의 의제와 관련된다. 쓸모없고 시간 소모적이며 진을 빼는 회의가 늘어나자 많은 임원들이 모든 회의에서 반드시 의사결정이 내려져야 하고, 결정 사항, 다음 절차, 행동방침과 같은 순서에 따라 회의록이 작성되어야 한다고 믿게 되었다. 이 관점을 뒤집어보면, 의사결정 없이 끝난 회의는 모두 실패라고 보는 것이다. 따라서 회의에서 명확하게 의결하지 못할 의제는 아예 회의에 상정하지 말아야 한다.

이 관점은 의도는 좋지만 잘못된 것이다. 논의를 해야 할 시간이 있고 결정을 내려야 할 시간이 있다. 대화를 위한 필수적인 전제조건은 논의할 때와 결정할 때를 아는 것이다. 때로 논의가 이루어지고 자연스럽게 결정으로 이어져서 두 가지가 같은 회의에서 끝날 수 있다. 하지만 때로는 그렇지 않을 수도 있다. 이것을 확실히 구분하는 간단한 방법은 각 의제에 '오늘 의결해야 할 항목'이나 '토론만 할 항목'이라고 표시해두는 것이다. 이런 표시를 해두면 대화가 매우 달라질 것이다.

토론 항목인지 의결 항목인지에 따라 논의 시간이 달라진다. 이것은 개인의 판단이며 리더의 특권이다. 성공적인 리더들은 '결정을 내릴 준비가 된' 주제와 그렇지 않은 주제를 구별한다. 리더가 이런 구별을 분명하게 해주면 팀원들은 결정을 내려야 할 때라고 쓸데없이 압박하지 않을 것이며, 논쟁을 끝내고 결정을 내려야 할 때가 언제인지 알 수 있을 것이다.

주의해야 할 대화의 금지 규정들

충분히 다양한 집단, 긴 토론 시간, 잘 정의된 의제가 준비되면 좋은 대화가 보장될까? 그렇지 않다. 몇 가지 기본원칙이 필요하다.

이 원칙들은 수많은 회의실 벽에 붙어 있는 '좋은 회의를 위한 규칙'과 같은 것이 아니다. '항상 정해진 시간에 시작하라', '회의실을 떠나기 전에 깨끗이 정돈하라'와 같은 조언은 훌륭하긴 하지만 비생산적인 행동(예컨대 집단사고를 조장하거나 다른 생각을 표현하지 못하게 하거나 뒤에서 수군대는 행동들)을 예방하기 위한 기본원칙과는 전혀 관계가 없다. 대화의 기본원칙을 설정한다는 것은 다음 역설을 받아들인다는 뜻이다. 자유로운 표현을 북돋우려면 일정 정도의 금지 규정이 필요하다.

기법 4: 파워포인트 사용을 제한하라

대화의 방해물, 이를테면 토론을 얼어붙게 하거나 참석자들을 졸게 만드는 요인을 찾는다면 가장 먼저 파워포인트 슬라이드부터 꼽아야 한다. 강력한 파워포인트 발표는 회의를 단 하나의 관점이 지배하는 일방통행 도로로 만들어버린다. 미 해병대 장군 제임스 매티스James Mattis조차도 미 합동군 사령관이었을 당시 "파워포인트가 우리를 바보로 만든다"며 개탄했다.

파워포인트는 사실과 주장을 발표할 때, 그리고 생산적인 토론의 기초를 제공할 때 유용하다. 하지만 실제로는 흔히 주장의 약점을 숨기고 시각적 속임수로 청중의 주의를 분산하며 장시간의 발표로 논쟁할 시간을 줄인다.

파워포인트는 어디서나 사용된다. 그래서 임원들은 감히 이것을 완전히 금지하지 못한다. 하지만 이것을 금지하는 사람들은 그 결과에 만족한다. 한 기업의 대표는 "프레젠테이션 탓에 토론을 하지 못했습니다"라고 말하고는 변화된 회의 분위기에 확실한 만족감을 표현했다. 오래전 스콧 맥닐리Scott McNealy는 선 마이크로시스템즈Sun Microsystems에서 파워포인트 사용을 금지했다. 그는 그 결과에 매우 만족하여 망설임 없이 강력하게 주장했다. "세계 모든 기업이 파워포인트 사용을 금지한다면 수익이 폭발적으로 증가할 것입니다."

그게 말처럼 쉽다면 얼마나 좋겠는가! 하지만 파워포인트의 대안들이 점점 힘을 얻고 있다. 예를 들어 아마존은 프레젠테이션 대신 '이야기 형식의 여섯 쪽짜리 메모'를 제출하여 모든 참석자가 회의를 시작할 때 조용히 읽게 한다. 이것은 단순히 소프트웨어의 문제가 아니다. 또한 수평적이기보다는 수직적인 종이 문서를 선호하는 문제도 아니다.

아마존 CEO 제프 베조스Jeff Bezos는 이렇게 말한다. "어떤 사람이 워드Word에서 중요 목록을 만든다면 그것은 파워포인트만큼이나 나쁩니다. 메모의 가치는 작성자가 '생각을 그럴듯하게 포장하고' 생각들의 상호 관련성을 무시하는 대신, 문제를 명료하게 하고 가정을 분명하게 설정하고 일관성 있는 주장을 정확하게 설명하게 만드는 것입니다." 메모를 읽는 사람들은 비판적 판단을 이용하여 자기 나름의 속도로 발표 내용의 추론 과정을 파악할 수 있다.

하지만 대다수 조직의 표준적인 관례처럼 왜 미리 메모를 나눠주지 않고 회의장에서 그것을 읽게 할까? 베조스는 이렇게 말한다. "경영자들은 고등학생들처럼 메모를 읽지 않고도 마치 읽은 것처럼 회의 내내 허세를 부립니다(얼마나 충격적인가! 물론, 당신은 절대 이런 일이 없을 것이다)." 메모를 함께 읽는 것이 회의실을 독서실처럼 바꿔놓을 수도 있지만, 이를 통해 모든 사람이 메모를 읽은 척하지 않고 실제로 읽게 된다.

같은 원칙을 이사회에도 적용할 수 있다. 이사들은 보통 회의 전에 파워포인트 자료를 편집한 두꺼운 '보드북board books'을 미리 회람한다. 넷플릭스는 보드북을 메모로 대체했다. 이사들은 여기에 전자문서 방식으로 질문과 의견을 추가한다. 메모는 약 30페이지 분량이며 근거 자료가 링크로 달려 있다. 이렇게 하는 목적은 아마존과 똑같다. 프레젠테이션과 명확한 이해를 위한 질문으로 시간을 빼앗기는 대신 실제적인 토론에만 시간을 할애하게 된다.

이런 방식이 왜 널리 확산되지 않는 걸까? 오랫동안 심각한 문제점이 인식되었음에도 왜 파워포인트는 여전히 회의실의 숨통을 조르고 있는 걸까? 왜 모든 사람이 메모를 사용하지 않을까? 간단히 말하면 매우 어렵기 때문이다! 슬라이드와 좋은 메모의 차이는 단순히 형식의 차이가 아니다. 좋은 메모를 작성하려면 상당히 많은 시간, 노력, 능력을 쏟아부어야 한다. 넷플릭스 이사회에 제출되는 메모는 90명의 고위 임원들에 의해 검토된다.

다시 여기에서 제프 베조스의 말을 길게 인용하는 것이 유익할 것이다. "훌륭한 메모를 작성하려면 일단 초안을 만든 다음 다시 고쳐 쓰고, 동료들과 공유하고, 피드백을 받아 개선해야 합니다. 그런 다음 이를 이틀 정도 던져놓았다가 다시 새로운 마음으로 수정합니다. 이 일은 단순히 하루나 이틀 안에 해낼 수 없습니다……. 훌륭한 메모를 작성하려면 아마 일주일 이상 소요될 겁니다." 그 때문에 대부분의 조직이 파워포인트를 완전히 금지하는 것은 너무 과격한 조치라고 생각한다. 파워포인트 사용을 제한하는 것이 더 현실적일 것이다.

또 다른 중요한 기본원칙은 회의 중에 특정 유형의 주장을 금지하는 것이다. 대화를 촉진하길 원하면서 금지 규정을 두는 것이 역설적으로 보일지도 모른다. 하지만 법정에서 배심원들을 불공정하게 흔들 수 있는 특정 증거나 논증을 금지하는 절차법이 있듯이 잘못된 논증은 금지되어야 한다.

유추가 우리를 곧바로 스토리텔링의 함정에 빠뜨리는 경우 특히 그렇다. 한 벤처 투자 기업의 CEO는 투자위원회가 투자 계획을 검토할 때 비슷한 기업을 참고하는 것을 금지한다. 투자 후보 기업을 '제2의 와츠앱' 또는 '해당 업계의 우버'로 소개하는 것은 논의를 치명적으로 오도한다. 설령 나중에 비교 기업과의 차이를 파악한다 해도 다른 기업의 성공을 토대로 투자 계획을 평가하게 된다. 유추의 힘은 모든 유형의 논리적 주장을 눌러버린다.

위의 벤처 투자 기업 CEO는 성급한 집단적 의사결정을 피하는 기법도 제안한다. 그와 동료들은 투자를 고려 중인 스타트업 설립자들을 만날 때, 그들의 투자 요청에 즉시 응답하지 않는다. 스타트업 설립자의 프레젠테이션 이후 투자위원회는 별도로 활동하며 다음 날까지 회의 결과에 대한 보고를 듣지 않는다.

이런 냉각기는 생산적인 회의에 관한 모든 원칙('모든 회의에서 결정을 내려야 한다'는 잘못된 신념을 포함하여)과 상반된다. 하지만 사람들에게 즉시 결정을 내리라고 요구하면 "회의가 첫 인상에 기초한 논쟁이 된다"고 벤처 기업 CEO가 말했다. 확고한 반응(반드시 가장 좋은 반응은 아니다)은 큰 영향력을 발휘해 집단을 흔들 수 있다. 즉각적인 의사결정을 금지하면 더 나은 의사결정을 내릴 수 있다.

기법 7: 대차대조표를 요구하여 관점들의 미묘한 차이를 부각시켜라

또 다른 유명 벤처캐피털리스트인 클라이너 퍼킨스의 랜디 코미사르Randy Komisar는 여기서 한 단계 더 나아간다. 그는 투자 위원회 위원들이 투자 아이디어에 찬성하거나 반대한다는 확고한 의견을 즉시 표현하지 못하게 한다. 대신 참석자들에게 투자의 긍정적인 요인과 부정적인 요인으로 구성된 '대차대조표'를 요구한다. "이 투자 기회의 좋은 점과 나쁜 점을 말해주세요. 아직 당신의 최종 판단은 말하지 마세요. 나는 지금 그걸 알고 싶지 않습니다." 전통적인 지혜는 모든 사람이 명확한 의견을 내야 한다고 말한다. 하지만 코미사르는 동료들에게 입장 번복을 요구한다!

이런 태도는 입장이 고착되는 것을 방지하고 사람들이 다른 사람의 의견을 들은 다음 자신의 생각을 바꿀 기회를 제공한다.

코미사르가 말하듯이 "이는 각 참석자가 똑똑한 사람이고, 이 것은 어려운 결정이며, 다른 판단을 내릴 가능성이 얼마든지 존재한다는 사실을 강조해준다".

중요한 통찰이다. 하지만 대부분의 기업이 실제 상황에서 이를 실천하지 못한다. 어렵고 복잡한 의사결정을 다룰 때, 우리는 그 일이 어렵고 복잡한 문제라는 것을 받아들여야 한다. 리더들이 자신만만하게 판단을 내리는 모습을 보여야 하는 문화는 그들을 쉽사리 과신의 위험에 빠뜨리고 집단을 집단사고의 늪에 밀어넣는다. 이보다는 불확실성을 인정하고 표현하도록 권장하는 것이 훨씬 바람직한 태도다.

이렇게 하려면 균형 잡히고 복잡 미묘한 차이를 지닌 관점들을 흔쾌히 받아들여야 한다. 미묘한 차이는 우유부단이나 무능의 표시가 아니라 명료함의 표시로 받아들여야 한다. 물론 리더의 역할은 최종 결정을 내리는 것이다. 때로 이를 위해 복잡한 문제를 단순하게 만들 필요가 있다. 하지만 문제를 지나치게 단순화하거나 과신하는 태도를 보이거나 너무 빠르게 만장일치를 강요하는 것은 위험하다.

아인슈타인의 말로 자주 회자되는 유명한 원칙을 명심하기 바란다. "모든 것을 최대한 단순화시켜야 한다. 하지만 본질을 훼손할 정도로 지나치게 단순화해서는 안 된다."

옵션과 해석을 확대하여 대화를 자극하라

회의가 시작되고 기본원칙이 정해지면 이제 대화가 원활해지도록 자극해야 한다. 대화를 자극하는 방법은 많다. 당신이 선택하는 방법에 따라 당신의 경영 스타일과 기업 문화가 결정된다. 아래의 예들은 다양한 가능성을 분명하게 보여준다.

기법 8: 악마의 변호인을 지정하라

이 전략은 효과가 입증되었으며 오늘날에도 많은 지지자들을 확보하고 있다. 이 책을 위해 인터뷰한 한 임원은 항상 이 방법을 이용한다고 말했다. "모든 사람이 나에게 어떤 아이디어가 좋다고 말하면 내 머릿속에 작은 경고등이 켜집니다. 그래서 나는 지금 논의하는 아이디어가 나쁜 이유를 말해주는 악마의 변호인을 한 명 지정합니다." 그는 악마의 변호인을 어떻게 선정할까? "그런 역할에 적합한 성격을 지닌 말썽꾼을 선택합니다." 그가 말했다.

그렇게 쉬운 일은 아니다. 경영진에는 자신의 진심(더구나 나쁜 의견이 아닐 수 있다!)과 상반된 내용을 주장하는 것을 기질적으로 좋아하는 사람이 많지 않을 수도 있다. 게다가 악마의 변호인은 큰 위험을 감수해야 한다. 만약 그가 자신이 맡은 역할에 열중한 나머지 지나친 표현을 사용하여 동료들의 의견에 반대한다면, 동료들은 그에게 나쁜 감정을 품을 것이다. 케네디는 이 것을 잘 알았다. 그래서 그는 쿠바 미사일 위기 때 한 명이 아니라 두 명의 보좌관에게 악마의 변호인을 맡겼다.

여러 이유들 때문에 이 기법은 실행하기 쉽지 않다. 이런 방어 역할은 대충 건성으로 수행되거나 회의를 엉망으로 만들어버릴 위험이 높다. 한 연구에서는 인위적인 반대가 진짜 반대, 곧 진정한 반대보다 덜 효과적이라는 사실이 드러났다.

하지만 진정한 반대는 다른 문제를 초래한다. 이런 경우 반대하는 의견과 그것을 표명하는 사람이 하나로 여겨질 수 있다. 이상적으로는 두 대안 중 하나를 선택하는 것이 두 사람 중 한 사람을 선택하는 것과 동일시되어서는 안 된다. 이런 이유에서 악마의 변호인에 대한 대안으로 다음 기법이 일반적으로 이용된다.

기법 9: 두 개의 대안을 동시에 제시하게 하라

강력하지만 아직 많이 사용되지 않는 기법은 하나의 프로젝트를 제안하고 싶은 사람에게 하나가 아니라 두 개의 프로젝트를 제시하게 하는 것이다. 대기업의 재무관리 책임자가 이 원칙을 사용했다. 이를테면 그는 어떤 투자 사업을 제안한 사람이 동시에 다른 투자 사업도 제안하지 않으면 그 사람의 제안을 검토하지 않는다.

이 기법은 추가적인 선택지를 만들어 논쟁을 자극하고 의사결정자가 하나의 제안에 대해 '찬성 또는 반대'하는 식의 양자택일을 피하도록 해준다. 또 다른 이점은 5장에서 언급한 자원 재배분에 따르는 관성의 문제를 방지해준다는 것이다. 특히 재무관리 책임자는 한 사업부가 제출한 두 가지 제안은 모두 승인하는 한편, 다른 사업부의 제안은 모두 거부할 수도 있다. 각 사업부가 투자제안서를 하나씩만 제출하면 그는 그것을 모두 승인하고 싶은 유혹을 더 많이 느낄 것이다.

기법 10: 사라지는 옵션 테스트를 실행하라

대안을 만드는 또 다른 방법은 칩 히스와 댄 히스가《자신 있게 결정하라》에서 설명한 '사라지는 옵션vanishing option 테스트'를 이용하는 것이다. 이것은 논의 중인 선택안이 어떤 이유로 실행 불가능할 경우 무엇을 할지 자문해보는 것이다. 이를 통해 의사결정에 참여한 사람들은 추가적인, 때로는 뜻밖의 아이디어를 만들게 된다.

선택안이 많으면 의사결정이 더 어려워질 거라고 생각할 수 있다. 그래서 많은 리더들은 선택안의 범위를 좁힘으로써 상황을 단순화하려고 한다. 하지만 사실은 정반대다. 다수의 선택안이 있다는 것만으로도 의사결정의 수준이 개선된다. 히스 형제는 이 지침을 의사결정 방법의 첫 번째 항목으로 삼는다. 그들은 경영 관련 의사결정의 단 29퍼센트만이 몇 가지 선택안 중에서 선택된 것이며, 71퍼센트는 하나의 사업 제안에 대한 '찬성 또는 반대'를 통해 결정된 것이라는 연구 결과를 인용한다. 하지만 다수 선택안을 가진 의사결정 방식이 실패율은 훨씬 더 낮다(32퍼센트 vs. 52퍼센트).

기법 11: 대안적인 이야기를 말하라

때로 옵션을 더 많이 만드는 것은 비실용적이다. 사실 더 중요하거나 특별하거나 일회적인 의사결정일수록, 신뢰할 만한 대안을 만들기가 더 어려울 수 있다. 또한 선택안을 숙고하기 전이라도 의사결정자는 이런 선택안들로 해결하고자 하는 상황과 문제 또는 기회를 공유해야 한다. 이런 경우 그들에게 필요한 다양성은 선택안의 다양성이 아니라, 상황이나 선택안을 바라보는 관점의 다양성이다.

이런 목적을 달성하는 한 가지 통상적인 방법은 동일한 사실을 설명하지만 다른 결론에 이르는 여러 가지 이야기나 시나리오를 만드는 것이다.

1장에서는 영업 책임자가 영업직원의 전화 보고에 기초해 가격 전쟁이 시작될 것이라는 결론을 내렸던 예를 살펴보았다. 똑같은 사실에 기초해 다음과 같이 다른 이야기를 할 수도 있다. "이 영업직원은 우연히 한두 명의 고객을 만나 몇 가지 어려움에 부딪혔다. 그래서 지금 기분이 좋지 않다. 그가 겪은 어려움은 서비스의 가격보다는 그가 서비스를 제시하는 방식과 더 많이 관련되어 있다. 왜냐하면 가격은 우리 서비스의 주요 장점이 아니며, 또한 그래야 하기 때문이다. 우리는 가격을 낮출 필요가 없다. 대신 영업직원에 대한 훈련과 동기부여를 강화할 필요가 있다."

이 대안적인 이야기가 반드시 옳은 것은 아니지만 그렇다고 첫 번째 이야기가 옳은 것도 아니다. 대안적인 이야기를 만들 경우 영업 책임자는 '우리는 가격을 낮추어야 한다'는 단순한 결론보다는 잠재적 결론을 뒷받침하는 더욱 폭넓은 다른 증거들을 찾게 된다. 예를 들어 그가 두 번째 이야기의 옳고 그름을 입증하려면 자사 서비스의 가격을 포함하여 회사의 경쟁적 위치에 대한 객관적인 평가가 필요하다. 영업책임자가 첫 번째 이야기에만 집중한다면 이런 분석을 요구하지 않을 것이다. 대안적인 이야기 덕분에 그의 관점이 더 넓어졌다.

이런 기법을 이용하는 사모펀드 기업의 경우 투자 사업을 제안하는 사람들은 '긍정적인' 이야기를 뒷받침하는 사실들을 그대로 사용하여 회사가 그 투자 사업을 거부해야 하는 대안적인 이야기를 만들어야 한다. 이것은 쉬운 일이 아니다.

이 일을 요구받은 사람들은 불편할 것이다. 때로는 이런 방법이 작위적이라고 느낄 것이다. 하지만 대안적인 이야기 덕분에

회의 참석자들은 의사결정에 내재된 불확실성을 인식하게 된
다. 합리적인 사람들이 투자에 대해 의견이 다를 수 있다는 점
을 인정하면 좋은 대화 분위기가 만들어진다.

특히 같은 사람이 대안적인 이야기를 제시하는 경우 긴장이
완화되고 상황이 객관화된다. 악마의 변호인과 달리 두 가지 이
야기를 제시하는 사람은 다른 사람들에게 부담 없는 선택권을
준다. 이렇게 되면 대화가 한결 쉬워진다.

추가적으로 이 기법은 한 가지 편향(스토리텔링의 힘)을 이용하
여 다른 편향(확증 편향)과 싸우는 법을 보여준다. 똑같이 신뢰
할 만한 대안적인 이야기를 만드는 것은 불로써 불을 제압하는
방법이다.

기법 12: 잠재적 실패를 미리 분석하라

경영진의 진정한 대화를 촉진하고, 특히 과신과 집단사고의
치명적인 결합에 맞설 또 다른 효과적인 기법은 사전에 실패를
분석하는 것이다. 3장에서 소개한 게리 클라인이 만든 사전 실
패 분석은 다른 방법으로는 알아차리지 못했을 계획의 결함을
확인해준다. 이것은 최종 의사결정 전에, 잠재적인 반대나 우려
가 구체적으로 표현되지 않은 단계에서 이루어진다. 이 기법은
미래에 프로젝트가 실패한 경우를 집단적으로 상상하고 사전
실패 분석을 실행하는 것이다.

사전 실패 분석의 구체적인 방법은 다양할 수 있지만 핵심 원칙은 단순하다. 회의 주최자가 참석자들에게 이렇게 말한다. "지금은 ×년도입니다. 이 프로젝트는 완전히 실패했습니다. 이 프로젝트는 왜 그렇게 참패했을까요?" 참석자들은 여러 가지 가능한 이유를 적은 다음, 차례로 발표한다. 모든 참석자가 이 활동에 참여해야 한다.

사전 실패 분석은 거의 모든 팀이 하는 활동, 즉 프로젝트가 당면한 위험과 불확실성에 대해 논의하는 것과 어떻게 다를까? 작지만 매우 중요한 두 가지 측면에서 다르다.

첫째, 사후 확신 편향이 우리에게 가르쳐주는 것을 떠올려보라. 우리는 미래에 일어날 수 있는 일을 상상하는 것보다 과거에 일어난 일을 설명하는 데 훨씬 더 능숙하다. 사전 실패 분석은 이런 편향을 철저하게 이용한다. 이 기법은 우리에게 제때 미래로 가서 과거를 되돌아보게 하며 과거에 '이미 일어난 일'을 설명하도록 요구한다. 클라인은 기발한 모순어법을 사용하여 이것을 예정적 사후 확신prospective hindsight라고 부른다.

둘째, 사람들에게 나름대로 실패 이유를 적게 하고 평가 기준을 설정(모든 사람이 해야 한다)하게 하면 프로젝트에 반대하는 사람들과 의구심을 가진 사람들이 집단사고의 뿌리인 침묵하는 성향을 극복하게 된다.

제대로 하기만 하면 사전 실패 분석은 대체로 매우 유용하다.

모든 참석자가 동일한 실패 이유를 걱정한다면 아마도 이런 우려가 충분히 검토되지 않았을 가능성이 있다. 설령 제기된 우려가 단순히 모든 위험한 프로젝트에 내재된 불확실성의 일부에 지나지 않는다 해도, 이것을 프로젝트를 실행하는 동안 점검해야 할 핵심 사항으로 파악해두는 것이 좋다.

하지만 사전 실패 분석의 가장 중요한 결과는 미처 논의하지 못한 문제점을 발견하는 것이다. 퀘이커오츠의 CEO 스미스버그가 스내플 인수에 실패하고 몇 년이 지난 뒤에 이렇게 인정했다. "우리는 상당한 인기를 끄는 새로운 브랜드를 인수한다는 사실에 무척 흥분했습니다. 사실 여기 '반대'하는 몇 사람 정도는 있었어야 했습니다." 그들이 잠재적 실패를 미리 분석했다면 그런 기회를 얻었을 것이다.

기법 13: 특별위원회를 구성하라

투자위원회에 참석한 임원들이 최악의 결과를 상상하기 힘들다면 또 다른 방법이 있다. 투자위원회를 완전히 다른 사람으로 대체하는 것이다. 대다수 조직의 관행은 최고위 조직(공식 명칭이 임원 회의든, 다른 것이든 상관없이)이 모든 것을 결정하는 것이다. 하지만 집단사고와 정치 게임을 피하는 최선책은 의사결정의 내용에 따라 집단의 구성원을 바꿔보는 것이다.

한 기업 리더는 이 기법을 투자제안서를 검토하기 위한 '여섯 친구들'이라고 표현했다. "기업의 다양한 부서에서 여섯 사람을 선발합니다. 그들은 프로젝트에 대해 전혀 모르는 상태에서 그것을 파악하기 시작합니다. 그와 동시에 임원인 우리도 그렇게 합니다. 그들에게 적절한 질문을 던지고 그들이 업무를 통해 발전시킨 모든 전문 역량을 이용해 프로젝트에 이의를 제기해보게 합니다."

이 방법은 효과가 있다! 그들은 뜻밖의 역할을 부여받고 이 일에 협력한다. 그들은 정치 게임에 빠지거나 '내 등을 긁어주면 나도 당신 등을 긁어줄게'라는 태도를 보일 가능성이 훨씬 낮다. 최고위 조직의 구성원들이 오늘 내가 비판한 프로젝트의 제안자가 내일 나의 프로젝트를 비판할 것이라고 우려하는 것은 당연하다.

하지만 여섯 명의 친구들은 이런 우려가 없다. 그들은 자신의 분석 능력과 사업적 판단 능력을 입증할 기회에만 초점을 맞춘다. 능력이 뛰어난 직원에게 자신을 알릴 기회를 준다는 것이 이 기법의 또 다른 이점이다. 하지만 이 기법의 주된 용도는 참석자들을 바꿈으로써 대화를 촉진하는 것이다.

기법 14: CEO의 서랍에 메모를 넣고 잠가라

특정 상황에서는 이상의 기법들을 실행하기 어렵다. 의사결정을 비밀에 부쳐야 할 경우(예컨대 대규모 기업 인수를 검토할 경우)

대화가 매우 작은 집단으로 제한될 수 있다. 하지만 집단이 더 작을수록 편향의 영향은 더 커진다. 이런 경우 최종 의사결정자가 또 다른 시간대의 자기 자신과 은밀히 대화를 나누는 것도 좋은 방법이다.

기업 인수에 따르는 도전 과제 중 하나는 흥분(이른바 거래 열병)이 의사결정자와 그의 팀원을 사로잡는 문제다. 앞서 소개한 펀드 기업에서 기업 인수 단계마다 연이어 제출된 보고서에서 문제가 해결되지도 않은 채 하나씩 사라졌던 것이 단적인 예다. 팀이 밤낮으로 일하고 협상에 빠르게 대응해야 할 때 머리를 냉정하게 유지하기는 어렵다.

'서랍 속의 메모' 기법에는 예정된 계약 체결일로부터 몇 주 전에 인수팀과 CEO가 함께 앉아서 반드시 해결해야 할 거래상의 장애 요소들을 기록하는 활동이 포함된다. CEO는 그 메모를 자신의 서랍에 넣어두고 최종 의사결정일까지 보관한다.

그날이 다가오면 CEO는 모든 필요한 전문 지식을 갖추고 전적으로 신뢰하는 사람(자기 자신)과 의사결정에 대해 대화를 나눌 수 있다. 더 정확히 말하면, 순간의 감정과 편향에 영향을 받았던 몇 주 전의 자신과 대화를 나누는 것이다. 미리 적어둔 장애 요소들에 대해 적절한 해답을 찾았는가? 그렇지 않다면 그것은 중요하지 않은 것인가? 무엇보다 얼마 전에 이 목록을 작성했던 사람은 CEO 자신이다……. 물론 이 '대화'는 진짜 대화와 똑같지는 않다. 하지만 중요한 시점에 CEO가 순간의 압력으로부터 거리를 둘 수 있게 도와준다.

최종 결정은 리더의 몫이다

의사결정 과정과 관련하여 대화라는 주제를 꺼낼 때 흔히 세 가지 우려가 생긴다. 이런 우려가 반드시 해소되어야 하는 이유는 대화의 가치를 진정으로 믿지 않으면 이런 대화 기법들이 아무런 소용이 없기 때문이다.

첫 번째 우려는 대화가 끝없는 논의로 전락하여 의사결정이 지연되고 귀중한 시간이 낭비되거나 더 심한 경우 의사결정을 내리지 못할 것이라는 두려움이다. 이것은 앞에서 간단히 언급한 '정보 과다로 인한 분석 불가능'의 위험으로 일부 조직이 이런 문제에 직면한다. 이때 리더는 해결책으로 토론을 줄이거나 심지어 없애고 싶은 마음이 들지도 모른다(소비재를 만드는 한 다국적기업은 잠시 다음과 같은 문장을 공식적인 모토로 삼았었다. "논쟁하지 말고 행동하라").

하지만 이것은 잘못된 것이다. 의사결정 속도를 개선하기 위해 의사결정의 질을 희생하는 것은 필수적이지도(그리고 충분하지도) 않다. 이 책에서 자세히 소개한 모든 대화 도구의 핵심적

특징은 대체로 매우 신속하다는 점이다. 예를 들어 한 번의 사전 실패 분석에는 대개 2분도 걸리지 않는다.

구글의 전 CEO 에릭 슈미트Eric Schmidt는 이것을 '의견 불일치와 종료 시간'이라고 부른다. 의견 불일치, 대립, 대화 과정을 체계적으로 수립한 다음, 논의를 멈추고 결정을 내리고 실행에 나설 시간을 미리 설정해놓는 것이다. 슈미트는 이렇게 묻는다. "누가 종료 시간을 정할까요? 바로 접니다. 이것이 나의 일이죠. 아니면 회의를 주재하는 누구라도 좋습니다." 슈미트가 말한다. "계속 의견이 불일치 상태로만 있다면 그건 기업이 아니라 대학이죠."

두 번째 우려는 전략적 의사결정에 관한 대화가 결국 타협에 의한 합의(별로 좋지 않은 두루뭉술한 합의)로 끝난다는 것이다. 하지만 이것은 단순한 오해다. 대화는 민주주의를 의미하지 않는다. 대화가 끝나면 의사결정자가 최종적으로 결정을 내린다. 그는 논의 결과를 경청한 뒤에 결정을 내리지만 다수의 관점을 반드시 선택해야 할 의무는 없다.

이것은 쉬운 일이 아니다. 한 임원은 대화를 끌어내는 것이 "절대 쉬운 일이 아니며, 사람들을 부드럽게 합의에 이르게 하는 것보다 훨씬 더 힘들다"고 말한다. 그런 까닭에 대화를 통해 팀을 이끌려면 경영자에게 진정한 용기가 필요하다. 종료 시간을 정하고 최종 결정을 내리는 용기는 물론, 팀의 일부가 제시한 의견에 반대하는 용기도 필요하다. 두루뭉술한 타협이 이루어진다면 그것은 대화 탓이 아니라 우유부단한 의사결정자 때문이다.

세 번째 우려는 명확한 의사결정에 따른 결과에 기인한다. 진정한 대화가 이루어졌다면 사람들은 서로 대립되는 관점을 표출했을 것이다. 일단 최종 결정이 이루어지면 소수파에 속한 사람들도 실행에 반드시 참여해야 한다. 그들은 자신이 반대했던 전략을 실행하는 것을 망설일까? 다른 관점을 분명하게 밝히지 않고 불편한 상황을 피하는 것이 더 좋았겠다고 생각할까?

경험과 연구에 따르면 실제로는 그 반대다. 모든 사람의 의견이 공평하게 경청되는 진정한 대화는 회의 참석자들에게 힘을 부여한다. 김위찬과 르네 마보아Renée Mauborgne는 이것을 '공정한 프로세스'라고 부른다.

사람들이 자신의 관점을 말할 기회를 가질 경우, 일단 최종 결정이 내려지면 모든 참석자의 동기가 떨어지는 것이 아니라 향상된다. 물론 일부 중요한 조건들이 충족되어야 한다. 이를테면 게임의 규칙이 분명해야 하고 서로 존중하는 대화를 해야하며 성실한 마음으로 경청해야 한다. 합의라는 그럴듯한 외양만 만드는 엉터리 논의는 동기부여를 없앤다. 관리자들을 가장 냉소적으로 만드는 것은 CEO가 그들의 말을 듣는 척하면서 실제로는 자신이 이미 내린 결정에 동의하기만을 바라는 경우다.

대화를 끌어내는 것은 쉬운 일이 아니다. 특히 조직이 이 일에 익숙하지 않은 경우 더욱 그렇다. 하지만 대화는 대부분의 편향과 싸우기 위한 전제조건이다. 대화는 다양한 이야기를 제시함으로써 패턴인식 편향을 방지한다. 대화는 회의적인 사람에게도 발언권을 주기 때문에 행동중심 편향을 막는다. 또한 대립적인 관점을 비교할 때 현재 상태에 이의를 제기할 수밖에 없기 때문에 대화는 관성 편향도 극복하게 해준다. 끝으로 대화가 제대로 이루어지면 집단사고를 예방할 수 있다. 이런 이유로 인해 대화는 탄탄한 의사결정 구조의 첫 번째 기둥이다.

summary

- 많은 기업에서 논쟁 없는 회의가 '잘 진행된' 회의로 여겨진다. 하지만 대화는 편향을 방지하는 필수 요소다.

- **대화를 위한 무대 설치하기:** 성공적인 회의의 요건은 인지적 다양성을 보장하고, 충분히 논의할 시간을 가지며, 명백한 의제를 정해놓고 대화를 나누는 것이다.

- **대화의 금지 규정들:** 대화에 방해가 될 수 있는 파워포인트 사용은 제한하고, 사람들을 오도하는 유추, 성급한 결론, 초기의 확정적인 의견 표출은 금지한다.

- **대화 자극하기:** 옵션과 해석을 확대함으로써 논쟁의 성격을 바꾸는 기법을 사용하라.

- **의견 불일치를 두려워하지 마라:** 최종 결정은 리더의 몫이다.

Chapter 15
다른 각도에서 바라보라

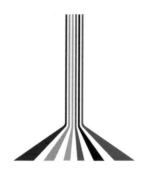

우리는 신을 믿는다.
하지만 다른 모든 사람의 주장에는 분명한 근거가 필요하다.
작자 미상

2007~2008년 서브프라임 모기지 사태가 일어났을 때, 대부분의 대형 은행들이 갑자기 타격을 받았다. 그들의 모든 모델과 분석 그리고 신용평가기관의 점수는 금융 위기를 유발한 부채가 위험하지 않다고 암시했었다. 은행들과 다른 투자자들은 거액을 잃었고 사상 유례가 없는 금융 위기가 발생했다.

물론 다가오는 위기를 내다본 사람들은 예외였다. 그중 한 사람이 마이클 베리Michael Burry(나중에 영화 〈빅쇼트〉에서 크리스천 베일Christian Bale이 그의 역할을 맡았다)였다. 그는 이 위기를 일찍부터 직감했다. 주택시장이 하락하면 근본적으로 지불 능력이 없는 대출자들은 빚을 갚을 수 없게 되고 버블이 터질 것이었다. 나중에 그는 이렇게 썼다. "워싱턴의 어느 누구도 때가 되면 주택 거품이 터지고 대형 금융기관들이 심각한 타격을 입을 것이라는 나의 결론에 관심을 갖고 귀를 기울이지 않았습니다." 2007년 그의 예상이 적중했을 때 그의 펀드는 7억 5,000만 달러를 벌어들였다. 일반적인 의견에 상반된 입장에 서서 이른바 역투자자가 되면 때로 큰 수익을 올릴 수 있다.

그런데 마이클 베리는 어떤 사람일까? 그는 대형 은행의 유명한 전략가일까? 아니면 월스트리트 증권회사의 주식 중개인일까? 전혀 그렇지 않다. 의사인 마이클 베리는 개업의를 그만두고 자신의 취미였던 주식 거래에 뛰어들었다. 그는 저축한 돈과 가족 및 친구들에게 빌린 약간의 돈으로 작은 헤지펀드 회사를 시작했다. 베리는 투자 전문가들에게는 아웃사이더다.

사실 그는 다른 면에서도 아웃사이더다. 그의 평가에 따르면 그는 반사회적이고, 아스퍼거 증후군을 앓고 있으며, 자신을 다음과 같이 소개한 개인 광고를 통해 아내를 만났다. "나는 싱글이고 외눈박이고 많은 빚을 지고 있습니다." 베리가 골드만삭스에 취업하지 못한 이유를 쉽게 알 수 있다.

다른 관점들을 발견하라

베리의 관점처럼 기존의 일반적인 생각과 상반된 '다양한' 관점들은 엄청나게 중요하다. 하지만 생각은 진공 상태에서 나오지 않는다. 많은 은행의 일부 직원들 중에는 베리처럼 서브프라임 모기지가 부실해질 것을 우려한 이들도 있었지만 아무도 그런 말을 경청하지 않았다. 그들이 베리만큼 집요하게 주장하지 않았기 때문일까? 아니면 그들의 환경이 그들의 생각을 밀고 나가지 못하게 막았기 때문일까? 결국 이 둘은 똑같은 말이다. 기업들은 대부분 다른 생각을 지닌 사람들을 달갑게 여기지 않고 도전적인 생각을 용인하지 않는다.

이것은 분명히 문제다. 우리는 앞장에서 대화가 좋은 의사결정에 필요하다는 사실을 확인했다. 하지만 대화가 똑같은 생각을 지닌 사람들 사이에서 이루어진다면 시간 낭비일 뿐이다. 상황과 기회에 대해 논의할 때 어떻게 하면 참석자들이 다른 시각을 갖게 할 수 있을까? 어떻게 하면 자연스럽게 만장일치로 기울게 하는 집단사고와 확증 편향을 극복할 수 있을까? 어떻게 하면 우리는 다른 관점에서 상황을 볼 수 있을까?

다양한 생각을 풍성하게 끌어내려면 그런 생각을 지닌 사람들을 환영해야 한다. 이것은 다양성을 키우고 도전자를 받아들이며 때로 불안을 유발하는 차이를 용인한다는 의미다.

많은 정치 리더들은 시민사회로부터 단절되지 않기 위해 다양한 아이디어를 제공하는 비형식적이고 비공식적인 조언자 네트워크를 둔다. 똑같은 맥락에서 기업 리더들은 현실과 단절되지 않기 위해 잔소리꾼, 개성이 강한 사람들, 말썽꾼들로 이루어진 비공식적인 네트워크를 만든다. 이 네트워크는 리더들에게 다양한 관점을 제공하는 역할을 한다.

비공식성이 이 역할의 핵심이기 때문에 이런 조언자들은 다양한 이름으로 불린다. 정확한 명칭은 없으며 CEO의 특별 조언자나 내부 컨설턴트로 불리기도 한다. 많은 사람이 조직 내의 공식적인 직책 이외에 추가로 이런 역할을 맡는다(보통 기업 혁신 책임자, 기술 혁신 책임자 또는 특별 프로젝트 조정자와 같은 역할을 한다). 하지만 그들의 진정한 가치는 다양한 관점을 제공하는 능력에 있다.

'다르게 생각하는' 능력과 더불어 CEO에게 말할 기회를 갖는 것이 중요하다. 엄밀히 말하면 이런 별난 사람들이 모두 괴짜는 아니다. 몇몇 침체된 기업을 살려낸 한 임원은 힘든 투쟁의 과정에서 소규모 핵심 조언자 그룹을 두게 되었다.

그가 충실한 추종자로 구성된 이 핵심 그룹을 신뢰하는 이유는 그들의 절대적인 충성심뿐만 아니라 지적 능력과 창의성 때문이기도 하다. 그는 말한다. "나의 위험은 자신을 전능하다고 생각하고 다른 사람의 말을 듣지 않는 것입니다. 나는 아무도 모르는 낯선 기업에 들어갔고 그 기업 직원들이 모두 똑같은 방식으로 생각하기 때문에 독립적인 사람들을 내 곁에 둘 필요가 있었습니다. 내가 틀렸을 때 그대로 말해줄 사람들은 그들뿐입니다."

이처럼 많은 기업 리더들이 기업 내부에 비공식적인 접촉점을 유지함으로써 다양한 관점에 접하려고 한다. 그들은 통상적으로는 접할 수 없는 기업 내 다양한 계층의 사람들과 접촉점을 만들거나 유지하면서 그들을 조언자들로 이용한다. 20년 동안 열심히 일해 기업의 최고위직에까지 오른 한 임원은 각 직위에서 함께 일한 동료들과 친밀한 관계를 유지하려고 공을 들인다. 그동안 함께 일한 동료들은 지금도 그에게 솔직하게 이야기를 들려줄 사람들이기 때문이다.

기법 16: 여과되지 않은 전문가의 의견을 구해라

다양한 관점을 얻기 위해서는 기업 밖에서도 의견을 들려줄 사람을 구해야 한다. 가장 확실한 방법은 외부 전문가를 찾는 것이다. 이 경우 문제점은 외부 전문가들의 의견이 다양하기보다는 비슷하다는 것이다.

복잡한 세금 문제가 포함된 기업 인수를 생각해보자. 컨설팅을 의뢰받은 조세 전문 변호사는 이 문제를 자세히 연구하고 인수에 따르는 위험성을 집중적으로 검토하여 위험이 현실화될 경우의 잠재적인 비용을 계산할 것이다. 그의 과제는 위험을 감수해야 할지를 판단하는 것이 아니라 위험에 주의를 기울이게 하는 것이다. 아울러 그는 나중에 발생할지 모를 문제 때문에 자신이 비난받지 않도록 주의해야 한다. 그가 상대하는 사람들은 기업의 법무팀이나 재무팀 소속 조세 전문가들이다. 그들 역시 위험을 회피하는 성향이 강하다. 많은 과정을 거쳐 전문가들의 의견이 최종적으로 CEO의 책상 위에 올라갈 때, 그 의견은 전체 권고 내용 중 하나에 지나지 않는다.

이 책을 위해 인터뷰한 CEO 중 한 명은 이런 상황을 해결하는 흥미로운 방법을 갖고 있었다. 그의 방법은 전문가와 자신 사이의 보고 체계를 없애고, 직접 전문가의 의견을 듣는 것이다. 이런 방식으로 그는 전문가의 의견을 더 깊이 들을 수 있다. CEO는 외부 조세 전문가에게 이렇게 말한다. "당신의 보고서를 읽어보았습니다. 나에게 위험을 경고해주는 것이 당신의 일이라는 것을 압니다. 하지만 나의 일은 이 위험을 감수할 만한 가치가 있는지 판단하는 것입니다. 비공식적으로 솔직히 말해주세요. 당신의 돈이라면 이 위험을 감수하겠습니까?"

물론 모든 전문가가 이런 질문에 흔쾌히 대답하지는 않을 것이다. 하지만 질문에 대답하려는 전문가들은 다른 관점(흔히 기존 관례와 다른 관점)을 가져야 한다. 그들은 모든 위험을 나열하는 전문가의 관점을 버리고 계산된 위험을 받아들이는 리더의 관점을 갖는다. 전문가의 진짜 의견은 흔히 보고서의 내용과 약간 다르다. 당연하겠지만 외부 전문가의 의견은 그와 만나는 내부자들의 관점과 늘 완벽하게 일치하지는 않는다.

기법 17: 컨설턴트에게 영향을 미칠 가능성을 줄여라

핵심적인 기술적 문제를 해결하는 전문가와 더불어, 외부 컨설턴트들은 전체 프로젝트에 다른 관점을 제시할 수 있다. 따라서 그들은 다양한 통찰의 귀중한 원천이 될 수 있다(솔직히 인정하자면, 나는 다년간 전략 컨설턴트로 일했기 때문에 이런 통찰을 제시할 때 나의 편향에서 자유롭지 못할 것이다).

하지만 내부자나 전문가와 마찬가지로, 컨설턴트들도 때로 다양성보다는 동일성과 집단사고에 한몫할 수 있다. 이런 위험을 줄이려면 보상 체계가 판단에 영향을 미치지 않는 독립적인 컨설턴트를 선택하는 것이 좋다. 거래의 성공이나 정보 시스템 설치로 대가를 받는다면 거래가 타당한지 또는 어떤 기술을 선택해야 하는지에 대해 편향되지 않은 조언을 해주기 어렵다.

이런 명백한(하지만 종종 무시되는) 원칙과 함께 컨설턴트 활용에 도움이 되는 또 다른 방법이 있다. 즉 컨설턴트에 대한 영향력을 없애는 것이다. 더 정확히 말하면 당신이 컨설턴트의 권고에 영향을 미칠 수 없는 방식으로 질문을 만드는 것이다.

한 CEO의 기업 인수 방식이 이처럼 직관에 반하는 원칙을 잘 보여준다. 일반적으로 기업들은 컨설턴트를 고용해 인수 대상 기업에 대한 실사를 맡긴다. 예컨대 인수를 고려하는 기업이 전략적으로 좋은 기업인지, 자사와 쉽게 통합될지를 확인하는 것이다. 하지만 아무리 조언자들이 독립적인 입장을 유지하려고 해도, CEO는 인수 프로젝트에 대한 자신의 신념이 조언자들에게 영향을 미칠 것임을 알고 있다. 그래서 컨설턴트들에게 인수 대상 기업에 대한 분석 대신, 해당 산업에 대한 종합적인 전망과 자사의 전략적 선택지에 대한 전반적인 관점을 제시해달라고 한다.

물론 이런 비전통적인 방법에는 더 많은 시간과 비용이 소요된다. 이 방법을 사용하면 컨설턴트들이 상당히 힘들어진다. 폐쇄적인 질문에 대답하는 대신 폭넓은 가능성을 숙고해야 하기 때문이다. 하지만 CEO는 그들의 권고 내용이 자신의 기대를 뒷받침할 경우 그것이 편향에서 자유로운 조언임을 알게 된다. 반대로 컨설턴트들이 CEO의 예상과 다른 조언을 하면 그 의견 역시 매우 귀중할 것이다.

기법 18: 외부의 이의 제기자를 임명하라

다양한 관점의 또 다른 원천은 외부의 이의 제기자다. 한 제약 대기업은 이를 전략적 계획 과정의 일부로 포함시켰다. 이 기업은 해당 연도의 가장 중요한 두세 가지 문제를 숙고할 때 '외부의 이의 제기자'에게 사업부의 계획을 비판적으로 분석하고 그 결과를 경영진에게 제시해달라고 요구한다.

이 방법은 이의 제기자가 얼마나 전문 지식을 갖추었는지와 기업이 얼마나 다양한 분야의 이의 제기자들을 활용할 수 있는지에 크게 좌우된다. 핵심적인 오피니언 리더인 의사들은 자신의 전공 분야나 치료 분야의 발전에 대해 견해를 제시할 수 있다. 퇴직한 경영자는 민감한 조직 변화에 대해 조언할 수 있다. 기업이 투자한 스타트업의 책임자는 해당 산업의 최첨단 기술에 대해 새로운 관점을 제시할 수 있다.

이의 제기자들은 이사들이 그렇듯이 자신의 일에 대해 보상을 받지만, 대체로 돈으로 직접 받지는 않는다(흔히 그들이 선정한 자선기관으로 보내진다). 그들이 이런 일을 하는 이유는 자신의 관심 분야에 대한 지적 도전을 하고 자신의 결론을 세계적 기업의 고위 경영진에게 제시할 기회를 얻기 때문이다.

이런 과정을 거친 끝에 사업부의 전략 계획은 대개 이의 제기자의 제안을 받아들이는 방향으로 내용이 수정된다. 다른 측면에서 보면 경영진과 이의 제기자는 서로 의견이 다르다는 점에 동의하는 셈이다. 이를 통해 고위 경영진은 같은 사안에 대해 다른 두 가지 관점을 들을 기회를 얻는다.

기법 19: 반대자 역할을 하는 레드팀 또는 전쟁 게임을 만들어라

다양성을 높이는 훨씬 더 급진적인 방법은 다양성을 의무화하는 것이다. 두 번째 의견을 제시하고 첫 번째 의견과의 차이점을 확인하는 대신 다른 팀에 계획적으로 반대 의견을 준비하게 할 수 있다. 첫 번째 의견을 제안하는 팀을 '블루팀'이라고 하고 반대 의견을 준비하는 팀을 '레드팀'이라고 한다.

요컨대, 레드팀은 강력한 악마의 변호인인 셈이다. 레드팀은 한 개인의 비판적인 사고력과 수사력에 의지하는 대신 독립적인 사실 확인과 분석을 할 수 있다. 이 방법의 장점은 최종 의사결정자가 똑같이 면밀하게 검토된 관점을 경청한 뒤 자신의 의견을 제시할 수 있다는 것이다. 최종 의사결정자는 판사의 입장에서 각각 최선을 다해 조사를 하고 증거를 수집한 변호사와 검사의 주장을 듣는다.

이런 이중적인 노력에는 그만큼의 비용이 소요된다. 일반적인 의사결정에 매번 두 팀을 투입하는 것은 경제적으로 비합리적이다. 게다가 블루팀과 레드팀 사이에 필연적으로 긴장이 유발된다. 따라서 이런 접근방식은 매우 위험한 의사결정을 내릴 경우에만 타당하다. 이 방법이 증거에 대한 잘못된 해석으로 비극적인 결과가 초래될 수도 있는 군사기관과 정보기관에서 시작된 것은 어쩌면 당연한 일이다.

이런 기법의 변형된 형태로는 전쟁 게임war game이라는 것이 있다. 이때는 레드팀이 상대방의 반응을 예상하는 역할을 맡는다. 일부 기업들은 전쟁 게임을 이용해 경쟁 기업의 반응을 예상한다. 그리고 경쟁자 무시(4장에서 언급했던 클로록스에 대한 P&G의 공격에서 잘 드러났다)라는 함정을 극복한다.

레드팀의 또 다른 활용법은 이익 편향의 효과를 상쇄하는 것이다. 워런 버핏은 기업 인수 제안서를 검토할 때 특히 스톡 스왑stock swap(자사 주식과 인수 대상 기업의 주식 교환에 의한 인수-옮긴이)이 관련될 경우(평가가 더 복잡해진다) 이 방법의 변형된 형태를 추천한다. 버핏에 따르면 "이사들이 자문기관(즉 투자 은행)의 의견을 들을 때, 합리적이고 균형 잡힌 논의를 하는 방법은 오로지 하나밖에 없는 것처럼 보인다. 이사들이 두 번째 자문기관을 고용해 인수 제안서에 반대하는 주장을 하게 하고, 아울러 인수 거래가 성사되지 않을 경우에만 자문료를 지급하는 것이다."

버핏은 이렇게 말한다. "이발이 필요할 때 한 명의 이발사에게만 물어보지 마라." 그의 조언은 훨씬 더 흥미롭다. 이발이 필요한지 알고 싶다면 두 명의 이발사에게 물어보라. 그리고 그들에게 당신이 원하는 대답을 말해줘라!

기법 20: 집단의 지혜를 활용하라

마지막으로 앞의 기법들만큼 다양한 관점을 발견할 중요한 기법이 있지만 기업들은 이 방법을 거의 사용하지 않는다. 바로 자사 직원들에게 자문을 구하는 것이다. 1907년 통계학자 프랜시스 갈튼Francis Galton은 '집단의 지혜'라는 역설적 현상을 입증했다. 그는 한 집단의 평균 추정치가 집단 내 대다수 개인의 추정치보다 더 정확하다는 점을 밝혀냈다. 개인들이 특정 편향을 공유하지 않고, 따라서 그들의 실수가 상관관계가 없다면 그들은 서로를 상쇄한다. 집단의 소리는 놀라울 정도로 명료할 수 있다.

적절한 '집단'의 평균 추정치가 좋은 추정치를 제공한다. 많은 기법이 '올바른' 집단을 선택하여 더욱 정교한 방식으로 예측치를 결합함으로써 이 방법을 더욱 발전시킨다. 한 가지 기법은 예측 시장prediction market을 만드는 것이다. 단순한 추정 대신, 예측 시장의 참가자들은 미래 사건의 가치에 따라 계약을 맺는다.

예컨대 경쟁사가 새로운 생산 시설을 세울지 궁금하다고 가정하자. 당신의 예측 시장은 경쟁사가 특정 날짜까지 시설 증설을 발표하면 1달러를 지급하고, 그렇지 않으면 돈을 지급하지 않는 계약을 체결할 수 있다. 시장 균형가격은 예측 시장 참가자들이 믿는 미래의 사건 발생 확률이다.

예를 들어 계약이 70센트로 체결된다면 시장 참가자들은 경쟁사가 시설을 증설할 가능성이 70퍼센트라고 집단적으로 믿는다는 뜻이다. 새로운 정보가 있을 경우 거래자들은 그것을 감안할 것이다. 경쟁사가 실망스러운 분기 실적을 발표할 경우 이로 인해 시설 증설 가능성이 낮다고 생각한 시장 참가자들은 계약 증서를 팔게 되고, 그러면 가격이 내려갈 것이다. 새로운 균형가격은 시장 참가자들이 베팅하는 금액에 의해 조정된 새로운 총 확률을 반영할 것이다.

일부 기업들은 제품 출시를 준비할 때 집단의 지혜를 이용하여 신뢰할 만한 예측치를 얻는다. 당연히도 판매 직원들은 매출 예상액을 추정할 수 있는 가장 좋은 위치에 있다. 그들이 추정한 총액은 매우 믿을 만한 지표가 될 수 있다.

집단의 지혜를 활용하는 방식에는 중요한 약점이 있다(이 방법이 널리 알려져 있고 효과가 상당히 좋은데도 더 널리 이용되지 않는 주요 이유다). 바로 투명성이다. 판매 직원들의 추정치를 모두 합산한 예측치는 그들이 직접 확인할 수 있기 때문에 자기 암시적 예언이 될 가능성이 있다.

이 예측치가 낙관적이면 분명히 사기가 진작될 것이다. 예측치가 비관적이더라도 괜찮다. 무엇보다도 판매 직원들의 절대 다수가 신상품이 형편없다고 생각한다면, 제품 출시를 재고할 여지가 생기기 때문이다. 하지만 예측치가 애매한 수준이라면 어떻게 될까? 반신반의하는 판매 직원이 신제품의 상품성에 대해 의구심을 갖는 사람이 자기만이 아니라는 사실을 알게 되면 더욱 낙심하지 않을까? 이로 인해 적당히 성공 가능성이 있는 신제품 출시에 먹구름이 드리운다면 당신은 위험을 감수하고 싶지 않을 것이다.

집단의 지혜를 의사결정이 아니라 아이디어를 제시하고 평가하는 목적으로 사용한다면 덜 위험하다. 예컨대 전략 계획, 기업 혁신, 기술 혁신을 촉진하는 활동의 초기 단계가 여기에 해당한다. 과거에는 많은 직원의 두뇌를 활용하는 것이 비현실적이었지만, 과학기술 덕분에 막대한 양의 정성적 의견을 매년 점점 더 효과적으로 처리할 수 있게 되었다. 이것은 현장의 다양한 의견을 모으는 주요한 방법이 될 것이다.

편향으로 편향을 막아라

다양한 관점을 끌어내는 방법 중에 세 가지가 가장 강력한 편향들에 맞서는 데 특히 효과적이다. 이들의 공통적인 특징은 불로써 불을 끄듯이 편향의 힘으로 편향에 대응하는 것이다.

기법 21: 기준점 효과에 기준점 효과로 맞서라

5장에서 자원배분의 관성을 극복하기가 얼마나 어려운지 살펴보았다. 이 관성은 주로 과거 숫자의 기준점 효과 때문에 발생하며 기업들이 자원을 과감하게 재배분하지 못하게 한다. 기준점 효과는 무의식적으로 발생하는 탓에 우리가 거의 대응할 수 없다. 기준점 효과와 싸우려면 반대 방향으로 끌어당기는 다른 기준점이 필요하다. 바로 재기준점re-anchoring이다.

재기준점 설정을 예산 수립 과정의 일부로 채택한 대기업들은 다양하게 변형된 기법들을 이용하지만 그 원리는 항상 동일하다. 먼저 예산 배정이 '기계적으로' 이루어질 경우 어떻게 될지를 보여주는 단순한 모델이 필요하다. 이 모델은 각 사업 단위의 전략적 장점을 평가해줄 몇 가지 기준(시장 규모, 성장, 수익성 등)에 기초한다. 하지만 이 모델은 과거에 각 사업 단위에 배분된 자원량은 고려하지 않는다. 이 모델은 이런 자료들(비록 충분하지 않지만)을 이용하여 '흠결 없는' 자원배분량을 제안한다. 이전 연도의 수치를 무시한 배분량이다.

실제 자원을 배분할 때 이런 단순한 모델을 사용할 수는 없다. 하지만 이것은 논의의 조건을 바꾼다. 지난해의 마케팅 예산이 100달러였다면 다음해의 예산도 비슷한 수준(90달러에서 110달러 사이)에서 논의될 것이다. 하지만 이 모델이 43달러를 제안한다면 어떨까? 물론 아무도 이 수치를 실제로 사용하지는 않을 것이다. 아마 100달러의 예산을 유지하거나 증액할 타당한 이유가 있을지도 모른다. 그렇다면 그 이유는 무엇일까?

이제 우리는 이 모델이 없었다면 제기되지 않았을 질문을 던져야 한다. 논쟁이 하나가 아니라 두 개의 숫자를 '기준점' 삼아 이루어지기 때문에 아주 다른 분위기를 띠게 된다.

원칙적으로 이 모델이 제안한 자원배분의 규모는 과거의 수치와 완전히 달라서는 안 된다. 과거의 수치가 전체 전략과 비교적 일치하고 이 전략이 이 모델이 사용한 기준에 반영되었으며 이 모델이 올바르게 조정되었다고 가정한다면, 이 모델의 수치와 과거의 수치는 대략 일치해야 한다. 수치에 대해 이야기하면서 몇 시간을 보내는 것은 그다지 큰 의미가 없다. 토론을 통해 수치가 크게 변경되지는 않을 것이다. 이전 예산과 모델 추정치가 근본적으로 차이가 나는 사업 단위에 대해 더 많은 시간을 투자하는 편이 더 나을 것이다. 재기준점의 두 번째 이점은 경영진이 예산을 깊이 검토할 필요가 있는 사업 단위에 시간을 집중할 수 있다는 점이다.

기법 22: 다수의 유추를 이용해 확증 편향과 싸워라

재기준점 설정으로 기준점 효과를 극복하듯이, 은연중에 우리를 오도하는 유추를 받아들이게 하는 확증 편향은 다수의 유추를 통해 억제할 수 있다. 이 방법은 우리 마음에 떠오르는 첫 번째 유추에 맞서 다른 대안이나 균형추를 제공하는 여러 가지 유추를 찾는 것이다. 이런 유추는 보통 개인적 경험이나 기억에 깊이 각인된 상황에 기초한다.

다수의 유추를 떠올리는 것은 생각보다 어렵지 않다. 예컨대 이라크 전쟁 때 미군의 전략 분석가 칼레브 셉Kalev Sepp은 그곳에 주둔한 모든 미군 장교가 베트남 전쟁을 중요한 모델로 삼고 있다는 것을 금세 깨달았다. 그는 베트남이 흥미로운 비교 대상이라고 생각하면서도 다른 비교 대상을 찾아보았다. 미군이 성공과 실패에 관한 교훈을 이끌어낼 만한 다른 대게릴라전 사례들은 없을까? 며칠 뒤 그는 24가지 비교 대상 목록을 작성했고 각각의 사례는 적어도 베트남전만큼 유사성이 있었다. 다수의 유추를 사용하면 우리의 마음이 열리고 처음 머릿속에 떠오른 지배적인 유추에 저항할 수 있다.

기법 23: 현상유지 편향을 극복하려면 기본 전제를 바꿔라

기준점이 자원 재배분을 방해하듯이, 현상유지 편향은 기업이 자신의 선택지에 의문을 갖지 못하게 한다. 예를 들어 그들이 매각해야 하는 사업을 계속 고수하게 만든다. 다시 말하지만 불은 불로 끌 수 있다. 이를 위해선 현상유지에 맞서는 것이 특별한 노력이 필요한 선택이 아니라 기본적인 선택이 되어야 한다. 당신은 통상적인 업무 절차에 이의를 제기하는 통상적인 절차를 만들 수 있다.

사업을 다각화한 한 대기업이 이런 원칙을 채택해왔다. 이 기업은 정기적으로 모든 사업부의 포트폴리오를 체계적으로 검토한다(매년 또는 2년마다). 이때 그들은 단순한 질문을 던진다. 당신 회사에 이 사업부가 없다면 오늘 당장 사들일 것인가?

이것은 전통적인 전략 검토와 매우 다르다. 전통적 전략 검토의 경우 임원들이 사업부의 성과를 검토하고 해당 사업부 책임자에게 이의를 제기하며 성장 잠재력을 찾으려고 노력한다. 이런 검토는 해당 사업부가 기업의 포트폴리오 안에 적절하게 배치되어 있다는 무언의 전제 아래 이루어진다. 포트폴리오 검토는 해당 사업부에 입증 책임을 떠넘긴다. 즉 각 사업부는 자신들이 존재해야 할 정당성을 입증해줄 가치 창출 계획을 제시해야 한다. 그러지 못하면 매각 이야기가 즉시 제기된다.

또 다른 기업은 이 원칙을 인사 업무에 적용한다. 이 기업의 CEO는 매년 선임 관리자와 임원을 재고용할지 결정하기 위해 인재 검토를 한다고 했다. 이런 검토를 통해 해답을 찾고자 하는 핵심 질문은 이렇다. 우리의 성과와 향후 성장 잠재력에 미칠 영향을 고려하여 오늘 이 사람을 고용하겠는가?

물론 이런 예들은 특별한 것이다. 우선 모든 기업이 다각화한 그룹의 재무적 논리에 따라 포트폴리오를 검토할 수도 없고 그렇게 해서도 안 될 것이다. 또한 두 번째 사례에서 드러나는 과감한 인사 철학은 받아들이는 기업이 훨씬 더 적다. 하지만 현재 상태에 이의를 제기해야 하는 곳이라면 그 목적에 맞는 통상적인 업무 절차를 도입해야 한다.

진실을 찾고 바르게 해석하라

다양한 관점은 반드시 필요하지만 결국 선택과 합의의 시간이 다가온다. 다양한 의견을 듣고 외부의 이의 제기를 권장하여 다양한 논의를 거쳤다면, 이제 어느 관점이 옳은지 어떻게 결정해야 할까?

물론 선택은 사실에 근거해야 한다. 상원의원 대니얼 패트릭 모이니한Daniel Patric Moynihan은 이런 말을 했다. "모든 사람이 자신의 의견을 말할 자격이 있지만 그 의견이 모두 사실은 아니다." 진실을 찾고 이를 바르게 해석하는 방법은 이 책의 범위를 벗어나는 방대한 주제지만, 비교적 간단한 5가지 규칙이 도움이된다. 이 규칙들은 모두 편향을 극복하는 데 유용하지만 의사결정자들은 대부분 이것을 충분히 이용하지 않는다.

기법 24: 반복적인 의사결정을 할 때는 표준화된 체계를 이용하라

첫 번째 통상적인 체계는 체크리스트와 동일한 원칙에 기초한다. 의사결정을 내려야 할 때 고려해야 할 기준을 나열한 체계를 만드는 것이다. 표준화된 의사결정 체계를 정하고 지키는 것은 다양한 견해가 모두 제시된 다음 논의의 초점을 기본적인 내용으로 되돌리는 효과적인 방법이다.

처음에는 이런 아이디어가 충격적으로 들릴지도 모른다. 고려

중인 의사결정이 중요한 내용일 경우 특히 그렇다. 우리는 자신의 의사결정이 매우 특별해서 기존 체계나 체크리스트를 적용할 수 없다고 생각하는 경향이 있다. 아툴 가완디는 체크리스트를 만들고 따르는 것이 "우리 가운데 진정 위대한 사람들이 매우 위험하고 복잡한 상황을 다루어야 한다는 깊은 신념과 어긋난다고 은연중에 느낀다"고 말했다.

하지만 체계를 이용하는 것은 복잡한 결정을 확인란에 체크하는 통상적인 과정으로 바꾼다는 의미가 아니다. 다만 많은 의사결정이 당사자에게는 특별한 것처럼 보인다 해도 이미 알려진 범주에 속하며, 각 범주는 의사결정 체계와 연결될 수 있다는 점을 인정하는 것뿐이다. 제약회사의 경우 연구개발 프로젝트가 개발 단계에서 다음 단계로 넘어가기 위해 어떤 기준을 충족시켜야 하는지를 이미 알고 있다. 벤처캐피털 자산운용사도 모든 투자제안서가 대답해야 할 핵심 질문을 이미 알고 있다.

이런 의사결정 체계는 토론과 결정의 기초가 된다. 물론 리더는 이 체계를 사용하지 않을 수도 있다. 어떤 결정은 정말 예외적일 수도 있다. 하지만 그런 경우에도 의사결정 체계가 있다는 것만으로 특정 의사결정이 완전히 예외적인 이유를 토론하게 된다.

많은 기업이 의사결정 체계를 체크리스트 대신 프레젠테이션(각 유형의 의사결정과 관련된 기준이 포함된다)으로 형식화한다. 예를 들어 한 CEO는 아주 세부적인 사항에 이르기까지 표준화된 투자 제안 형식을 만들었다. 그에게 이것은 한 가지 유형의 위험을 막는 방법이다. 프로젝트를 제안한 사람이 자신의 스토리텔링을 뒷받침하는 내용은 제시하면서도 불리한 내용은 무시하거나 경시하는 위험 말이다.

어떤 사람들은 의사결정 체계를 정하고, 의사결정 규칙을 공식화하고, 일정한 형식을 만드는 것이 부정적인 효과를 낼까봐 걱정한다. 그들은 이런 도구를 사용하면 논의가 위축되고, 독창적인 논쟁의 가능성을 없애며, 궁극적으로 위험 감수 기회가 박탈될까봐 두려워한다. 이런 우려는 타당하다. 일부 기업에서는 의사결정 체계와 체크리스트가 경영 관련 의사결정을 위한 보조 도구가 아니라 대체 도구로 사용되기 때문이다. 일부 관료적인 조직에서는 논쟁을 억제하는 방법으로 활용된다. 의사결정 회의가 단순히 제안서를 대충 훑어보는 자리로 이용된다면 잘 정립된 의사결정 체계도 별 도움이 되지 못할 것이다.

하지만 훌륭한 의사결정 체계는 실질적인 대화와 다양한 생각을 소중하게 여기는 기업에서 이 책에 소개한 다른 기법들과 함께 사용할 경우 정반대의 결과를 낳는다. 앞서 언급한 CEO(그리고 다른 많은 CEO)가 발견했듯이 일반적인 의사결정 체계는 대화를 방해하지 않는다. 오히려 대화를 가능하게 한다.

형식을 지키는 것은 프로젝트 책임자들이 사실을 선택적으로 제시하여 위험을 최소화하거나 현실을 왜곡하는 것을 막아준다. 또한 의사결정 회의에 기본 자료가 더 신속하게 전달되어 자유로운 토론 시간을 갖게 해준다. 참석자들은 필수적인 사실 확인 단계를 건너뛰고 자유롭게 자신의 관점을 말하면서 진정한 대화를 나눈다. 그들이 동일한 사실들에 동의했기 때문에 성과 있는 대화를 나눌 수 있는 것이다. 결국 CEO가 위험한 의사결정을 내린다. 프로젝트에 수반된 위험 수준을 모르기 때문이 아니라 이를 감수할 가치가 있다고 판단했기 때문이다.

기법 25: 특별한 의사결정을 할 때는 기준을 미리 정하라

사전에 정해둔 의사결정 체계와 형식은 반복적인 의사결정에만 사용할 수 있다. 대대적인 구조조정이나 거대한 합병과 같이 평생 한 번뿐인 특별한 선택에는 미리 만들어둔 체크리스트를 이용할 수 없다. 하지만 이런 특별한 의사결정에도 똑같은 논리를 적용함으로써 이점을 얻을 수 있다.

반복적인 의사결정과 마찬가지로, 특별한 의사결정이 회피해야 할 위험은 직관과 확증 편향에 과도하게 의존할 때 발생하는 스토리텔링의 함정이다. 앞서 보았듯이 좋은 이야기의 힘 때문에 의사결정자는 특정 고려 사항에 지나치게 가중치를 두고 다른 요소들에는 소홀할 수 있다. 하지만 비록 효과를 보기 쉽지 않지만 해결책은 있다. 최종 결정을 내리기 훨씬 전에 미리 의사결정 기준을 분명하게 정해놓는 것이다.

어떤 가족 기업의 부사장은 CEO의 결정 과정을 지켜보면서 이 방법의 힘을 알게 되었다. 부사장은 두 기업의 경영진 사이에서 기나긴 협상을 마치고 해외 기업과의 인수 계약을 곧 체결할 예정이었다. 그런데 놀랍게도 CEO가 마지막 순간에 인수합의서를 승인하지 않았다. 협상을 시작할 때부터 그는 다음과 같은 내용이 포함된 의사결정 기준을 만들어두었다. "우리 회사와 인수 대상 기업의 경영진이 거래를 성사시키기 위해 긴밀히 협력할 수 있는가?"

CEO는 협상 단계에서 두 회사의 경영진이 교섭하는 모습을 지켜보고 그것을 기준으로 기업 인수 문제를 결정할 것이라는 사실을 부사장에게 일부러 말하지 않았다. 그러니 CEO의 마지막 결정과 그에 대한 뜬금없는 해명을 듣고 부사장이 얼마나 놀라고 좌절했겠는가.

하지만 나중에 팽팽한 협상 과정을 돌아보고 나서 그는 CEO의 결정이 현명했으며 두 회사의 통합이 예상보다 훨씬 더 어려웠을 것이라고 인정했다. CEO는 자신이 미리 정해둔 기준을 참고함으로써 협상의 역학관계와 거리를 유지할 수 있었다.

기법 26: 핵심 가정에 대해 '부하검사'를 실시하라

의사결정 체계와 기준이 있음에도 의사결정에 어느 정도는 계량분석이 사용된다. 물론 이 분석의 수준과 깊이는 매우 중요하다. 대부분의 기업이 똑같은 분석 도구를 이용하지만 수준은 상당히 다르다. 최고의 기업들은 분석의 가정을 조사하고 '부하검사'에 시간을 들인다. 제안서를 준비할 때뿐만 아니라 의사결정위원회에서도.

예컨대 투자 제안을 숙고할 때 일반적인 방법은 '최악의 경우'를 포함하여 다수의 시나리오를 만드는 것이다. 계획에 대한 부하검사에는 타당한 방법이다. 하지만 이것은 거짓된 위안을 제공하여 역효과를 낼 수도 있다. 이런 일은 '최악의 시나리오'가 전혀 최악의 시나리오가 아니라 기본 시나리오가 조금 악화된 상태인 경우에 발생한다. 계획의 가정에 대한 부하검사는 단순히 가장 분명한 변수들을 약간 수정하는 정도여서는 안 된다. 여기에는 기본 시나리오의 가정에 대한 철저한 이의 제기가 포함되어야 한다.

한 CEO는 급격히 침체하는 시장에서 곤경을 겪는 회사를 인수하려고 했다. 위험한 도박이었기에 그는 일련의 시나리오를 만들었지만 모두 비관적이었다. 최악의 시나리오에 따르면 인수 다음해에 매출액이 40퍼센트 감소할 것으로 예상됐다. 하지만 나중에 결정적인 것으로 드러난 한 가지 요소가 그의 모델에 포함되지 않았다. 바로 반독점 당국이 인수 거래를 승인하기까지 걸리는 시간이었다. 이 시간은 CEO가 암묵적으로 예상했던 것보다 훨씬 더 길었다. 매출액이 최악의 시나리오가 예상했던 수준으로 감소했다는 점을 고려할 때, 승인이 6개월 지연되면 매출액은 추가로 20퍼센트 더 하락할 것이었다. 결국 이 거래로 많은 손실이 발생했다.

기법 27: 참조집단을 찾아 외부인의 관점을 확보하라

4장에서 계획 오류의 위험, 더 나아가 지나치게 낙관적인 예측의 위험을 살펴보았다. 이런 편향을 극복하는 원칙은 대니얼 카너먼이 《생각에 관한 생각》에서 설명한 외부인의 관점outside view이다. 이것을 실제로 적용하는 방법은 참조집단 예측reference class forecasting이다.

이를 자세히 살펴보기 전에 먼저 프로젝트의 일정표와 예산을 일반적으로 어떻게 계획하는지 생각해보자. 당신이 책임자라면 모든 프로젝트 단계와 비용에 대해 계획을 수립하고 그것을 모두 합산할 것이다. 물론 계획의 안정성을 위해 여유분도 포함시킬 것이다. 이것은 내부자의 관점inside view이다. 이 과정은 당신이 프로젝트에 대해 알고 있는 것에서부터 시작된다. 예컨대 당신이 2024년 파리 올림픽을 준비하는 책임자라면 예산을 통제할 수 있다고 확신할 것이다. 2016년 프랑스 체육부 장관은 이렇게 설명했다. "비용이 갑자기 늘어날 이유는 전혀 없습니다."

이제 외부자의 관점이 당신에게 무슨 이야기를 들려주는지 생각해보라. 외부자의 관점을 갖는다는 것은 이 프로젝트를 많은 유사 프로젝트 중 하나로 간주한다는 뜻이다. 참조집단이라는 비교 가능한 프로젝트 집단이 비슷한 프로젝트에 필요했던 일정표와 예산에 관한 통계적 정보를 제공한다.

2024년 파리 올림픽의 경우 가장 자연스러운 참조집단은 당연히 과거의 올림픽 게임이다. 옥스퍼드대학 벤트 플뤼비아와 그의 동료 앨리슨 스튜어트_Alison Stewart 는 1960년부터 2012년까지의 올림픽 경기에 관한 자료를 분석한 결과, 모든 올림픽 경기가 예산 초과였다는 점을 밝혀냈다. 평균 초과 예산은 명목 기준 324퍼센트였다(또는 인플레이션을 고려하면 179퍼센트였다). 이런 사실을 아는 상황에서, 만약 당신이 2024년 파리 올림픽이 초기 예산 내에서 개최할 수 있을지를 놓고 내기를 한다면 어느 쪽에 걸겠는가?

내부자의 관점과 외부자의 관점이 항상 이렇게 현저하게 불일치하는 것은 아니다. 하지만 외부자의 관점은 대체로 내부자의 시각보다 신뢰할 만하다. 역설적이게도 프로젝트의 고유한 특징들을 무시하는 편이 추정치가 더 낫다. 정보가 부족할 때 정확성이 더 높은 이유는 확증 편향과 과도한 낙관주의가 억제되기 때문이다. 영국의 재무부와 교통부는 모든 대규모 사회간접자본 건설에 사용하는 예측 방법에 참조집단 예측을 반드시 포함시킨다.

영국의 경제학자인 존 메이너드 케인스John Maynard Keynes는 의견을 바꾼 것 때문에 종종 비판을 받았다. 그는 이렇게 반박했다고 한다. "사실이 바뀌면 나는 생각을 바꿉니다. 당신은 어떻습니까?"

이말은 근본적인 문제를 단적으로 보여준다. 의사결정 과정에서 우리는 계속 새로운 사실을 발견한다. 우리는 당연히 그것을 고려해야 한다. 하지만 얼마나 고려해야 할까? 언제 우리는 중요한 정보를 새로 발견하고 자신의 입장을 재고할까? 새로운 자료가 나올 때마다 입장을 바꾸고 싶은 사람은 없겠지만 고집쟁이처럼 완고한 것도 좋지 않다.

다행히 이런 판단을 도와줄 도구가 있다. 바로 베이즈Thomas Bayes의 조건부확률 정리다. 자신의 판단을 계량적으로 표현하는 것, 즉 확률에 동의한다는 조건하에 베이즈의 정리는 새로운 사실에 비추어 정확히 얼마나 이 확률을 수정해야 하는지 알려준다. 여기서는 8장에서 제시한 단순한 사례(투자위원회는 집단사고와 정보 폭포의 함정을 피하면서 미래 투자에 대한 결정을 내려야 한다)에 이 이론을 적용해보려고 한다.

당신이 이 위원회에 앉아 있다고 가정해보자. 논의 중인 투자 기회를 신중하게 숙고한 후 당신은 그 투자가 매력이 없다고 결론을 내렸다. 하지만 첫 번째 위원이 반대한다. 그는 투자에 찬성한다. 당신은 입장을 바꾸어야 할까?

직관은 그 대답이 두 가지 요인에 좌우된다고 암시한다. 첫째, 당신이 처음 확신한 강도, 즉 당신의 판단이 옳을 사전확률prior probability은 얼마인가? 당신이 검토 중인 투자가 나쁜 투자라고 60퍼센트 확신할 때보다는 99퍼센트 확신할 때 마음을 바꿀 가능성이 낮을 것이다. 둘째, 동료들의 신뢰도가 어느 정도인가? 당연히 그의 판단 수준(당신이 추정한 수준) 역시 당신이 생각을 바꿀지에 영향을 미친다. 그의 판단이 대체로 신뢰할 수 없다고 생각되면 당신은 자신의 직감을 고수할 것이다. 하지만 그가 사실상 실수를 하지 않는 사람이라고 생각할 경우 당신은 마음을 바꾸어 그의 편에 설 가능성이 훨씬 더 높아진다.•

의사결정자는 베이즈 정리를 이용해 사후확률posterior probability을 계산함으로써 이런 직관을 계량화할 수 있다. 사후확률이란 새로운 정보를 고려하여 적절한 가중치를 부여한 다음 조정한 판단에 대한 신뢰 수준을 말한다. 우리의 예에서 당신의 첫 판단에 대한 신뢰도가 매우 높다고 가정해보자. 당신은 투자가 수익성이 있을 확률이 33퍼센트라고 생각한다.

하지만 당신은 동료를 매우 높이 평가한다. 당신의 추정에 따

• 더 자세히 말하면, 당신은 그가 서로 상반된 두 방향에서 실수할 가능성을 생각해볼 필요가 있다. 예를 들어 그가 매우 신중한 사람이라고 생각한다면 당신은 그가 나쁜 투자를 추천하는 것은 매우 이례적인 일이라고 예상할 수 있다―그가 좋은 투자를 놓치는 것은 이례적이지 않다. 달리 말하면, 당신은 그의 '거짓 양성'과 '거짓 음성'의 빈도를 각각 추정해야 한다. 이 예에서 우리는 그의 신뢰도가 두 방향에서 동일하다고 단순화시켜 가정한다.

르면 그의 판단이 옳을 확률은 80퍼센트다. 베이즈의 정리에 따르면 당신은 의견을 과감하게 바꾸어야 한다. 이 수치들을 계산해보면 투자가 매력적일 사후확률은 67퍼센트다. 다시 말해, 새로운 정보에 근거할 때 투자 성과가 좋을 것이라는 당신의 추정 확률은 3분의 1에서 3분의 2로 올라간다. 당신이 투자를 결정하기에 이 신뢰 수준이 충분하다면 당신은 생각을 바꾸어야 한다.

당신의 추측을 계량화하고 베이즈 정리를 이용하면 자신의 생각을 바꾸기 위해 이 수치가 얼마나 달라져야 하는지 알 수 있다. 이 예에서 당신이 추정하는, 동료가 옳을 확률이 '단지' 70퍼센트라면 투자가 매력적일 사후확률은 50퍼센트 정도에 불과하다. 당신의 첫 신뢰 수준인 33퍼센트보다는 높지만 당신이 투자에 찬성하기에는 충분하지 않은 수치다.

당신의 첫 신념의 강도 역시 상당히 중요하다. 예컨대 이 투자가 좋다는 당신의 사전확률 추정치가 (33퍼센트가 아니라) 20퍼센트라면, 동료의 의견(80퍼센트 신뢰할 수 있다고 가정할 때)은 당신에게 50퍼센트의 사후확률을 제공할 것이다. 이것은 당신의 신념을 바꿀 때 영향을 미치는 두 가지 핵심 매개 변수다. 당신이 새로운 정보에 부여하는 가치는 자신의 사전 판단에 대한 신뢰도와 새로운 정보에 대한 가치 판단에 좌우된다.

신념을 확률로 표현하는 것이 유용하긴 하지만 지나치게 단순화된 측면도 있다. 위 사례와 같은 경우 신념을 계량화하는 것이 좋다. 하지만 의견이 얼마나 불일치하는지 알려면 앞서 언급한 대화 기법들을 이용하는 것이 훨씬 더 좋다. 예컨대 동료의 관점이 단순히 동일한 자료에 대한 해석의 차이보다는 당신이 간과했던 사실에 기초한다고 하자. 아마도 동료의 의견이 당신에게 훨씬 더 설득력 있게 다가올 것이다.

그럼에도 베이즈 정리를 이용하여 당신의 신념을 바꾸는 것은 불확실성이 큰 상황에서 상당히 중요한 일이다. 통계전문가인 네이트 실버Nate Silver는《신호와 소음》에서 이 정리의 실제적인 적용 사례들을 많이 소개한다(그리고 이 정리를 이용하고 싶은 사람들에게 소중한 안내 지침을 제시한다).

3장에서 언급된 심리학자 필립 테틀록도 추가적인 자료를 제시한다. 테틀록과 그의 동료들은 미국 정보기관의 정치적 예측과 군사적 예측의 정확성을 개선하기 위한 다년간의 프로젝트를 진행했다. 그들은 '슈퍼 예측자superforecaster', 즉 직업적인 전문 분석가들보다 신뢰도가 높은 예측을 하는 아마추어들을 발견했다. 슈퍼 예측자들의 몇 가지 독특한 특징 중의 하나는 새로운 정보에 따라 자신의 신념을 바꾸려는 의지였다. 과잉반응이나 미온적인 반응을 피하고 베이즈 정리에 따라서 말이다.

겸손한 태도를 추구하라

마지막 요소는 다양한 관점들을 용인하면서도 그런 관점 때문에 우리가 엉뚱한 길로 가는 것을 막기 위해 반드시 필요한 것이다. 그것은 바로 힘든 결정 앞에서 건전한 수준의 겸손한 태도를 갖는 것이다. 물론 겸손은 실천이 어렵다. 하지만 우리는 겸손을 도덕적인 사람들의 고유한 특성으로 치부해버리는 대신 겸손한 태도를 기르려고 노력할 수 있다.

미국에서 가장 오래된 벤처캐피털 기업 중 하나인 베세머벤처파트너스Bessemer Venture Partners는 이런 원칙의 필요성을 잘 보여준다. 이 기업의 웹사이트에는 이 기업이 잘못된 판단으로 놓쳐버린 투자 사업을 모두 나열한 '반포트폴리오anti-portfolio'가 나와 있다.

이 목록에는 애플 같은 대규모 투자도 포함되어 있다. 한 베세머 임원은 애플 주식이 '터무니없이 비싸다'는 이유로 투자를 반대했다. 페이팔Pay Pal, 인텔Intel, 구글 역시 이 목록에 올라 있다. 이런 목록(이후 많은 펀드 기업이 따라했다)이 공개적인 자학처럼 보일지도 모른다. 하지만 이것은 투자 결정이 복잡하고 어렵다는 것을 일깨워준다.

아울러 이것은 오류의 방향이 중요하다는 사실을 상기시켜준다. 많은 분야에서 소극적 행동의 오류errors of omission보다 적극적 행동의 오류errors of commission를 피하는 것이 훨씬 더 중요하다. 비행기 조종사나 교량 엔지니어는 '나중에 후회하는 것보다 조심하는 편이 낫다'. 하지만 벤처캐피털은 반대다. 과도하게 조심하는 것보다 더 나쁜 것은 없다.

내가 인터뷰한 또 다른 벤처캐피털리스트는 이렇게 말한다. "1달러를 투자하고 실패하면 1달러를 잃습니다. 하지만 가치가 100배 상승하는 투자를 놓치면 99달러를 잃는 것입니다." 이것이 베세머벤처파트너스가 거짓 양성false positive(통계상 실제로는 음성인데 검사 결과가 양성으로 나오는 것-옮긴이), 즉 이 기업에 실제로 투자했다가 결과가 나빴던 경우가 아니라 거짓 음성false negative(통계상 실제로는 양성인데 검사 결과가 음성으로 나오는 것-옮긴이)을 공개하는 이유다. '반포트폴리오'는 추상적인 겸손이 아니라 모든 사람에게 중요한 실제적 겸손에 집중하게 한다. 당신의 분야에서 어떤 종류의 겸손이 가장 중요한지 알고 그것을 기르는 올바른 방법을 찾는 것은 당신 몫이다.

좋은 의사결정을 하려면 실수를 없애는 것만으로는 충분하지 않다. 또한 좋은 아이디어들이 필요하고 그중에서 현명하게 선택해야 한다. 그러므로 다양한 관점은 탄탄한 의사결정 구조의 필수적인 요소다.

summary

- 비공식적인 네트워크나 외부의 전문가, 컨설턴트, 이의 제기자 등을 통해 다양한 관점을 확보한다.

- 아이디어 제시나 평가에 있어서 자사 직원들의 '집단의 지혜'를 활용해 신뢰할 만한 예측치를 얻는다.

- 편향을 이용해 다른 편향을 억제함으로써 다양한 아이디어를 얻을 수 있다.
  : 재기준점 효과 vs. 기준점 효과
  : 다수의 유추 vs. 확증 편향
  : 기본 전제 변경 vs. 현상유지 편향

- 다양한 관점 중에서 선택과 합의를 할 때는 사실에 기초한 고도의 분석이 필요하다.
  : 표준화된 체계와 의사결정 기준 이용하기, 가정에 대한 부하검사 실시하기, 적절한 참조집단을 통해 외부적 관점을 받아들이기, 새로운 자료가 제시되면 신념을 바꾸기

- 다양한 관점을 다룰 때 항상 겸손한 태도를 갖는 것이 좋다.

Chapter 16
의사결정 과정을 관리하라

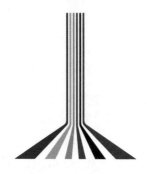

처음에 성공하지 못하면 다시 시도해보라. 그다음은 멈춰라.
계속 바보처럼 굴어봤자 의미가 없다.

W. C. 필즈의 말로 추정

앞서 언급한 아이디어 중 적어도 몇 가지는 당신의 직장
에서 대화와 다양한 관점을 만들어내기에 적절하지 않을 수도
있다. 이런 제안을 읽으면서 우리 회사에서는 절대 통하지 않을
거라고 생각했을지도 모른다. 아니면 흥미로운 아이디어이긴 하
지만 기존 의사결정 과정에 적합한지 잘 모르겠다고 생각했을
수도 있다. 사실, 당신 조직의 의사결정 프로세스와 문화가 여
기 소개한 기법들을 가로막는다면 대화와 다양한 관점은 헛된
몽상이 될 것이다.

실제적인 문제에 해답을 찾는 의사결정 과정, 조직의 계층 구

조, 위원회, 일정표를 고려하지 않는다면 의사결정은 개선될 수 없다. 누가 무엇을 언제 결정하는가? 예컨대 당신의 회사는 마케팅 계획을 수립하고 예산 계획을 짜고 투자를 승인하는 분명한 프로세스를 갖고 있다. 이런 프로세스가 다양한 관점들을 '직선적이고 편협한' 단 한 가지의 사고방식으로 되돌리고, 그 결과 대화를 촉진하기는커녕 오히려 망쳐버린다면 의사결정 수준이 더 나빠질 것이다.

마찬가지로 조직 문화(조직의 핵심 가치, 지도 원칙, 또는 공유하는 신념이라고도 한다)는 매우 중요하다. 다른 무엇보다도 문제에 대한 해답이기 때문이다. 이를테면 조직 문화는 의사결정 기준이 되는 중요한 가치다. 조직 문화가 건전한 의사결정을 가로막을 수 있는 것은 분명하다. 예를 들어 폴라로이드는 조직 문화 탓에 기술 변화의 긴급성을 인식하지 못했었다.

이런 이유로 의사결정 구조는 세 번째 기둥인 의사결정의 역동성에 의지하게 된다. 이 기둥이 없으면 앞의 두 기둥도 곧 무너진다. 의사결정의 역동성은 조직의 의사결정 프로세스 및 문화와 관련된다.

물론 조직의 의사결정 문화를 마법처럼 바꾸는 특효약은 없다. 하지만 대기업과 정부기관은 소규모 기업과 모험적 기업가들의 의사결정 방법과 스타일에서 영감을 얻을 수 있다. 중소기업의 경우 의사결정의 민첩성은 생존 조건이다.

비형식적인 문화를 조성하라

대규모 조직들의 의사결정 방식에는 뚜렷한 특징이 하나 있다. 그들의 의사결정 회의가 대체로 형식적이고 엄숙하다는 것이다. 흔히 경직, 긴장, 심지어 두려움이 지배적이다. 당연히 이런 분위기는 개방적인 대화에는 도움이 되지 않는다. 다양한 의견을 표현하는 것은 더더욱 힘들다. 왜 꼭 이래야만 할까?

기법 29: 우호적인 분위기를 만들어라

때로는 해결책이 너무 뻔해 보인다. 많은 소규모 조직과 일부 대규모 조직은 경영진 간의 우호적이고 개인적인 관계를 소중하게 여긴다. 이를 보여주듯 한 연쇄 창업가는 이렇게 말했다. "내가 설립한 모든 회사는 가장 가까운 사람을 포함해 친구들을 항상 고용합니다. 사람들은 종종 내게 미쳤다고 말합니다. 하지만 오랫동안 그들을 알고 지낸 덕분에 정치적으로 행동하지 않고 그들에게 의지할 수 있다는 것이 대단히 중요합니다."

이것은 극단적인 예일 수 있다. 당신이 리더의 위치에 있다면 친구를 고용하는 것은 분명히 부정적인 측면이 있다. 하지만 경영진이나 이사회에서는 우호적인 토론 분위기를 조성하는 것이 중요하다. 한 이사회 회장은 이렇게 말한다. "나는 친구들이 함께 모여 대화를 나누는 듯한 분위기를 만들려고 노력합니다. 그런 방식으로 토론하는 것이 이상할지 모르지만 그런 느낌을 만드는 것이 매우 중요합니다. 사람들이 서로 미워하는 집단에서는 자유로운 논의가 불가능합니다."

아주 사소한 것도 이런 분위기에 도움이 될 수 있다. 앞서 언급한 '여섯 친구들' 모임을 만든 임원이 말했다. "그 모임의 명칭을 'X위원회'가 아니라 '여섯 친구들'이라고 붙인 것이 비형식적인 분위기를 만드는 데 도움이 됐습니다." 당신이 이런 목표를 어떤 방식으로 추구하든 근본적인 이유는 같다. 참석자들이 편안한 분위기를 느끼지 못한다면 제대로 된 대화가 어렵기 때문이다.

비형식적이거나 더 나아가 일상적인 분위기는 앞서 논의한 대화를 위한 기본원칙과 상충하는 것처럼 보일지도 모른다. 하지만 실제로는 아무런 모순도 없다. 기본원칙을 가능하게 하는 것은 오히려 비형식성이다. 당신이 옆에 앉은 우호적인 사람들에게서 신뢰감과 편안함을 느낄 때 '스토리텔링 방식의 주장'이나 '대안적인 이야기'를 금지하기가 훨씬 더 쉬워진다.

반대로 권위적인 상사가 긴장된 분위기 속에서 당신에게 특정 유추를 사용하지 못하게 하거나 당신의 의견과 반대되는 관점을 옹호해보라고 지시한다고 치자. 당신이 진심으로 협력할 수 있을까? 우호적이고 비형식적인 분위기는 유기적인 대화의 적이 아니라 친구다.

기법 30: '거리낌 없이 말하는' 문화를 만들어라

중소기업보다 대기업을 더 많이 괴롭히는 또 다른 문제는 사람들이 거리낌 없이 말하지 않는다는 것이다. 이것은 회의에서 스스로 침묵하는 것만을 의미하지 않는다. 많은 조직에서 사람들은 반대, 의심, 우려뿐만 아니라 아이디어나 제안을 자유롭게 말하는 것을 꺼린다. 물론 임원들은 항상 직원들에게 솔직하게 말하길 권장한다고 주장한다. 하지만 솔직하게 말하는 것은 생각보다 어렵다.

유럽의 한 대기업 CEO는 거리낌 없이 말하는 문화를 북돋우기 위해 "용기 있게 반대하는 사람들에게 보상하고 그들을 승진시킨다. 이 방법은 사람들이 솔직하게 말하게 하면서도 정치적으로 행동하는 사람들에게는 미래가 없다는 것을 보여준다". 또 다른 기업 리더는 순응적인 문화를 지닌 기업을 맡게 되자 일부 임원들을 위해 외부 코치를 고용했다. 그는 임원들에게 말했다. "내 앞에서 '당신이 잘못했습니다'라고 제때 정중하면서도 분명하게 말하는 법을 코치에게 배우기 바랍니다."

두 명의 리더는 모두 다음과 같은 확신을 갖고 있다. "내 판단이 항상 옳기를 바랍니다. 하지만 나는 실수를 저지를 수 있고 실제로도 실수를 합니다. 경영진은 반드시 나에게 그런 말을 해줘야 합니다." 거리낌 없는 발언이 열쇠다. 그렇게 하려면 노력이 필요하다.

기법 31: 인센티브와 공동의 이익을 일치시켜라

물론 인센티브 제도가 이런 목표와 상반된다면 CEO의 권유와 우호적인 분위기로 다양한 관점들을 북돋울 수 있을 것이라는 기대는 접어야 한다. 앞서 언급한 임원 중 한 명이 이렇게 말했다. "인센티브는 모든 해결책의 어머니입니다. 사람들이 조직의 이익을 위해 일하게 만드는 보상 체계를 확립하지 않는다면, 그들은 단지 개인적인 보상을 최대화하려고 노력할 것입니다."

캐스 선스타인과 리드 헤이스티Reid Hastie는《와이저:똑똑한 조직은 어떻게 움직이는가》에서 "조직의 성공에 대한 보상"이야말로 조직을 더 효율적으로 만드는 핵심적인 방법이라고 주장한다. 개인적 보상과 조직적 보상의 균형을 맞추는 동기부여 체계를 설계하는 것은 이 책의 범위를 벗어난 주제지만 결코 무시할 수 없는 문제다.

종합하면 이런 제안들은 단순하면서도 상당히 매력적인 그림을 만든다. 특히 참석자들의 이익이 완벽하게 일치하기 때문에 두려움 없이 서로 터놓고 말하는 '친구 집단'이 그렇다. 누구든 경영위원회의 초조하고 긴장된 분위기보다는 이런 환경을 좋아할 것이다.

민첩하게 위험을 받아들여라

6장에서 살펴보았듯이 대기업들은 대체로 위험을 충분히 감수하지 않으며 CEO들은 관리자들에게 '더욱 모험적인 태도'를 촉구한다. 기업가 정신은 고무적이지만 거기 담긴 교훈은 조건부다. 위험을 어떻게 생각하는지 물어보면 기업가들은 분명히 이렇게 말할 것이다. "우리는 기업을 운영하고 있기 때문에 최대한 위험을 적게 감수하고 항상 신중하게 위험을 평가합니다." 진부하긴 하지만 많은 연구 결과는 기업가들이 도박꾼이 아님을 보여준다. 그들은 위험에 대해 비합리적이거나 불건전한 태도를 갖고 있지 않다.

모험적 기업가와 대기업 CEO의 차이점은 그들이 감수하는 위험의 크기가 아니라 위험 관리의 민첩성에 있다. 이런 민첩성은 대기업이 영감을 얻는 최소 5가지 기법에 분명히 나타난다.

기법 32: 무료로 배울 방법을 찾아라

중견 명품 기업의 설립자이자 CEO가 첫 번째 기법을 이렇게 요약한다. "신제품 출시를 앞둔 경우 성공 여부를 알고 싶지만 그러기 위해 돈을 투자하지는 않습니다."

그의 전략적 선택이 이런 원칙을 잘 보여준다. 그의 경쟁사들, 특히 명품 대기업들은 대부분 제3의 소매업자 외에 직영 매장을 운영했다. 이 CEO도 똑같은 사업 모델을 고려했지만 많은 문제가 있었다. 이를테면 적절한 매장 콘셉트를 만들 수 있을까? 매출액이 얼마나 창출될까? 그가 감당할 수 있는 최대 임대료는 얼마일까? 매장 위치로는 어디가 가장 좋을까? 소매업자들은 어떤 반응을 보일까? 그는 각종 자료에 기초해 경쟁사들이 이런 질문들에 어떤 해답을 찾았는지 알게 되었다. 하지만 자사 브랜드를 위한 해답은 실제로 지역을 살펴본 뒤에야 찾을 수 있었다.

달리 말하면 이런 위험을 감수하기 전에 그는 소매점 관리라는 새로운 기술을 배워야 했다. 전통적인 학습 방법은 소수의 시범 매장을 열어 전략을 보완한 다음 대규모 매장을 개설하는 것이었다. 하지만 자신의 돈으로 사업을 하는 대다수 주주처럼 그는 시범 매장에 돈을 쓰지 않고도 배우길 원했다. 예상 매출액도 모른 채 매장을 임대하여 인테리어를 하고 몇 년간(상가의 임대 기간을 고려할 때) 매장을 관리하는 것은 위험이 너무 컸다.

CEO는 위험을 함께 나눌 파트너를 찾기로 했다. 어떤 국가에서는 한 임대인이 매출액에 따라 가변적 임대료 지급에 동의하는 명품 브랜드를 유치하고 싶어 했다. 다른 국가에서는 한 소매업자가 자신의 공간에 명품 브랜드 매장을 열기로 합의했다. 이런 다양한 방식을 통해 이 기업가는 능력 밖의 위험을 감수하지 않고도 자신의 새로운 사업 모델을 개선할 수 있었다.

이 프로세스는 대기업의 방식보다 시간이 많이 걸린다는 단점이 있었지만 대신 나름의 여러 장점이 있었다. 예를 들어 이 방법은 그 CEO가 자신의 실험에서 배우는 동안 프로세스를 개선할 기회를 제공했다.

기법 33: 실험을 하고 실패를 받아들여라

비슷한 상황에서 대기업이 시범 매장을 연다면 어떻게 될까? 대기업 역시 이런 방식으로 신제품을 시험하여 관련 정보들을 얻을 수 있을까?

그럴 수 있다. 아니, 그럴 수 있어야 한다. 실제로 시험test과 시범pilot이라는 용어를 서로 바꿔가며 사용하는 것은 흔히 목적에 대한 혼동을 보여준다. 시험의 목적은 계획을 개선하여 실행할지를 판단하도록 도와주는 것이다. 시범의 목적은 조직을 본격적으로 동원하여 계획을 실행하기 전에 계획의 효과성을 평가하려는 것이다. 이 둘은 같은 것이 아니다.

기업에 활력을 불어넣기 위해 새로운 매장 콘셉트를 선보이려는 소매 체인점이 있다고 하자. 물론 이 계획은 몇몇 시범 매장에서 시험해보아야 한다. 어떻게 이루어질까? 먼저, 이 소매기업은 신중하게 매장 위치를 선정한다. 이 매장들은 추가 자금을 지원받고 새로운 콘셉트를 선보인다. 당연히 고위 경영진도 아낌없는 관심을 쏟는다. 그다음 이 매장들의 성과(매출액, 이익, 고객 만족도)를 다른 매장(보통 미리 선정되지 않는다)들과 비교한다. 당연히 새로운 콘셉트가 효과가 있다! 경영진은 이제 대대적으로 그 계획을 실행할 수 있다.

이 프로젝트에 참여한 사람들에게 물어보면 이렇게 말할 것이다. 회사는 새로운 콘셉트를 시험한 것이라기보다 그것의 성공을 입증하려 했다고. 이것은 의사결정에 관한 것이 아니라 이미 내려진 결정을 시행하는 문제에 관한 것이라고.

그래서 성공적이었던 시범 사업이 전체 매장으로 확대되었을 때는 실망스러운 결과를 내는 경우가 빈번하다. 시범 매장의 성공이 새로운 콘셉트의 결과인지, 아니면 시범 단계에서 특별한 관심을 받은 덕분인지를 판단하는 것은 불가능하다.

이것은 경제 분야에서 나타나는 플라시보 효과placebo effect로, '호손 효과hawthorne effect'라고 불린다. 약 100년 전 조직심리학자들은 공장의 환경 변화로 나타난 긍정적 효과는 거의 모두 일시적이라는 사실을 발견했다. 노동자들은 자신이 관찰되고 있다는 사실을 알았기 때문에 평소와는 다르게 행동했고 여기서 긍정적인 효과가 나왔던 것이다.

대기업들이 이런 실수를 반복하는 메커니즘을 이해하기는 어렵지 않다. 당연히 새로운 콘셉트를 개발한 팀은 이것이 성공하기를 원한다. 고위 경영진들은 이것이 성공할 것이라고 확신한다. 그렇지 않다면 그들은 고생스럽게 시험에 나서지 않을 것이다. 그들은 다른 팀에게 현장에서 시범 사업을 관리하는 업무를 맡긴다. 이 팀 역시 이 계획이 성공하기를 간절히 바란다. '실패'로 비난받길 원하지 않기 때문이다.

한편, 고위 경영진은 이미 이사회, 주주, 재무 분석가들에게 새로운 매장 콘셉트를 통해 소매 체인점의 매출이 회복될 것이라고 확언해두었다. 실패할 경우를 대비한 플랜 B는 없다. 모든 사람이 시험이 성공하기를 원할 경우 그들은 확실히 그렇게 되도록 만들 것이다.

이런 거짓 '시험'과 진짜 실험을 비교해보자. 온라인 소매 기업 등 디지털 서비스 제공자들은 보통 'A/B 테스팅'을 통해 계획된 변화(웹사이트의 디자인 변경 등)의 효과를 평가한다. 이를 위해 그들은 두 개의 고객 집단, 즉 디자인 변경을 경험한 A집단과 그렇지 않은 B집단의 결과를 비교한다. 두 집단은 미리 무작위로 선정되며 평가 결과에 영향을 미칠 만한 어떤 행동도 하지 않는다. 이것은 학문 분야의 무작위 대조시험과 같다. 똑같은 맥락에서 영국의 행동통찰팀과 같은 넛지팀은 그들이 바꾸려는 행동에 대한 영향을 계량화하기 위해 다수의 제안을 엄격하게 테스트한다.

대조시험이 비실용적인 경우에는 반복적인 실험 방식을 이용한다. 예를 들어 앞서 말한 소매기업은 동시에 몇 가지 다른 콘셉트를 개발하여 시험하고 각 시험에 똑같은 자원을 배정할 수 있다. 이 방법은 시험 결과가 신속히 나오지 않고 해석도 쉽지 않지만 적어도 우리를 마비시키는 실패에 대한 두려움 대신 건전한 경쟁 관계를 만들 것이다.

다른 방법으로는 콘셉트 전체를 한 번에 시험하는 대신 새로운 콘셉트의 각 요소를 따로 시험하여 그 영향을 평가하는 것이 있다. 이런 경우 연속적인 시험을 통해 이전의 시험에서 얻은 교훈을 통합하여 새로운 콘셉트를 개발할 수도 있다.

어떤 방식을 선택하든 기억해야 할 핵심적인 원칙은 간단하다. 오로지 성공만을 허용하는 실험은 진짜 실험이 아니라는 것이다. 진짜 실험은 실패가 하나의 옵션인 실험이다. 성공뿐만 아니라 실패를 통해서도 배울 수 있기 때문이다. 모험적인 기업가들은 이런 사실을 직관적으로 알고 있다. 그들은 큰 결정을 작은 결정들로 나눔으로써 진짜 실험을 수행하고 계산된 위험을 받아들인다. 조직이 앞으로 나아가도록 설득하는 것이 목표인 관리자들은 이것을 잊는 경향이 있다. 그들은 진짜 실험이 포함되도록 의사결정 프로세스를 다시 설계해야 한다.

기법 34: 성공에 대해서도 사후 분석을 실시하라

실험에서뿐만 아니라 실제 경험에서 배우는 것도 중요하다. 대부분의 기업들이 적어도 문서상으로는 실패에 대한 보고를 받고 그로부터 교훈을 얻는 통상적 절차를 갖고 있다. 사후 분석이 특정인을 비난하거나 마녀 사냥하듯이 진행되지 않도록 올바른 방식으로 실행하기는 쉽지 않다. 하지만 원칙적으로 모든 사람은 실패가 주는 교훈이 얼마나 중요한지를 안다.

실패뿐만 아니라 성공에 대해서도 체계적이면서도 엄정하게 보고를 받고 교훈을 얻는 경우는 훨씬 더 드물다. 많은 미군 부대처럼 프랑스 해군 특공대도 체계적으로 임무를 보고한다. 솔직한 대화를 유도하기 위해 회의실 벽에는 한 가지 원칙을 적어둔다. "이름도 없고 계급도 없다."

한 장교가 말하듯이, 이 보고의 핵심적인 목적은 "우리는 어떤 점에서 운이 좋았는가?"라는 특별한 질문에 대답하는 것이다. 만약 어떤 임무가 단순히 행운 덕분에 성공한 것이라면 많은 것을 배울 수 있을 것이다. 아마도 실패한 경우보다 더 많은 것을 배울 것이다. 그리고 다음과 같은 점이 중요하다. 다음에는 행운이 당신 편이 아닐 수도 있다는 것 말이다.

많은 기업은 다음과 같은 군사 교본의 내용을 배워두는 것이 좋을 것이다. "성공이 탁월한 재능이나 우수한 전략 때문이 아니라 행운 덕분인 것을 알 때쯤이면 이미 늦은 경우가 많다."

기법 35: 점진적으로 투자를 늘려라

저비용 학습, 계속적인 실험…… 이런 것들은 위험을 줄이고, 실수를 막으면서, 작게 생각하고 작게 행동하는 방식이 아닐까?

하지만 대기업은 기업 규모를 전략적 이점으로 활용하여 다른 기업들이 감수하지 못하는 위험을 대담하게 감수해야 하지 않을까?

물론이다. 하지만 이때 민첩성을 가져야 한다. 민첩성을 갖는 네 번째 방법은 큰 도박을 하는 것이 아니라 점진적으로 자원 투입량을 늘리는 것이다. 이것은 벤처캐피털리스트들이 활용하는 방법이다. 그들은 하나의 회사에 대해 시드머니 단계에서부터 유니콘(단기간에 기업가치가 10억 달러 이상이 된 신생 기업-옮긴이) 단계에 이르기까지 과거의 성과와 미래의 계획에 따라 단계별로 투자액을 늘려간다.

다시 말해 대규모 조직은 조직의 역동성 때문에 이런 유형의 접근법을 사용하는 경우가 드물다. 투자 결정에 대한 대기업의 예상 대답은 전략적인 승인 또는 거부다. 다음과 같은 말을 듣는 경우는 흔치 않다. "총 투자금의 10퍼센트를 투자해 이룰 수 있는 중간 목표가 무엇인지 말해주시오. 그런 다음 한 달 뒤에 그 목표가 달성되었는지 확인해봅시다." 이것은 의사결정을 더 민첩하게 만드는 탁월한 방법이다.

점진적인 투자 확대 프로세스가 있는 기업들은 그들의 프로세스 및 문화와 관련된 장애물을 극복해야 한다. 첫째, 연차별 예산 프로세스에 예외 조항을 만들거나, 회계연도 중에 프로젝트에 자금을 지원하기 위한 특별 예산을 만들거나, 사내 벤처캐피털 방식으로 프로젝트를 관리할 별도의 사업부를 지정해야 한다. 둘째, 별도의 시간을 할애해 단계별로 프로젝트 진행 상황을 검토해야 한다. 이런 논의가 그들이 항상 검토하는 대규모 투자에 비해 소규모일지라도 말이다.

하지만 가장 큰 어려움은 문화적인 곤경이다. 회사에 프로젝트를 제안하는 사람들은 그들이 지속적으로 도전받으리라는 사실을 받아들이기 어렵다(마찬가지로 스타트업 설립자들은 매번 투자를 받으려고 할 때마다 회사를 과장해서 홍보해야 한다). 일반적으로 직원들은 위험과 재무적 기대에 대해 모험적 기업가들만큼 인내심을 발휘하지 못한다. 기업들이 성공하지 못한 사업을 처분하기 힘들어하듯이 고위 임원들은 특정 단계에서 목표에 이르지 못한 프로젝트를 '중단'하는 것을 힘들어한다.

기법 36: 실패할 권리는 인정하되 실수할 권리는 인정하지 마라

민첩성의 마지막 조건이 가장 중요하다. 실패할 권리를 인정하는 것이다. 분명히 말하면 실패할 권리는 실수할 권리를 의미하지 않는다. 한 CEO는 직원들에게 충격을 주었던 일화에 대해 들려주었다. 그가 큰 손실을 낸 사업부의 관리자를 승진시켰던 것이다. "그 회사를 인수한 것은 나의 결정이었습니다. 그는 그 도전을 받아들이고, 최선을 다해 훌륭하게 업무를 수행했습니다. 시장이 붕괴했습니다. 그의 잘못이 아니었죠. 그가 부끄러

위할 이유는 전혀 없었습니다. 오히려 그 반대죠."

여기서 보듯이 실패할 권리는 공정과 논리의 문제다. 앞서 보았듯이 위험한 활동의 경우 실수하지 않고도 실패할 수 있다. 실수할 권리는 실패할 권리와는 매우 다르다. 당신은 나쁜 결정을 내린 사람을 용서하고 두 번째 기회를 주고 싶을 수도 있다. 하지만 세 번째 기회를 주고 싶지는 않을 것이다.

사실 많은 관리자가 실패의 두려움 때문에 무기력해진다. 소매기업 '시범 매장'의 성과가 왜곡된 것은 담당 관리자들이 실패에 연루될 것을 두려워했기 때문이다. 대기업들이 위험이 적은 자산의 인수를 꺼리는 것은 각 프로젝트 담당자가 미래에 실패 보고서를 쓸까봐 두려워하기 때문이다. 손실회피 편향이 작동하고 있다. 실패 가능성을 받아들이지 않으면 진정한 실험을 하는 것은 매우 어렵다. 겁에 질린 사람은 민첩할 수 없다.

어떤 임원들은 이런 문제를 잘 알고 있다. 그들이 직원들에게 개인적으로 건네는 말이 실패의 두려움과 싸우는 데 매우 중요한 역할을 한다는 것도 알고 있다. 한 CEO는 이렇게 말한다. "'나는 당신이 위험을 받아들이길 원합니다'와 같은 말은 소용없습니다. 사람들이 위험을 받아들이고 노력했음에도 실패했을 때, 바로 그때가 진심 어린 메시지를 보낼 때입니다. 관리자가 합리적으로 노력했지만 성공하지 못했을 때 당신은 자신이 말한 것을 지켜야 합니다. 특별히 시간을 내서 그가 소중하다는 느낌을 갖게 해주면 모든 사람이 그것을 기억할 것입니다."

CEO가 덧붙였다. "사람들에게 실패할 권리가 있다는 것을 믿게 하려면 우리 자신의 실패를 말해주어야 합니다." 매년 회사 관리자들과 세미나를 할 때 그는 자신이 예상했던 결과를 내지 못한 판단에 대해 솔직하게 말한다. 기본적으로 그는 자신이 실패하는 인간이라는 사실을 기꺼이 드러낸다. 간단하지 않은가? 하지만 매일 이대로 실행하는 사람은 드물다.

비전과 유연성을 결합하라

가족 소유 기업의 CEO가 자신의 전략을 이렇게 설명한다. "우리 기업과 같이 다각화한 가족 소유 기업의 경우 많은 전략적 의사결정이 편의적으로 이루어집니다. 사전에 전략을 세우는 것은 매우 위험합니다. 이른바 전략적 비전에 따라 기회를 포착하거나 포기하는 능력을 계속 유지하고 싶습니다."

이렇게 공식적으로 전략 수립을 거부하는 것이 역설적으로 보일지도 모른다. 모든 사람이 CEO의 책임이라고 생각하는 한 가지가 있다면 바로 기업의 전략을 세우는 것이다. 하지만 대기업의 많은 현명한 CEO들이 자신의 전략적 전망에 따라 유연성을 발휘하려고 노력한다.

기법 37: 텍사스 명사수처럼 전략을 짜라

'텍사스 명사수'에 관한 농담을 들어보았는지 모르겠다. 그는 대문짝만 한 표적에 대충 총을 쏜 다음 과녁으로 다가가 총탄이 가장 많이 박힌 지점을 중심으로 과녁의 원을 그린다. 점수를 올리는 확실한 방법이다!

이 이야기는 보통 추론 오류를 설명할 때 사용된다. 추론 오류란 결과가 알려진 뒤에 목표를 정의하는 오류를 의미한다. 하지만 이 이야기는 유연성의 가치를 잘 보여준다. 어느 상장 기업의 CEO가 이렇게 말했다. "사람들이 '당신의 전략은 너무 약삭빠릅니다'라고 말하면 난 이렇게 대꾸합니다. '여러분을 정말 실망시키고 싶지 않지만 내게는 전략이 없습니다. 나는 그저 주주 가치를 창출해줄 좋은 결정을 내리려고 합니다. 그러면 결국 일관성 있는 전체가 완성됩니다.'"

그는 어떤 함정을 피하려고 하는 걸까? 그는 말한다. "내가 본 최악의 실수는 원대한 계획을 머릿속에 간직한 임원들에 의해 저질러졌습니다. 그들은 최대한 빨리 자신의 꿈을 이루기 위해 가격에 상관없이 필요한 것이라면 무엇이든 사고팔았습니다." 달리 말하면, 이들은 일을 시작할 때 주주와 경영진에게 가치 창출에 관한 솔깃한 이야기를 장담한다. 그 결과 그들은 자신의 스토리텔링에 갇히게 되고 이는 곧장 나쁜 결정으로 이어진다.

반면 그는 이야기가 실현된 뒤에만 그것에 대해 말한다. 텍사스 명사수처럼 그는 총을 쏜 뒤에 과녁을 그린다. 물론 그가 아무 데나 총을 쏘는 것은 아니다. 그의 전략은 유연하지만 주주가치 창출이라는 기업의 사명은 그렇지 않다. 전략적 유연성이 가능한 것은 목표와 장기적 비전이 매우 확실할 때뿐이다.

기법 38: 당당하게 생각을 바꿔라

이런 리더들이 보여주는 전략적 유연성은 그들의 일상생활에도 나타난다. 그들은 생각을 바꾸는 것을 자랑스럽게 여긴다. 물론 그들이 기분 내키는 대로 직원들에게 지시를 내릴 수 있는 독재자이기 때문이 아니다. 그들 자신이 유연성의 본보기이기 때문이다.

앞서 언급한 은행장은 말한다. "이사들은 내가 생각을 바꾸는 것에 익숙합니다. 마구잡이로 생각을 바꾸는 것이 아니라 논의와 사실에 근거하여 바꿉니다." 또 다른 임원은 이렇게 말한다. "나는 아침에 이렇게 말하고도 낮에 새로운 자료를 받으면 저녁에 생각을 바꿀 수 있습니다."

이 임원은 신중하게 덧붙인다. "이런 일은 일정 직위에 있는 사람들 앞에서만 가능합니다." 수천 명의 직원 앞에서는 수시로 바뀌지 않는 명확한 메시지를 전달해야 한다. 하지만 이때는 의사결정의 때가 지나고 실행할 때다. 의사결정 단계에서는 대화를 자극하고 다양한 관점을 끌어낼 수 있어야 한다. 생각을 바꿀 수 있는 리더만이 동료들에게 생각의 변화를 권할 수 있다.

리더는 이런 유연성을 칭찬할 수 있어야 한다. 벤처캐피털리스트 랜디 코미사르는 열정적으로 선언한다. "나는 불확실함과 모호함에 대해 편안한 태도를 갖는 것이 리더의 중요한 특성이라고 봅니다……. 나는 논의 상황에 따라 의견을 바꾸는 리더를 좋아합니다. 의사결정이 힘든 일이고 다시 검증할 수도 있는 일임을 인정하는 리더를 보면 정말 기쁩니다."

자신의 이야기에 갇히지 않는 것, 이야기를 바꾸어 다른 이야기를 들려줄 수 있는 유연성을 유지하는 것은 확증 편향을 극복하는 좋은 방법이다. 우리는 대부분 이런 일에 익숙하지 않다. 따라서 리더가 당당하게 생각을 바꿈으로써 모범을 보이는 것이 중요하다.

최종 결정을 위한 유연한 해답

이 책의 여러 예들을 통해 우리는 팀이 반드시 필요하다는 것을 알게 되었다. 하지만 최종 결정은 오로지 리더의 몫이다. 리더는 다양한 의견을 끌어내지만 궁극적으로 모든 책임을 스스로 져야 한다. 그는 자신의 개인적 편향을 극복하기 위해 다른 사람의 도움을 받아야 하지만 때가 오면 어떤 편향들이 자신을 오도하는지 모른 채 결정을 내려야 한다.

우리는 최종 결정을 언제 어떻게 내릴 수 있을까? 물론 단 하나의 기적 같은 대답은 없다. 하지만 몇 가지 사례를 통해 유용한 방법을 배울 수 있다.

기법 39: 권한을 공유하라

한 가지 특별하지만 강력한 조직 운영 방법은 권한을 나누는 것이다. 두 사람(또는 그 이상)이 중요한 의사결정에 대한 책임을 나누면 한 개인의 편향이 의사결정을 지배할 위험이 줄어든다.

한 임원이 자신의 상황을 이렇게 설명한다. "우리 두 사람은 공동 창업자입니다. 우리는 완벽한 신뢰 속에서 아주 멋지게 서로를 보완합니다. 두 사람에 의한 의사결정 방식은 자기도취를 막아주는 최고의 방어책입니다." 이것은 또한 사내 정치도 막아준다. "우리의 의견을 짐작해 그에 맞추려고 노력할 필요가 없습니다. 중요한 논의 초기에는 우리가 절대 합의하지 않는다는 사실을 모든 직원이 아니까요!" 이런 방식의 힘을 보여주는 또 다른 증거는 기업 지배구조를 통해 권한을 공유하는 것이다. 예컨대 전문 서비스 기업의 동업자들처럼 말이다.

기법 40: 이해 충돌이 없는 '이너 서클'에서 의사결정을 하라

권한을 공유하는 것은 쉽지 않기 때문에 대부분의 기업에는 현실적인 선택지가 아닐 수도 있다. 전통적인 기업이 '한 몸에 머리가 여러 개'인 방식에서 이점을 얻는 방법이 하나 있다. 바로 리더가 소규모의 의사결정위원회, 일종의 '이너 서클inner circle'을 만드는 것이다. 많은 사람이 비공식적으로 이런 방법을 사용해왔고 일부는 이를 공식화했다.

앞서 소개한 리더 중 한 명은 공식적인 임원위원회와 함께 '전략위원회'를 만들었다. 놀랍게도 그는 여기에 일반 직원들만 포함시키고 여러 사업부의 임원진은 제외시켰다. 이런 선택은 가장 널리 알려진 전략적 의사결정 원칙에 위배되는 것이다. 의사결정을 실행할 사람들을 결정에 참여시켜야 한다는 원칙 말이다.

왜 이런 이례적인 선택을 했을까? 기업의 전략을 결정할 때 의사결정에 중립적이고 똑같은 인센티브를 공유하는 사람들의 의견을 듣고 싶었기 때문이다. 각 사업부의 운명에 영향을 미치는 결정에 사업부 책임자들을 참여시키는 것은 자기본위 편향을 유발하고, 자원배분 관성을 강화하고, 과도한 낙관주의의 문을 열어준다.

물론 전략위원회가 열리기 전에 관리자들은 이미 그 의사결정에 대해 면밀히 검토했다. 하지만 의사결정의 핵심 요소는 어떤 사업부 책임자가 자원배분에 대해 가장 설득력 있는 주장을 펼쳤는지 또는 누가 회의 석상에서 가장 단호하게 주장을 했는지가 되어서는 안 된다.

결정을 미루라

결국 가장 중요한 것은 회의가 끝난 뒤, 조사 내용을 거듭 살펴보고 모든 각도에서 검토한 다음, 결정을 내리는 것이다. 여기에서 오래된 조언이 적용된다. "결정을 미루어라." 이것은 내가 인터뷰한 모든 기업의 리더들에게서 나타난 한 가지 공통점이다. 그들은 아침에 결정을 내린다.

대기업 리더나 중소기업 리더나 마찬가지다. 한밤 자고 난 뒤에야(비록 짧은 시간이라고 해도) 비로소 무엇을 해야 할지 명확해진다. 한 경영자는 오전 5시에 일어나서 중요한 문제를 결정한다고 했다. 또 다른 경영자는 중요한 결정을 미루면 항상 다음 날 아침에 무엇을 해야 할지 명료하게 깨닫게 된다고 말한다. 하룻밤을 흘려보내는 것은 어느 정도 거리를 확보함으로써 감정에 사로잡힌 결정을 피하는 간단한 방법이다.

의사결정의 역학이 조직에 깊이 뿌리박혀 있는 탓에 조직에 영향을 주는 어떤 기법도 조직을 즉각적으로 바꾸지는 못할 것

이다. 하지만 많은 기법이 조직의 의사결정 프로세스를 바꾸고
어떤 기법들은 조직의 문화를 조금씩 변화시킬 것이다. 대화를
촉진하고 다양한 관점들을 권장하는 기법들과 함께 의사결정의
역학은 조직의 의사결정을 근본적으로 바꾸는 잠재력을 갖고
있다.

summary

- 의사결정에 민첩한 역동성(조직의 프로세스와 문화)이 없다면 대화와 관점의 다양화는 이루어질 수 없다.

- 형식적이고 엄숙한 의사결정 회의에서는 개방적인 대화가 불가능하다. 우호적이고 거리낌 없이 말하는 문화를 만들어라. 적절한 인센티브도 좋은 방법이다.

- 민첩하게 위험을 받아들여라.
  : 무료로 배워라.
  : 실패를 허용하는 진짜 실험을 하라.
  : 실패와 성공 모두에 대해 사후 보고를 받아라.
  : 투자자들이 스타트업에 투자할 때처럼 점진적으로 자원을 투자하라.
  : 실패할 권리를 인정하라.

- 비전과 유연성을 결합하라.
  : 이야기가 실현된 뒤에 말하고, 타당한 이유가 있으면 주저하지 말고 생각을 바꿔라.

- 최종 결정은 하룻밤 미뤄라.

우리가 바꿔야 할 마지막 한 가지는 나 자신이다

이제 당신은 피하고 싶은 의사결정의 함정을 알고 이 함정들을 뒷받침하는 5가지 유형의 인지 편향을 이해했다. 최선의 의사결정이라 해도 불확실한 세계에서 절대 성공을 보장하지 못한다는 것을 깨달았다. 하지만 당신은 더 나은 의사결정을 위한 협업과 프로세스의 중요성을 믿는다. 대화를 끌어내고 다양한 관점을 권유하고 민첩한 의사결정을 촉진하는 몇 가지 기법에 큰 관심을 갖게 되었다. 훌륭하다! 당신은 이제 자신의 의사결정 구조를 만들 준비가 되었다.

그에 대한 보상은 크다. 모든 조직은 의사결정의 유형에 상관없이 '의사결정 공장'이다. 전략적 의사결정이 조직의 미래를 좌우하는 경우 전략적 결정의 수준을 개선하면 매우 큰 변화가 일어날 것이다. 탁월한 의사결정은 경쟁우위의 원천이 될 수 있다.

아마 유일하고도 진정한 원천 말이다. 경쟁자보다 나은 의사결정을 내리는 것만큼 그들을 앞설 좋은 방법이 있을까?

더 나은 사람들이 더 나은 결정을 한다

이런 추론은 의사결정 수준에 중요한 요인(의사결정은 사람들이 내린다)을 간과한다면서 이의를 제기할지도 모르겠다. 물론 최고의 의사결정 구조가 있다 해도 평범한 관리자들은 탁월한 의사결정을 내리지 못할 것이다! 당신은 조직의 의사결정 수준을 향상시키고 싶다면 최고의 인재를 고용하고 승진시키는 것이 의사결정 구조를 설계하는 것보다 더 빨리 목적을 달성하는 방법이라고 주장하고 싶을 것이다.

하지만 그것은 근시안적인 생각이다. 더 나은 의사결정 구조를 갖춘 조직들은 단순히 더 나은 의사결정과 더 나은 성과를 만들어내는 것이 아니다. 그들은 더 나은 사람들을 만든다.

이 말이 직관에 반하는 것같이 들린다면 처음부터, 그러니까 인사 담당자들이 최고의 인재를 모집하기 위해 경쟁할 때부터 살펴보자. 최고의 경영대 또는 공대 졸업자에게 물어보면 이렇게 대답할 것이다. 자신들은 의사결정을 내릴 때 발언권을 주는 기업에서 일하고 싶다고.

밀레니얼 세대는 종종 〈포춘〉 선정 500대 기업보다는 스타트업에 입사하길 원하며, 많은 인사 담당 임원은 이것을 신세대의 가치와 선호의 구조적 변화로 해석한다. 이런 청년들이 대기업과 함께 일하기를 원하지 않는다면 최고의 인재를 끌어들이기 위해 우리가 할 수 있는 일은 많지 않다.

실제로 젊은 관리자들이 소규모 기업에 입사하는 핵심적인 이유 중 하나는 자신들이 그곳에서 더 큰 변화를 만들어낼 수 있을 것이라는 믿음이다. 하지만 규모의 단점에도 불구하고 일부 대기업은 최고의 인재들에게 여전히 매력적인 직장이 되기 위해 온갖 노력을 기울이고 있다. 대체로 이런 대기업의 경쟁력은 개방적인 대화, 다양한 관점, 민첩한 의사결정을 중시하는 문화 등이다.

아마존의 리더십 원칙은 직원들에게 "다양한 관점을 찾고, 그들의 신념이 타당하지 않다는 것을 증명하기 위해 노력하며, 동의하지 않는 결정에 대해 정중하게 도전하고, 공동체의 통합을 위해 타협하지 말라"고 지시한다. 맥킨지의 컨설턴트들은 "동의하지 않을 의무를 인정한다". 구글의 핵심가치에는 "우리는 서로의 생각에 공개적으로 도전하며 사람과 생각의 다양성을 소중하게 여긴다"는 내용이 포함된다.

거대한 규모에도 불구하고 이런 기업들은 신입 직원들에게 다음과 같이 분명하게 약속한다. "회사는 당신의 목소리에 귀를 기울일 것입니다. 당연히 당신은 첫날부터 누군가에게 지시를 내리는 지위에 있지는 못할 것입니다. 하지만 당신의 생각이 옳다면 변화를 만들어낼 것입니다. 당신은 관료제라는 기계의 이름 없는 톱니바퀴가 아닙니다."

이 약속은 꼭 지켜져야 한다. 유리문과 소셜네트워크의 시대에 선동은 오래가지 못한다. 하지만 기업들이 약속을 지키면 굳이 말하지 않아도 지원자들은 알게 된다. 건전한 의사결정 구조가 있는 조직들은 인재를 끌어들인다.

이런 직원들이 고용되면 어떤 일이 벌어질까? 14장에서 보았듯이 사람들은 자신의 의견이 중요하게 받아들여질 때 더 열심히 참여한다. 그들은 실질적인 대화에서 자신의 의견이 경청된다는 것을 알면 상황이 자신의 뜻과 다르게 돌아간다 해도 최종 결정에 더욱 헌신한다. 다양한 생각이 새로운 제품, 전략, 방법에 반영될 때, 사람들은 혁신적인 생각을 제시하려고 더 열심히 노력한다. 의사결정 프로세스가 신속하면서 지속적으로 개선된다면 사람들은 계산된 위험을 더 많이 감수하고 성공 방법에 더 주의를 기울인다. 탄탄한 의사결정 구조는 '직원 참여'를 촉진하는 신뢰할 만한 방법이다. 모든 인사 부서가 공들여도 정말 달성하기 힘든 성과물인 직원 참여 말이다.

마지막으로 조직은 누구를 승진시키고 해고할지 어떻게 결정할까? 언제나 최선인 결정 방법은 없다. 우리는 임원들이 결과(재능보다는 기회에 더 많이 좌우된다)에 의해 승진하는 것을 보아왔다(점쟁이 문어 파울을 생각해보라).

그와 반대로 우리는 유능하고 열심히 일하지만 인정받을 결정적 기회를 얻지 못해 힘들어하는 중간 관리자들을 많이 알고 있다. 경제지는 론 존슨과 같이 천재성과 무결점이라는 평판을 얻고 점점 더 크게 베팅하는 CEO들의 사례를 끊임없이 제공한다(그러다 그들은 갑자기 추락하여 흔적도 없이 사라진다).

이처럼 '아니면 말고' 식의 행태는 '중요한 것은 성과'라는 기업 문화가 가져온 직접적인 결과다. 결과가 의사결정의 정당성을 판단하는 유일한 기준이고, 행운이 재능과 판단력을 보여주는 증거로 오인되는 조직에서 최고의 자리에 오른 사람들은 최고의 인재가 아니다. 그들은 그저 가장 운이 좋은 사람일 뿐이다.

이런 인재 평가 방법의 또 다른 부작용은 많은 기업에서 약삭빠른 임원들이 자신의 현재 위치를 다음 자리를 위한 발판으로 삼는다는 것이다. 그들의 목표는 자신의 성과가 돋보일 것 같은 자리를 차지하는 것이다. 이를테면 눈에 띄는 사람이 되는 것이다. 하지만 적절한 때 적절한 위치에 있는 것이 더 중요하다.

이 문제의 해결책은 건전한 의사결정 구조다. 의사결정의 결과가 아니라 가치를 평가하는 기업들이 최고의 리더를 선택할 가능성이 더 높다. 13장에서 살펴보았듯이, 좋은 의사결정이(최적의 결과를 만드는 결정이 아니라) 좋은 과정을 거친 결정이라면 행운이 아니라 판단력과 전문적인 능력이 보상받을 것이다.

결론은 분명하다. 물론 좋은 사람들이 좋은 의사결정을 내릴 가능성이 더 높다. 하지만 건전한 의사결정 구조 역시 최고의 인재들을 끌어들이고 참여시키고 승진시키는 데 도움이 될 것이다.

새로운 리더십 모델을 구축하라

당신의 팀이나 기업을 위해 의사결정 구조를 설계하기로 했다면 바로 당신 자신부터 바꿔야 한다. 더 정확히 말하면 당신의 자기 이미지와 당신이 의사결정자로서 투사하는 이미지를 바꿔야 한다.

의사결정자는 단순히 결정을 내리는 사람이 아니다. 그는 또한 다른 사람들이 그 결정대로 행동하도록 격려해야 한다. 그는 리더가 되어야 한다. 리더에게는 자신을 바라보는 사람들이 있다. 추종자가 없는 리더는 없다. 이것이 리더가 된다는 의미다. 다른 사람들이 그를 리더로 믿어야 한다.

의사결정 행위는 리더의 중요한 역할이기 때문에 의사결정 방식은 리더십을 평가하는 중요한 요소다. 따라서 당신이 리더의 위치에 있다면 다른 사람들의 '리더상'에 부합하기 위해 노력하는 것이 매우 당연하다. 이런 말이 있다. "리더가 되고 싶으면 리더처럼 행동하라."

리더처럼 행동한다는 것은 정확히 무슨 뜻일까? 이 질문에 대한 해답은 대체로 선입관에 영향을 받는다. 심리학자 게리 클라인은 이렇게 말한다. "우리 사회에서 신뢰의 전형은 존 웨인 **John Wayne**(미국 서부 영화에서 카우보이 역할을 주로 맡은 배우-옮긴이) 입니다. 그는 상황을 살피고 이렇게 말합니다. '이것이 내가 하려는 일이야.' 그러면 사람들이 그를 따릅니다."

'카우보이 리더십 모델'은 실제적인 영향을 미친다. 리더들은 주로 경험과 사업적 판단력 덕분에 선택된다. 사람들은 리더들이 의사결정을 내릴 때 적어도 부분적으로는 경험과 사업적 판단력을 활용할 것으로 기대한다.

사람들은 리더들이 어떤 선택을 할 때 자기 확신을 전달할 것으로 기대한다. 우리는 리더들이 여러 선택지의 장단점을 신중하게 저울질하면서 망설이는 모습을 보고 싶어 하지 않는다. 일단 결정이 내려지면 전형적인 리더는 자기 계획의 성공을 100퍼센트 확신해야 한다. 이러한 흔들리지 않는 낙관주의는 전염성이 있어서 다른 사람들이 최선을 다하도록 고무시킨다.

앞에서 계속 보았듯이 이런 전형적인 고정관념에는 심각한 문제점이 있다. 이런 고정관념을 따르는 리더는 곧장 최악의 의사결정 함정에 빠질 가능성이 있다. '존 웨인' 식 리더는 자랑스럽게 경험과 직관에 의존한다. 그는 절대 의심을 나타내거나 비판을 요구하지 않는다. 그는 반대를 억누르고 부지중에 집단사고를 북돋운다. 그는 매번 자기과신을 한껏 드러낸다.

당신은 여기 소개된 의사결정 기법 중 다수가 이런 전통적인 리더십 개념과 맞지 않는다고 말할지도 모른다. 예컨대 조금씩 다른 관점들을 장려하고 흔쾌히 생각을 바꾸는 역할 모델이 되어야 한다는 내용을 생각해보라. 두려움 없는 카우보이의 모습은 확실히 아니다! 당연하다. 이런 고정관념을 따르는 리더가 실제로는 형편없는 의사결정자라면 이런 고정관념에 맞지 않는 의사결정 방법이 좋은 방법일 것이다.

이 문제는 의사결정 단계와 실행 단계를 분리함으로써 어느 정도는 해결된다. 에릭 슈미트는 "의견 불일치에는 종료 시간이 있다"고 말한다. 일단 결정이 내려지면 불일치는 끝난다는 의미다. 아마존의 리더십 원칙은 이렇다. "반대하고 헌신하라." 의사결정에 도전하라, 하지만 "일단 결정이 내려지면…… 전적으로 헌신해야 한다".

이론상으로는 일리 있는 말들이다. 하지만 이것은 대화를 권유하고, 다양한 관점을 환영하고, 성공을 확률적으로 생각하던 사람이 결정이 내려지면 갑자기 의심을 허용하지 않는 열정적인 지지자가 되어야 한다는 뜻이다. 어렵지 않을까? 당연히 어렵다. 이런 모순된 상황은 리더십에 관한 전통적인 사고방식에 근본적인 문제가 있음을 보여준다.

우리가 협업과 프로세스를 원한다면 낡은 리더십 개념을 따르지 말아야 한다. 진정한 리더는 어떤 도움도 필요 없는 고독한 사람이라고 계속 확신한다면 어떻게 협업을 진지하게 받아들일 수 있겠는가? 영감과 비전으로 가득한 리더가 번뜩이는 통찰 속에서 최고의 의사결정을 내린다고 믿는다면 어떻게 프로세스를 존중할 수 있겠는가?

그 대신 우리는 리더십과 또 다른 행동들을 연관시키는 법을 배워야 한다. 그러면 협업과 프로세스를 정말 소중히 여기고 의사결정 구조를 만드는 것을 자신의 핵심적인 역할로 여기게 된다. 이런 리더들은 그들에게만 모든 해답이 있다고 믿지 않는다. 그들은 최종 결정을 책임지지만 의사결정 과정에서 팀이 함께 최선의 해답을 찾으려고 한다. 그들은 최선의 전략이 항상 바람직한 결과를 낳지 않는다는 것을 알지만 그런 결과를 달성하려는 열정을 줄이지는 않는다. 이런 태도는 개인으로서 극도의 겸손과 전문 경영인으로서 강한 결의가 통합된 모습을 연상시킨다. 이런 리더들은 소수지만 만날 수 있을지도 모른다.

한 가지는 확실하다. 그들은 존 웨인과는 다르다! 더 나은 리더가 되려면 무한대의 자신감을 가진 고독하고 영웅적인 카우보이는 버려야 한다. 우리에게는 더 나은 역할 모델이 필요하다. 우리는 비전, 용기, 열정적인 추종자 집단을 가진 리더가 필요하다. 즉 힘든 의사결정을 내리고 성과를 올리지만 팀원의 판단에 귀를 기울일 정도로 겸손한 리더가 필요하다. 때로 자신의 직감이 다른 방향을 암시할 때에도 자신이 이용하는 의사결정 프로세스를 신뢰할 정도로 용기와 일관성이 있는 리더가 필요하다.

호메로스Homeros의 《오디세우스》에 나오는 바다의 요정 세이렌의 이야기를 생각해보라. 오디세우스는 자신의 한계를 잘 안다. 그는 자신이 수많은 사람을 죽음으로 이끈 세이렌의 기이하고 매력적인 노래의 유혹에 저항할 수 있을 거라고 생각하지 않는다. 그가 선원들에게 자기 몸을 돛대에 묶으라고 말함으로써 그들의 손에 자신의 생명을 맡긴 것은 그가 선원들을 얼마나 신뢰하고 있는지 보여준다. 그는 선원들에게 밀랍으로 귀를 막으라고 지시함으로써 그들에게 새로운 지시를 내릴 수 있는 가능성을 포기했다. 그는 의사결정 구조를 설계하고 최선의 결과를 만들 수 있는 프로세스를 신뢰한다.

오디세우스가 만든 의사결정 구조에는 그의 본능적 직감이 개입할 여지가 없다. 그렇다고 그에 대한 존경심이 줄어드는 것은 아니다. 그와 마찬가지로 우리는 편향이 유발하는 끔찍한 실수를 피하길 원한다. 우리가 그의 예를 따르고 존 웨인을 잊는다면 탁월한 의사결정을 내리게 될 것이다.

패턴 인식 편향

편향	정의	페이지
확증 편향; 스토리텔링	우리는 자신의 가설을 지지하는 사실에 주의를 기울이는 반면 그렇지 않은 사실은 무시한다. 가설이 짜임새 있는 내러티브 형태로 구성될 때 특히 더 그렇다.	41
경험 편향	우리는 쉽게 떠오르는 자신의 경험에 비추어 상황을 유추한다.	45
챔피언 편향	우리는 정보의 가치보다는 정보 전달자의 평판을 지나치게 중요하게 여긴다.	45
귀인 오류	우리는 성공이나 실패를 개인의 역할 탓으로 돌리고 환경이나 우연의 역할을 과소평가한다.	63
사후 확신 편향	우리는 과거 결정을 내릴 때 이용할 수 없었던 정보(특히 결과에 대한 정보)에 기초해 그 결정을 판단한다.	141
후광효과	우리는 몇 가지 현저한 특징에 근거해 사람, 기업 등에 대한 일반적인 인상을 갖게 되며 관련이 없는 다른 특징들을 평가할 때도 그 인상이 영향을 미친다.	63
생존자 편향	우리는 실패 사례를 제외하고 성공 사례에 기초해 결론을 내린다.	72

행동중심 편향

편향	정의	페이지
자기과신	우리는 자신의 상대적 능력을 과도하게 높이 평가한다. 가령 우리는 자신이 다른 사람보다 탁월하다고 생각한다.	94
계획 오류: 비현실적 낙관주의	우리는 계획을 어긋나게 할 수 있는 상황들을 충분히 고려하지 않으며, 그로 인해 계획 완료까지의 소요 시간과 비용을 추정할 때 낙관적인 태도를 보인다.	95
과도한 정확도	우리는 추정과 예측을 할 때 신뢰 수준을 지나치게 높게 평가한다.	98
경쟁자 무시	우리는 계획을 세울 때 경쟁자의 잠재적 대응을 간과한다.	100

관성 편향

편향	정의	페이지
기준점 효과	우리가 추정할 때 이용하는 수치가 타당하지 않은 경우에도 그것에 영향을 받는다.	115
자원배분 관성	우리는 특히 우선순위가 갑자기 바뀔 때 그것을 반영하여 자원을 배분하는 데 소극적이다.	117
현상유지 편향	우리는 의사결정을 회피하고 현재 상태를 유지하려는 성향을 보인다.	128
몰입 상승, 매몰비용 오류	특히 우리는 이전에 투자한 자원을 매몰비용으로 처리하지 않기 때문에 실패한 행동을 되풀이한다.	120
손실회피	우리는 같은 양의 이득보다 손실을 더 강렬하게 느낀다.	138
비합리적 위험 회피	우리는 실패할 경우 자신의 선택이 사후에 어리석게 보이고 부당한 비난을 받을까봐 합리적인 위험을 받아들이길 거부한다.	136
불확실성 회피	우리는 비록 위험 수준이 높더라도 알려지지 않은 위험보다 계량화된 위험을 선호한다.	140

사회적 편향

편향	정의	페이지
집단사고	우리는 집단 속에 있을 때 의심을 표현하지 않고 다수의 의견에 따른다.	167
극단화	집단은 구성원의 평균적인 관점보다 더 극단적인 결론에 이르는 경향이 있다. 그리고 그 결론을 더욱 확신한다.	180
정보 폭포	집단 속에서는 말하는 순서가 논의 결과에 영향을 미친다. 개인적인 정보는 제공되지 않고 공유된 정보만 강조되기 때문이다.	179

이익 편향

편향	정의	페이지
자기본위 편향	우리는 경제적인 것이든 그렇지 않은 것이든(정서적 애착을 포함하여) 자신의 이익과 일치하는 관점을 진심으로 신뢰한다.	191
현재 편향	우리는 현재-미래의 가치를 교환할 때 일관되지 못한 할인율을 사용하기 때문에 현재(경영에 대한 단기적 관점)를 지나치게 중요하게 생각한다.	162
소극적 행동 편향	우리는 적극적 행동의 오류보다 소극적 행동의 오류에 더 관대하며 소극적 행동의 오류에서 얻는 이익을 도덕적으로 더 잘 받아들인다.	194

더 나은 의사결정을 위한 40가지 기법

대화를 끌어내는 방법

기법	페이지
인지적 다양성을 충분히 보장하라.	286
토론을 위한 충분한 시간을 제공하라.	287
의제를 정해놓고 대화를 나눠라.	288
파워포인트 사용을 제한하라.	289
사람들을 오도하는 분석을 금지하라.	293
성급하게 결론을 내리지 마라.	293
대차대조표를 요구하여 관점들의 미묘한 차이를 부각시켜라.	294
악마의 변호인을 지정하라.	296
두 가지 대안을 동시에 제시하게 하라.	297
사라지는 옵션 테스트를 실행하라.	298
대안적인 이야기를 말하라.	299
잠재적 실패를 미리 분석하라.	301
특별위원회를 구성하라.	303
CEO의 서랍에 메모를 넣고 잠가라.	304

※ 아울러 명심할 것은 토론 종료 시간을 정하는 것이다(의견 불일치와 종료 시간).

다양한 관점을 촉진하는 방법

기법	페이지
비공식적인 조언자를 만들어라.	314
여과되지 않은 전문가 의견을 구하라.	315
컨설턴트에게 영향을 미칠 가능성을 줄여라.	317
외부의 이의 제기자를 임명하라.	318
반대자 역할을 하는 레드팀 또는 전쟁게임을 만들어라.	320
집단의 지혜를 활용하라.	321
기준점 효과에 기준점 효과로 맞서라.	324
다수의 유추를 이용해 확증 편향과 싸워라.	326
현상유지 편향을 극복하려면 기본 전제를 바꿔라.	327
반복적인 의사결정을 할 때는 표준화된 체계를 이용하라.	329
특별한 의사결정을 할 때는 기준을 미리 정하라.	332
핵심 가정에 대해 '부하검사'를 실시하라.	333
참조집단을 찾아 외부인의 관점을 확보하라.	335
새로운 자료를 이용해 당신의 신념을 바꿔라.	337

※ 아울러 명심할 것은 겸손한 태도를 기르는 방법을 찾는 것이다(예를 들어 '반포트폴리오').

의사결정 과정의 역동성을 촉진하는 방법

기법	페이지
우호적인 분위기를 만들어라.	346
'거리낌 없이 말하는' 문화를 만들어라.	348
인센티브와 공동의 이익을 일치시켜라.	349
무료로 배울 방법을 찾아라.	350
실험을 하고 실패를 받아들여라.	352
성공에 대해서도 사후 분석을 실시하라.	355
점진적으로 투자를 늘려라.	356
실패할 권리를 인정하되 실수할 권리는 인정하지 마라.	358
텍사스 명사수처럼 전략을 짜라.	361
당당하게 생각을 바꿔라.	362
권한을 공유하라.	364
이해 충돌이 없는 '이너 서클'에서 의사결정을 하라.	365

※ 아울러 명심할 것은 의사결정을 내리고 그것에 책임을 지는 것이다(하룻밤 묵힌 뒤에 최종 결정을 내려라).

일반적인 참고문헌

행동심리학, 의사결정, 일반적인 인지 편향에 관한 자료

1. Ariely, Dan. *Predictably Irrational.* New York: HarperCollins, 2008.
2. Cialdini, Robert B. *Influence: How and Why People Agree to Things.* New York: Morrow, 1984.
3. Kahneman, Daniel. *Thinking, Fast and Slow.* New York: Farrar, Straus and Giroux, 2011.
4. Thaler, Richard H. *Misbehaving: The Making of Behavioral Economics.* New York: W. W. Norton, 2015.

경영에 적용된 인지과학, 그리고 특히 인지 편향이 경영 관련 의사결정에 미치는 영향에 관한 자료

1. Bazerman, Max H., and Don A. Moore. *Judgment in Managerial Decision Making.* Hoboken, NJ: Wiley, 2008.
2. Finkelstein, Sydney, Jo Whitehead, and Andrew Campbell. *Think Again: Why Good Leaders Make Bad Decisions and How to Keep It from Happening to You.* Boston: Harvard Business Review, 2008.
3. Heath, Chip, and Dan Heath. *Decisive: How to Make Better Choices in Life and Work.* New York: Crown Business, 2013.
4. Rosenzweig, Phil. *The Halo Effect . . . and the Eight Other Business Delusions That Deceive Managers.* New York: Free Press, 2007.
5. Sunstein, Cass R., and Reid Hastie. *Wiser: Getting Beyond Groupthink to Make Better Decisions.* Boston: Harvard Business Review, 2015.

행동 전략에 관한 자료

1. Lovallo, Dan, and Olivier Sibony. "The Case for Behavioral Strategy." *McKinsey Quarterly,* March 2010, 30–43.
2. Powell, Thomas C., Dan Lovallo, and Craig R. Fox. "Behavioral Strategy." *Strategic Management Journal* 32, no. 13 (2011): 1369–86.
3. Sibony, Olivier, Dan Lovallo, and Thomas C. Powell. "Behavioral Strategy and the Strategic Decision Architecture of the Firm." *California Management Review* 59, no. 3 (2017): 5–21.

공공정책에 대한 행동심리학의 적용에 관한 자료

1. Halpern, David. *Inside the Nudge Unit: How Small Changes Can Make a Big Difference.* W. H. Allen, 2015.

2. Thaler, Richard H., and Cass R. Sunstein. *Nudge: Improving Decisions About Health, Wealth, and Happiness.* New Haven, CT: Yale University Press, 2008.

의사결정에 관한 이론적 관점을 소개하는 자료

1. March, James G. *Primer on Decision Making: How Decisions Happen.* New York: Free Press, 1994.

시작하는 글

경영 관련 의사결정의 오류에 관한 자료

1. Carroll, Paul B., and Chunka Mui. *Billion Dollar Lessons: What You Can Learn from the Most Inexcusable Business Failures of the Last 25 Years.* New York: Portfolio/Penguin, 2008.

2. Finkelstein, Sydney. *Why Smart Executives Fail: And What You Can Learn from Their Mistakes.* New York: Portfolio/Penguin, 2004.

이 책에 포함되지 않은 조직의 실수에 관한 자료

1. Hofmann, David A., and Michael Frese, eds. *Errors in Organizations.* SIOP Organizational Frontiers Series. New York: Routledge, 2011.

2. Perrow, Charles. *Normal Accidents: Living with High-Risk Technologies.* New York: Basic Books, 1984.

3. Reason, James. *Human Error.* Cambridge: Cambridge University Press, 1990.

기타 자료

2,000명의 임원을 설문 조사

1. Sibony. "The Case for Behavioral Strategy." *McKinsey Quarterly,* March 2010.

훈련을 통해 없애려는 무의식적 편향

2. Lublin, Joann S. "Bringing Hidden Biases into the Light." *Wall Street Journal,* January 9, 2014. See also Shankar Vedantam, "Radio Reply: The Mind of the Village," *The Hidden Brain, National Public Radio,* March 9, 2018, featuring Mahzarin Banaji and others.

넛지

3. Thaler, Richard H., and Cass R. Sunstein. *Nudge: Improving Decisions About Health, Wealth, and Happiness.* New Haven, CT: Yale University Press, 2008.

'기업 행동과학팀'

4. Güntner, Anna, Konstantin Lucks, and Julia Sperling-Magro. "Lessons from the Front Line of Corporate Nudging." *McKinsey Quarterly,* January 2019.

인지, 심리학, 행동, 감정과 같은 핵심 용어

5. Sibony, Olivier, Dan Lovallo, and Thomas C. Powell. "Behavioral Strategy and the Strategic Decision Architecture of the Firm." *California Management Review* 59, no. 3 (2017): 5–21.

맥킨지가 800명의 기업 이사들을 대상으로 조사

6. Bhagat, Chinta, and Conor Kehoe. "High-Performing Boards: What's on Their Agenda?" *McKinsey Quarterly,* April 2014.

"우리가 그렇게 어리석다면 어떻게 달에 갈 수 있었을까?"

7. Nisbett, Richard E., and Lee Ross. *Human Inference: Strategies and Shortcomings of Social Judgment.* Englewood Cliffs, NJ.: Prentice Hall, 1980.

8. Nisbett, Richard E., and Lee Ross. *Human Inference: Strategies and Shortcomings of Social Judgment.* Englewood Cliffs, NJ: Prentice Hall, 1980. Cited in Chip Heath, Richard P. Larrick, and Joshua Klayman. "Cognitive Repairs: How Organizational Practices Can Compensate for Individual Shortcomings." *Research in Organizational Behavior* 20, no. 1 (1998): 1–37.

Chapter 1

'석유 냄새 탐지 항공기'에 관한 자료

1. Gicquel, François. "Rapport de la Cour des Comptes sur l'affaire des avions renifleurs." January 21, 1981. https://fr.wikisource.org/w/index.php?ol-did=565802.

2. Lascoumes, Pierre. "Au nom du progrès et de la Nation: Les 'avions renifleurs.' La science entre l'escroquerie et le secret d'État." *Politix* 48, no. 12 (1999): 129–55. Lashinsky, Adam. "How a Big Bet on Oil Went Bust." *Fortune*, March 26, 2010.

확증 편향에 관한 자료

1. Nickerson, Raymond S. "Confirmation Bias: A Ubiquitous Phenomenon in Many Guises." *Review of General Psychology* 2, no. 2 (1998): 175–220.

2. Soyer, Emre, and Robin M. Hogarth. "Fooled by Experience." *Harvard Business Review,* May 2015, 73–77.

3. Stanovich, Keith E., and Richard F. West. "On the Relative Independence of Thinking Biases and Cognitive Ability." *Journal of Personality and Social Psychology* 94, no. 4 (2008): 672–95.

4. Stanovich, Keith E., Richard F. West, and Maggie E. Toplak. "Myside Bias, Rational Thinking, and Intelligence," *Current Directions in Psychological Science* 22, no. 4 (2013): 259–64.

가짜 뉴스와 필터 버블에 관한 자료

1. Lazer, David M. J., et al. "The Science of Fake News." *Science* 359 (2018): 1094–96.
2. Kahan, Dan M., et al. "Science Curiosity and Political Information Processing," *Political Psychology* 38 (2017): 179–99.
3. Kraft, Patrick W., Milton Lodge, and Charles S. Taber. "Why People 'Don't Trust the Evidence': Motivated Reasoning and Scientific Beliefs." *Annals of the American Academy of Political and Social Science* 658, no. 1 (2015): 121–33.
4. Pariser, Eli. *The Filter Bubble: What the Internet Is Hiding from You.* London: Penguin, 2011.
5. Pennycook, Gordon, and David G. Rand. "Who Falls for Fake News? The Roles of Bullshit Receptivity, Overclaiming, Familiarity, and Analytic Thinking." SSRN working paper no. 3023545, 2018.
6. Taber, Charles S., and Milton Lodge. "Motivated Skepticism in the Evaluation of Political Beliefs." *American Journal of Political Science* 50, no. 3 (2006): 755–69.

포렌식 확증 편향에 관한 자료

1. Dror, Itiel E. "Biases in Forensic Experts." *Science* 360 (2018): 243.
2. Dror, Itiel E., and David Charlton. "Why Experts Make Errors." *Journal of Forensic Identification* 56, no. 4 (2006): 600–616.

JC페니에 관한 자료

1. D'Innocenzio, Anne. "J. C. Penney: Can This Company Be Saved?" Associated Press in *USA Today,* April 9, 2013.
2. Reingold, Jennifer. "How to Fail in Business While Really, Really Trying." *Fortune,* March 20, 2014.

재현 위기에 관한 자료

1. Ioannidis, John P. A. "Why Most Published Research Findings Are False." PLoS *Medicine* 2, no. 8 (2005): 0696–0701.
2. Lehrer, Jonah. "The Truth Wears Off." *The New Yorker,* December 2010.
3. Neal, Tess M. S., and Thomas Grisso. "The Cognitive Underpinnings of Bias in Forensic Mental Health Evaluations." *Psychology, Public Policy, and Law* 20, no. 2 (2014): 200–211.
4. Simmons, Joseph P., Leif D. Nelson, and Uri Simonsohn. "False-Positive Psychology: Undisclosed Flexibility in Data Collection and Analysis Allows Presenting Anything as Significant." *Psychological Science* 22, no. 11 (2011): 1359–66.

기타 자료

1. Taleb, Nassim Nicholas. *The Black Swan: The Impact of the Highly Improbable*, 2ded. New York: Random House, 2010.

Chapter 2

후광효과에 관한 자료

1. Collins, Jim, and Jerry I. Porras. *Built to Last: Successful Habits of Visionary Companies*. New York: Harper & Row, 1982.
2. Nisbett, Richard E., and Timothy DeCamp Wilson. "The Halo Effect: Evidence for Unconscious Alteration of Judgments." *Journal of Personality and Social Psychology* 35, no. 4 (1977): 250–56.
3. Peters, Thomas J., and Robert H. Waterman Jr. *In Search of Excellence: Lessons from America's Best-Run Companies*. New York: Warner Books, 1984.
4. Rosenzweig, Phil. *The Halo Effect . . . and the Eight Other Business Delusions That Deceive Managers*. New York: Free Press, 2007.

강요된 순위에 관한 자료

1. Cohan, Peter. "Why Stack Ranking Worked Better at GE Than Microsoft." *Forbes*, July 2012.
2. Kwoh, Leslie. "'Rank and Yank' Retains Vocal Fans." *Wall Street Journal*, January 31, 2012.

전략적 모방의 위험에 관한 자료

1. Nattermann, Philipp M. "Best Practice Does Not Equal Best Strategy." *McKinsey Quarterly*, May 2000, 22–31.
2. Porter, Michael E. "What Is Strategy?" *Harvard Business Review*, November–December 1996.

생존자 편향에 관한 자료

1. Brown, Stephen J., et al. "Survivorship Bias in Performance Studies." *Review of Financial Studies* 5, no. 4 (1992): 553–80.
2. Carhart, Mark M. "On Persistence in Mutual Fund Performance." *Journal of Finance* 52, no. 1 (1997): 57–82.
3. Ellenberg, Jordan. *How Not to Be Wrong: The Power of Mathematical Thinking*. London: Penguin, 2015.

Chapter 3

직관을 이용하는 관리자와 임원에 관한 자료

1. Akinci, Cinla, and Eugene Sadler-Smith. "Intuition in Management Research: A Historical Review." *International Journal of Management Reviews* 14 (2012): 104–22.
2. Dane, Erik, and Michael G. Pratt. "Exploring Intuition and Its Role in Managerial Decision Making." *Academy of Management Review* 32, no. 1 (2007): 33–54.
3. Hensman, Ann, and Eugene Sadler-Smith. "Intuitive Decision Making in Banking and Finance." *European Management Journal* 29, no. 1 (2011): 51–66.
4. Sadler-Smith, Eugene, and Lisa A. Burke-Smalley. "What Do We Really Understand About How Managers Make Important Decisions?" *Organizational Dynamics* 9 (2014): 16.

자연주의적 의사결정에 관한 자료

1. Cholle, Francis P. *The Intuitive Compass: Why the Best Decisions Balance Reason and Instinct.* Hoboken, NJ: Jossey-Bass/Wiley, 2011.
2. Gigerenzer, Gerd. *Gut Feelings: Short Cuts to Better Decision Making.* London: Penguin, 2008.
3. Gladwell, Malcolm. *Blink: The Power of Thinking Without Thinking.* New York: Little, Brown, 2005.
4. Klein, Gary. *Sources of Power: How People Make Decisions.* Cambridge, MA: MIT Press, 1998.

휴리스틱스와 편향에 관한 자료

1. Kahneman, Daniel. *Thinking, Fast and Slow. New York: Farrar,* Straus and Giroux, 2011.
2. Tversky, Amos, and Daniel Kahneman. "Belief in the Law of Small Numbers." *Psychological Bulletin* 76, no. 2 (1971): 105–10.
3. ———. "Judgment Under Uncertainty: Heuristics and Biases." *Science* 185(1974): 1124–31.

카너먼과 클라인의 적대적인 협업에 관한 자료

1. Kahneman, Daniel, and Gary Klein. "Conditions for Intuitive Expertise: A Failure to Disagree." *American Psychologist* 64, no. 6 (2009): 515–26.
2. "Strategic Decisions: When Can You Trust Your Gut?" Interview with Daniel Kahneman and Gary Klein. *McKinsey Quarterly*, March 2010.

다양한 영역에서 전문 지식의 타당성에 관한 자료

1. Shanteau, James. "Competence in Experts: The Role of Task Characteristics." *Organizational Behavior and Human Decision Processes* 53, no. 2 (1992): 252–66.
2. ———. "Why Task Domains (Still) Matter for Understanding Expertise." *Journal of Applied Research in Memory and Cognition* 4, no. 3 (2015): 169–75.

3. Tetlock, Philip E. *Expert Political Judgment: How Good Is It? How Can We Know?* Princeton, NJ: Princeton University Press, 2005.

직원 채용에서 직관적 의사결정의 적절성(부적절성)에 관한 자료

1. Dana, Jason, Robyn Dawes, and Nathanial Peterson. "Belief in the Unstructured Interview: The Persistence of an Illusion." *Judgment and Decision Making* 8, no. 5 (2013): 512–20.
2. Heath, Dan, and Chip Heath. "Why It May Be Wiser to Hire People Without Meeting Them." *Fast Company,* June 1, 2009.
3. Moore, Don A. "How to Improve the Accuracy and Reduce the Cost of Personnel Selection." *California Management Review* 60, no. 1 (2017): 8–17.
4. Schmidt, Frank L., and John E. Hunter. "The Validity and Utility of Selection Methods in Personnel Psychology: Practical and Theoretical Implications of 85 Years of Research Findings." *Psychological Bulletin* 124, no. 2 (1998): 262–74.

Chapter 4

자기과신에 관한 자료

1. Moore, Don A., and Paul J. Healy. "The Trouble with Overconfidence." *Psychological Review* 115, no. 2 (2008): 502–17.
2. Svenson, Ola. "Are We All Less Risky and More Skillful Than Our Fellow Drivers?" *Acta Psychologica* 47, no. 2 (1981): 143–48.
3. Thaler, Richard H., and Cass R. Sunstein. *Nudge: Improving Decisions About Health, Wealth, and Happiness.* New Haven, CT: Yale University Press, 2008.

낙관적 예측과 계획 오류에 관한 자료

1. Buehler, Roger, Dale Griffin, and Michael Ross. (1994). "Exploring the 'Planning Fallacy': Why People Underestimate Their Task Completion Times." *Journal of Personality and Social Psychology* 67, no. 3 (1994): 366–81.
2. Flyvbjerg, Bent, Mette Skamris Holm, and Soren Buhl. "Underestimating Costs in Public Works, Error or Lie?" *Journal of the American Planning Association* 68, no. 3 (Summer 2002): 279–95.
3. Frankel, Jeffrey A. "Over-Optimism in Forecasts by Official Budget Agencies and Its Implications." NBER working paper no. 17239, 2011.

과도한 정확도에 관한 자료

1. Alpert, Marc, and Howard Raiffa. "A Progress Report on the Training of Probability Assessors." In *Judgment Under Uncertainty: Heuristics and Biases*, edited by Daniel Kahneman, Paul Slovic, and Amos Tversky, 294–305. Cambridge: Cambridge University Press, 1982.

2. Russo, J. Edward, and Paul J. H. Schoemaker. "Managing Overconfidence." *Sloan Management Review* 33, no. 2 (1992): 7–17.

경쟁에 대한 과소평가와 경쟁자 무시에 관한 자료

1. Cain, Daylian M., Don A. Moore, and Uriel Haran. "Making Sense of Overconfidence in Market Entry." *Strategic Management Journal* 36, no. 1 (2015): 1–18.
2. Dillon, Karen. "'I Think of My Failures as a Gift.'" *Harvard Business Review*, April 2011, 86–89.
3. "How Companies Respond to Competitors: A McKinsey Survey." *McKinsey Quarterly*, April 2008.
4. Moore, Don A., John M. Oesch, and Charlene Zietsma. "What Competition? Myopic Self-Focus in Market-Entry Decisions." *Organization Science* 18, no.3 (2007): 440–54.
5. Rumelt, Richard P. *Good Strategy/Bad Strategy: The Difference and Why It Matters.* New York: Crown Business, 2011.

편향을 선택한 진화에 관한 자료

1. Santos, Laurie R., and Alexandra G. Rosati. "The Evolutionary Roots of Human Decision Making," *Annual Review of Psychology* 66, no. 1 (2015): 321–47.

낙관주의의 이점에 관한 자료

1. Rosenzweig, Phil. "The Benefits—and Limits—of Decision Models." *McKinsey Quarterly*, February 2014, 1–10.
2. ———. Left Brain, *Right Stuff: How Leaders Make Winning Decisions.* New York: Public Affairs, 2014.

기타 자료

1. Graser, Marc. "Epic Fail: How Blockbuster Could Have Owned Netflix." *Variety*, November 12, 2013.

Chapter 5

폴라로이드에 관한 자료

1. Rosenbloom, Richard S., and Ellen Pruyne. "Polaroid Corporation: Digital Imaging Technology in 1997." Harvard Business School case study no. 798-013, October 1977. https://www.hbs.edu/faculty/Pages/item.aspx?num=24164.
2. Tripsas, Mary, and Giovanni Gavetti. "Capabilities, Cognition, and Inertia: Evidence from Digital Imaging." *Strategic Management Journal* 21, no. 10 (2000): 1147–61.

자원배분 관성에 관한 자료

1. Bardolet, David, Craig R. Fox, and Don Lovallo. "Corporate Capital Allocation: A Behavioral Perspective." *Strategic Management Journal* 32, no. 13 (2011): 1465–83.
2. Birshan, Michael, Marja Engel, and Olivier Sibony. "Avoiding the Quicksand: Ten Techniques for More Agile Corporate Resource Allocation." *McKinsey Quarterly*, October 2013, 6.
3. Hall, Stephen, and Conor Kehoe. "How Quickly Should a New CEO Shift Corporate Resources?" *McKinsey Quarterly*, October 2013, 1–5.
4. Hall, Stephen, Dan Lovallo, and Reinier Musters. "How to Put Your Money Where Your Strategy Is." *McKinsey Quarterly*, March 2012, 11.

기준점 효과에 관한 자료

1. Englich, Birte, Thomas Mussweiler, and Fritz Strack. "Playing Dice with Criminal Sentences: The Influence of Irrelevant Anchors on Experts' Judicial Decision Making." *Personality and Social Psychology Bulletin* 32, no. 2 (2006): 188–200.
2. Galinsky, Adam D., and Thomas Mussweiler. "First Offers as Anchors: The Role of Perspective-Taking and Negotiator Focus." *Journal of Personality and Social Psychology* 81, no. 4 (2001): 657–69.
3. Strack, Fritz, and Thomas Mussweiler. "Explaining the Enigmatic Anchoring Effect: Mechanisms of Selective Accessibility." *Journal of Personality and Social Psychology* 73, no. 3 (1997): 437–46.
4. Tversky, Amos, and Daniel Kahneman. "Judgment Under Uncertainty: Heuristics and Biases." *Science* 185 (1974): 1124–31.

몰입 상승에 관한 자료

1. Drummond, Helga. "Escalation of Commitment: When to Stay the Course." *Academy of Management Perspectives* 28, no. 4 (2014): 430–46.
2. Royer, Isabelle. "Why Bad Projects Are So Hard to Kill." *Harvard Business Review*, February 2003, 48–56.
3. Staw, Barry, M. "The Escalation of Commitment: An Update and Appraisal." In *Organizational Decision Making*, edited by Zur Shapira, 191–215. Cambridge: Cambridge University Press, 1997.
4. ———. "The Escalation of Commitment to a Course of Action." *Academy of Management Review* 6, no. 4 (1981): 577–87.

GM의 새턴 사업에 관한 자료

1. Ritson, Mark. "Why Saturn Was Destined to Fail." *Harvard Business Review*, October 2009, 2–3.
2. Taylor, Alex, III. "GM's Saturn Problem." *Fortune*, December 2014.

소수의 자회사 매각에 관한 자료

1. Feldman, Emilie, Raphael Amit, and Belen Villalonga. "Corporate Divestitures and Family Control." *Strategic Management Journal* 37, no. 3 (2014) 429–46.

2. Horn, John T., Dan P. Lovallo, and S. Patrick Viguerie. "Learning to Let Go: Making Better Exit Decisions." *McKinsey Quarterly*, May 2006, 64.

3. Lee, Donghun, and Ravi Madhavan. "Divestiture and Firm Performance: A Meta Analysis." *Journal of Management* 36, no. 6 (February 2010): 1345–71.

몰락에 관한 자료

1. Christensen, Clayton M. *The Innovator's Dilemma: When New Technologies Cause Great Firms to Fail.* Boston: Harvard Business School Press, 1997.

넷플릭스와 퀵스터에 관한 자료

1. Wingfield, Nick, and Brian Stelter. "How Netflix Lost 800,000 Members, and Good Will." *New York Times*, October 24, 2011.

현상유지 편향에 관한 자료

1. Kahneman, Daniel, Jack L. Knetsch, and Richard H. Thaler. "Anomalies: The Endowment Effect, Loss Aversion, and Status Quo Bias." *Journal of Economic Perspectives* 5, no. 1 (1991): 193–206.

2. Samuelson, William, and Richard Zeckhauser. "Status Quo Bias in Decision Making." *Journal of Risk and Uncertainty* 1, no. 1 (1988): 7–59.

주

실수를 인정하고 적절한 시기에 실패한 계획을 중단하라

1. McKinsey study of 463 executives, 2009. See "Strategic Decisions: When Can You Trust Your Gut?" Interview with Daniel Kahneman and Gary Klein. *McKinsey Quarterly*, March 2010.

출구 전략에 관한 역사적인 연구

2. Horn, John T., Dan P. Lovallo, and S. Patrick Viguerie. "Learning to Let Go: Making Better Exit Decisions." *McKinsey Quarterly*, May 2006, 64.

Chapter 6

지나친 위험 회피에 관한 자료

1. Koller, Tim, Dan Lovallo, and Zane Williams. "Overcoming a Bias Against Risk." *McKinsey Quarterly*, August 2012, 15–17.

대기업의 혁신 부재에 관한 자료

1. Armental, Maria. "U.S. Corporate Cash Piles Drop to Three-Year Low." *Wall Street Journal*, June 10, 2019.

2. Christensen, Clayton M., and Derek C. M. van Bever. "The Capitalist's Dilemma." *Harvard Business Review*, June 2014, 60–68.

3. Grocer, Stephen. "Apple's Stock Buybacks Continue to Break Records." *New York Times*, August 1, 2018.

손실회피에 관한 자료

1. Kahneman, Daniel, and Amos Tversky. "Prospect Theory: An Analysis of Decision Under Risk." *Econometrica* 47, no. 2 (1979): 263–91.

사후 확신 편향에 관한 자료

1. Baron, Jonathan, and John C. Hershey. "Outcome Bias in Decision Evaluation." *Journal of Personality and Social Psychology* 54, no. 4 (1988): 569–79.

2. Fischhoff, Baruch. "An Early History of Hindsight Research." *Social Cognition* 25, no. 1 (2007): 10–13.

3. ———. "Hindsight Is Not Equal to Foresight: The Effect of Outcome Knowledge on Judgment Under Uncertainty." *Journal of Experimental Psychology: Human Perception and Performance* 1, no. 3 (1975): 288–99.

4. Fischhoff, Baruch, and Ruth Beyth. "'I Knew It Would Happen': Remembered Probabilities of Once-Future Things." *Organizational Behavior and Human Performance* 13, no. 1 (1975): 1–16.

내러티브 편향과 사후 확신 편향에 관한 역사적 연구에 관한 자료

1. Risi, Joseph, et al. "Predicting History." *Nature Human Behaviour* 3 (2019): 906–12.

2. Rosenberg, Alex. *How History Gets Things Wrong: The Neuroscience of Our Addiction to Stories*. Cambridge, MA: MIT Press, 2018.

1940년 처칠의 집권에 관한 자료

1. Shakespeare, Nicholas. *Six Minutes in May: How Churchill Unexpectedly Became Prime Minister*. London: Penguin Random House, 2017.

조직의 사후 확신 편향에 관한 자료

1. Thaler, Richard H. *Misbehaving: The Making of Behavioral Economics*. New York: W. W. Norton, 2015.

소심한 선택과 대담한 예측의 역설에 관한 자료

1. Kahneman, Daniel, and Dan Lovallo. "Timid Choices and Bold Forecasts: A Cognitive Perspective on Risk Taking." *Management Science* 39, no. 1 (1993): 17–31.

2. March, James G., and Zur Shapira. "Managerial Perspectives on Risk and Risk Taking." *Management Science* 33, no. 11 (1987): 1404–18.

주

심리학이 행동경제학에 기여한 가장 중요한 부분

1. Kahneman, Daniel. *Thinking, Fast and Slow.* New York: Farrar, Straus and Giroux, 2011, 360.

Chapter 7

장기적 자본주의에 관한 자료

1. Barton, Dominic, and Mark Wiseman. "Focusing Capital on the Long Term." *McKinsey Quarterly*, December 2013.
2. Business Roundtable. "Statement on the Purpose of a Corporation." August 19, 2019. Available at https://opportunity.businessroundtable.org/wp-content/ uploads/2020/02/ BRT-Statement-on-the-Purpose-of-a-Corporation-with-Signatures-Feb2020.pdf.
3. Fink, Laurence D. Letter to CEOs. March 21, 2014.
4. George, Bill. "Bill George on Rethinking Capitalism." *McKinsey Quarterly,* December 2013.
5. Polman, Paul. "Business, Society, and the Future of Capitalism." *McKinsey Quarterly*, May 2014.
6. Porter, Michael, and Marc Kramer. "Creating Shared Value." *Harvard Business Review*, January 2011.

경영인의 근시안에 관한 자료

1. Asker, John, Joan Farre-Mensa, and Alexander Ljungqvist. "Corporate Investment and Stock Market Listing: A Puzzle?" *Review of Financial Studies* 28, no. 2 (February 2015): 342–90.
2. Graham, John R., Campbell R. Harvey, and Shiva Rajgopal. "Value Destruction and Financial Reporting Decisions." *Financial Analysts Journal* 62, no. 6 (2006): 27–39.

수익지표에 관한 자료

1. Buffett, Warren E., and Jamie Dimon. "Short-Termism Is Harming the Economy." *Wall Street Journal*, June 6, 2018.
2. Cheng, Mey, K. R. Subramanyam, and Yuan Zhang. "Earnings Guidance and Managerial Myopia." SSRN working paper, November 2005.
3. Hsieh, Peggy, Timothy Koller, and S. R. Rajan. "The Misguided Practice of Earnings Guidance." *McKinsey on Finance*, Spring 2006.
4. Palter, Rob, Werner Rehm, and Johnathan Shih. "Communicating with the Right Investors." *McKinsey Quarterly*, April 2008.

현재 편향과 자기 통제 문제에 관한 자료

1. Benhabib, Jess, Alberto Bisin, and Andrew Schotter. "Present-Bias, Quasi-Hyperbolic Discounting, and Fixed Costs." *Games and Economic Behavior* 69, no. 2 (2010): 205–23.
2. Frederick, Shane, George Loewenstein, and Ted O'Donoghue. "Time Discounting and Time Preference: A Critical Review." *Journal of Economic Literature* 40, no. 2 (2002): 351–401.
3. Laibson, David. "Golden Eggs and Hyperbolic Discounting." *Quarterly Journal of Economics* 112, no. 2 (1997): 443–77.
4. Loewenstein, George, and Richard H. Thaler. "Anomalies: Intertemporal Choice." *Journal of Economic Perspectives* 3, no. 4 (1989): 181–93.
5. Thaler, Richard H. "Some Empirical Evidence on Dynamic Inconsistency." *Economics Letters* 8, no. 3 (1981): 201–7.
6. Thaler, Richard H., and Hersh M. Shefrin. "An Economic Theory of Self-Control." *Journal of Political Economy* 89, no. 2 (1981): 392–406.

Chapter 8

집단사고에 관한 자료

1. Janis, Irving L. *Groupthink: Psychological Studies of Policy Decisions and Fiascoes.* Boston: Wadsworth, 1982.
2. Schlesinger, Arthur M., Jr. *A Thousand Days: John F. Kennedy in the White House.* Boston: Houghton Mifflin, 1965.
3. Whyte, William H. "Groupthink (Fortune 1952)." *Fortune*, July 22, 2012.

코카콜라사의 워런 버핏에 관한 자료

1. Quick, Becky. CNBC Closing Bell interview with Warren E. Buffett, April 23, 2014. https://fm.cnbc.com/applications/cnbc.com/resources/editorialfil es/2014/04/23/2014-04-23%20Warren%20Buffett%20live%20interview%20 transcript.pdf.

정보 폭포와 집단의 극단화에 관한 자료

1. Greitemeyer, Tobias, Stefan Schulz-Hardt, and Dieter Frey. "The Effects of Authentic and Contrived Dissent on Escalation of Commitment in Group Decision Making." *European Journal of Social Psychology* 39, no. 4 (June 2009): 639–47.
2. Heath, Chip, and Rich Gonzalez. "Interaction with Others Increases Decision Confidence but Not Decision Quality: Evidence Against Information Collection Views of Interactive Decision Making." *Organizational Behavior and Human Decision Processes* 61, no. 3 (1995): 305–26.

3. Hung, Angela A., and Charles R. Plott. "Information Cascades: Replication and an Extension to Majority Rule and Conformity-Rewarding Institutions." *American Economic Review* 91, no. 5 (December 2001): 1508–20.
4. Stasser, Garold, and William Titus. "Hidden Profiles: A Brief History." *Psychological Inquiry* 14, nos. 3–4 (2003): 304–13.
5. Sunstein, Cass R. "The Law of Group Polarization." *Journal of Political Philosophy* 10, no. 2 (2002): 175–95.
6. Sunstein, Cass R., and Reid Hastie. *Wiser: Getting Beyond Groupthink to Make Better Decisions.* Boston: Harvard Business Review Press, 2015.
7. Whyte, Glen. "Escalating Commitment in Individual and Group Decision Making: A Prospect Theory Approach." *Organizational Behavior and Human Decision Processes* 54, no. 3 (1993): 430–55.
8. Zhu, David H. "Group Polarization in Board Decisions About CEO Compensation." *Organization Science* 25, no. 2 (2013): 552–71.

Chapter 9

대리인 이론에 관한 자료

1. Bebchuk, Lucian A., and Jesse M. Fried. "Executive Compensation as an Agency Problem." *Journal of Economic Perspectives* 17, no. 3 (2003): 71–92.
2. Fama, Eugene F., and Michael C. Jensen. "Separation of Ownership and Control." *Journal of Law and Economics* 26, no. 2 (1983): 301–25.
3. Hope, Ole-Kristian, and Wayne B. Thomas. "Managerial Empire Building and Firm Disclosure." *Journal of Accounting Research* 46, no. 3 (2008): 591–626.
4. Jensen, Michael C., and William H. Meckling. "Theory of the Firm: Managerial Behavior, Agency Costs and Ownership Structure." *Journal of Financial Economics* 3, no. 4 (1976): 305–60.

경영인의 비리에 관한 자료

1. Bergstresser, Daniel, and Thomas Philippon. "CEO Incentives and Earnings Management." *Journal of Financial Economics* 80, no. 3 (2006): 511–29.
2. Greve, Henrich R., Donald Palmer, and Jo-Ellen Pozner. "Organizations Gone Wild: The Causes, Processes, and Consequences of Organizational Misconduct." *Academy of Management Annals* 4, no. 1 (2010): 53–107.
3. McAnally, Mary Lea, Anup Srivastava, and Connie D. Weaver. "Executive Stock Options, Missed Earnings Targets, and Earnings Management." *Accounting Review* 83, no. 1 (2008): 185–216.

최후통첩 게임에 관한 자료

1. Cameron, Lisa A. "Raising the Stakes in the Ultimatum Game: Experimental Evidence from Indonesia." *Economic Inquiry* 37, no. 1 (1999): 47–59.

2. Güth, Werner, Rolf Schmittberger, and Bernd Schwarze. "An Experimental Analysis of Ultimatum Bargaining." *Journal of Economic Behavior & Organization* 3, no. 4 (1982): 367–88.

3. Kahneman, Daniel, Jack L. Knetsch, and Richard H. Thaler. (1986). "Fairness and the Assumptions of Economics." *Journal of Business* 59, S4 (1986): S285–300.

4. Thaler, Richard H. "Anomalies: The Ultimatum Game." *Journal of Economic Perspectives* 2, no. 4 (1988): 195–206.

제한적인 윤리성과 행동 윤리에 관한 자료

1. Ariely, Dan. *The (Honest) Truth About Dishonesty: How We Lie to Everyone—Especially Ourselves.* New York: HarperCollins, 2012.

2. Bazerman, Max H., George Loewenstein, and Don A. Moore. "Why Good Accountants Do Bad Audits." *Harvard Business Review*, November 2002.

3. Bazerman, Max H., and Don A. Moore. *Judgment in Managerial Decision Making.* Hoboken, NJ: Wiley, 2008.

4. Bazerman, Max H., and Francesca Gino. "Behavioral Ethics: Toward a Deeper Understanding of Moral Judgment and Dishonesty." *Annual Review of Law and Social Science* 8 (2012): 85–104.

5. Bazerman, Max H., and Ann E. Tenbrunsel. *Blind Spots: Why We Fail to Do What's Right and What to Do About It.* Princeton, NJ: Princeton University Press, 2011.

6. Haidt, Jonathan. "The New Synthesis in Moral Psychology." *Science* 316 (2007): 998–1002.

7. Harvey, Ann H., et al. "Monetary Favors and Their Influence on Neural Responses and Revealed Preference." *Journal of Neuroscience* 30, no. 28 (2010): 9597–9602.

8. Kluver, Jesse, Rebecca Frazier, and Jonathan Haidt. "Behavioral Ethics for Homo Economicus, Homo Heuristicus, and Homo Duplex." *Organizational Behavior and Human Decision Processes* 123, no. 2 (2014): 150–58.

적극적인 행동과 소극적인 행동에 관한 판단의 차이에 관한 자료

1. Paharia, Neeru, et al. "Dirty Work, Clean Hands: The Moral Psychology of Indirect Agency." *Organizational Behavior and Human Decision Processes* 109, no. 2 (2009): 134–41.

2. Spranca, Mark, Elisa Minsk, and Jonathan Baron. "Omission and Commission in Judgment and Choice." *Journal of Experimental Social Psychology* 27, no. 1 (1991): 76–105.

공개에 관한 자료

1. Cain, Daylian M., George Loewenstein, and Don A. Moore. (2005). "The Dirt on Coming Clean: Perverse Effects of Disclosing Conflicts of Interest." *Journal of Legal Studies* 34, no. 1 (2005): 1–25.

기타 자료

1. Smith, Adam. *The Wealth of Nations*. Edited, with an Introduction and Notes by Edwin Cannan. New York: Modern Library, 1994.

Chapter 10

편향의 분류 체계 및 편향 극복 방법에 관한 자료

1. Bazerman, Max H., and Don A. Moore. *Judgment in Managerial Decision Making*. Hoboken, NJ: Wiley, 2008.
2. Dobelli, Rolf. *The Art of Thinking Clearly*. Translated by Nicky Griffin. New York: HarperCollins, 2013.
3. Dolan, Paul, et al. "MINDSPACE: Influencing Behaviour Through Public Policy." Cabinet Office and Institute for Government, London, UK, 2010.
4. Finkelstein, Sydney, Jo Whitehead, and Andrew Campbell. *Think Again: Why Good Leaders Make Bad Decisions and How to Keep It from Happening to You*. Boston: Harvard Business Press, 2008.
5. Halpern, David. *Inside the Nudge Unit: How Small Changes Can Make a Big Difference*. New York: W. H. Allen, 2015.
6. Heath, Chip, and Dan Heath. *Decisive: How to Make Better Choices in Life and Work*. New York: Crown Business, 2013.
7. Service, Owain, et al. "EAST: Four Simple Ways to Apply Behavioural Insights." Behavioural Insights Ltd. and Nesta. April 2014.
8. Tversky, Amos, and Daniel Kahneman. "Judgment Under Uncertainty: Heuristics and Biases." *Science* 185 (1974): 1124–31.

사후에 나쁜 결과를 편향 탓으로 돌리는 위험에 관한 자료

1. Rosenzweig, Phil. *Left Brain, Right Stuff: How Leaders Make Winning Decisions*. New York: Public Affairs, 2014.

기업 인수 성과에 관한 자료

1. Bruner, Robert F. "Does M&A Pay? A Survey of Evidence for the Decision Maker." *Journal of Applied Finance* 12, no. 1 (2002): 48–68.
2. Cartwright, Susan, and Richard Schoenberg. "Thirty Years of Mergers and Acquisitions Research: Recent Advances and Future Opportunities." *British Journal of Management* 17, Suppl. 1 (2006).
3. Datta, Deepak K., George E. Pinches, and V. K. Narayanan. "Factors Influencing Wealth Creation from Mergers and Acquisitions: A Meta-Analysis." *Strategic Management Journal* 13, no. 1 (1992): 67–84.

경쟁자 무시에 관한 자료는 Chapter 4의 자료를 보라. 자회사 매각에 관한 자료는 Chapter 5의 자료를 보라.

Chapter 11

편향 극복 노력에 관한 자료

1. Dobelli, Rolf. *The Art of Thinking Clearly.* Translated by Nicky Griffin. New York: HarperCollins, 2013.
2. Finkelstein, Sydney, Jo Whitehead, and Andrew Campbell. *Think Again: Why Good Leaders Make Bad Decisions and How to Keep It From Happening to You.* Boston: Harvard Business Press, 2008.
3. Hammond, John S., Ralph L. Keeney, and Howard Raiffa. "The Hidden Traps in Decision Making." *Harvard Business Review*, January 2006, 47–58.

편향 극복 및 편향 사각지대에 관한 자료

1. Fischhoff, Baruch. "Debiasing." *In Judgment Under Uncertainty: Heuristics and Biases*, edited by Daniel Kahneman, Paul Slovic, and Amos Tversky, 422–44. Cambridge: Cambridge University Press, 1982.
2. Milkman, Katherine L., Dolly Chugh, and Max H. Bazerman. "How Can Decision Making Be Improved?" *Perspectives on Psychological Science* 4, no. 4 (2009): 379–83.
3. Morewedge, Carey K., et al. "Debiasing Decisions: Improved Decision Making with a Single Training Intervention." *Policy Insights from the Behavioral and Brain Sciences* 2, no. 1 (2015): 129–40.
4. Nisbett, Richard E. *Mindware: Tools for Smart Thinking.* New York: Farrar, Straus and Giroux, 2015.
5. Pronin, Emily, Daniel Y. Lin, and Lee Ross. "The Bias Blind Spot: Asymmetric Perceptions of Bias in Others Versus the Self." *Personality and Social Psychology Bulletin* 28, no. 3 (2002): 369–81.
6. Sellier, Anne-Laure, Irene Scopelliti, and Carey K. Morewedge. "Debiasing Training Transfers to Improve Decision Making in the Field." *Psychological Science* 30, no. 9 (2019): 1371–79.
7. Soll, Jack B., Katherine L. Milkman, and John W. Payne. "A User's Guide to Debiasing." In *The Wiley Blackwell Handbook of Judgment and Decision Making*, Vol. 2, edited by Gideon Keren and George Wu, 924–51. Chichester, UK: Wiley-Blackwell, 2016.

쿠바 미사일 위기에 관한 자료

1. Kennedy, Robert F. *Thirteen Days: A Memoir of the Cuban Missile Crisis.* New York: W. W. Norton, 1969.
2. White, Mark. "Robert Kennedy and the Cuban Missile Crisis: A Reinterpretation." *American Diplomacy*, September 2007.

기타 자료

1. McKinsey & Company. "Dan Ariely on Irrationality in the Workplace." Interview. February 2011. https://www.mckinsey.com/business-functions/strategy-and-corporate-finance/our-insights/dan-ariely-on-irrationality-in-the-workplace#.

2. Preston, Caroline E., and Stanley Harris. "Psychology of Drivers in Traffic Accidents." *Journal of Applied Psychology* 49, no. 4 (1965): 284–88.

주

우리는 명백한 것을 보지 못할뿐더러 자신의 맹목도 보지 못할 수 있다

1. Kahneman, Daniel. *Thinking, Fast and Slow*. New York: Farrar, Straus and Giroux, 2011, 24.

사실 낙관적이지 않습니다

2. "Strategic Decisions: When Can You Trust Your Gut?" Interview with Daniel Kahneman and Gary Klein. McKinsey Quarterly, March 2010.

Chapter 12

우주 탐사 사고에 관한 자료

1. Clervoy, Jean-François, private communication.
2. Space travel: Wikipedia, s.v. "List of Spaceflight-Related Accidents and Incidents." Accessed July 20, 2014.

체크리스트에 관한 자료

1. Gawande, Atul. *The Checklist Manifesto: How to Get Things Right*. New York: Metropolitan Books, 2009.
2. Haynes Alex B., et al. "A Surgical Safety Checklist to Reduce Morbidity and Mortality in a Global Population." *New England Journal of Medicine* 360, no.5 (2009): 491–99.
3. Kahneman, Daniel, Dan Lovallo, and Olivier Sibony. "The Big Idea: Before You Make That Big Decision." *Harvard Business Review*, June 2011.

기업의 의사결정 방법에 관한 자료

1. Heath, Chip, Richard P. Larrick, and Joshua Klayman. "Cognitive Repairs: How Organizational Practices Can Compensate for Individual Shortcomings." *Research in Organizational Behavior* 20, no. 1 (1998): 1–37.

Chapter 13

빌 밀러에 관한 자료

1. McDonald, Ian. "Bill Miller Dishes on His Streak and His Strategy," *Wall Street Journal*, January 6, 2005.

2. Mlodinow, Leonard. *The Drunkard's Walk: How Randomness Rules Our Lives.* New York: Vintage, 2009.

투자 결정에 관한 자료

1. Garbuio, Massimo, Dan Lovallo, and Olivier Sibony. "Evidence Doesn't Argue for Itself: The Value of Disinterested Dialogue in Strategic Decision Making." *Long Range Planning* 48, no. 6 (2015): 361–80.
2. Lovallo, Dan, and Olivier Sibony. "The Case for Behavioral Strategy." *McKinsey Quarterly*, March 2010, 30–43.

기타 자료

1. "The Spectacular Rise and Fall of WeWork." The Daily podcast, *New York Times*, November 18, 2019, featuring Masayoshi Son.

Chapter 14

브레인스토밍에 관한 자료

1. Diehl, Michael, and Wolfgang Stroebe. "Productivity Loss in Brainstorming Groups: Toward the Solution of a Riddle." *Journal of Personality and Social Psychology* 53, no. 3 (1987): 497–509.
2. Keeney, Ralph L. "Value-Focused Brainstorming." *Decision Analysis* 9, no. 4 (2012): 303–13.
3. Sutton, Robert I., and Andrew Hargadon. "Brainstorming Groups in Context: Effectiveness in a Product Design Firm." *Administrative Science Quarterly* 41, no. 4 (1996): 685–718.

인지적 다양성에 관한 자료

1. Reynolds, Alison, and David Lewis. "Teams Solve Problems Faster When They're More Cognitively Diverse." *Harvard Business Review*, March 2017, 6.
2. Roberto, Michael A. *Why Great Leaders Don't Take Yes for an Answer.* Upper Saddle River, NJ: Pearson Education, Inc./Prentice Hall, 2005.

파워포인트에 관한 자료

1. Bezos, Jeff. "Forum on Leadership: A Conversation with Jeff Bezos." April 20, 2018. Accessed at: https://www.youtube.com/watch?v=xu6vFIKAUxk&amp=&feature=youtu.be&amp=&t=26m31s].
2. ———. Letter to Amazon shareholders ["shareowners"], [April 2017]. https://www.sec.gov/Archives/edgar/data/1018724/000119312518121161/d456916dex991.htm
3. Kaplan, Sarah. "Strategy and PowerPoint: An Inquiry into the Epistemic Culture and Machinery of Strategy Making." *Organization Science* 22, no. 2 (2011): 320–46.

진짜 반대 의견에 관한 자료

1. Greitemeyer, Tobias, Stefan Schulz-Hardt, and Dieter Frey. "The Effects of Authentic and Contrived Dissent on Escalation of Commitment in Group Decision Making." *European Journal of Social Psychology* 39, no. 4 (June 2009): 639–47.
2. Nemeth Charlan, Keith Brown, and John Rogers. "Devil's Advocate Versus Authentic Dissent: Stimulating Quantity and Quality." *European Journal of Social Psychology* 31, no. 6 (2001): 707–20.

다수 옵션에 관한 자료

1. Heath, Chip, and Dan Heath. *Decisive: How to Make Better Choices in Life and Work.* New York: Crown Business, 2013.
2. Nutt, Paul C. "The Identification of Solution Ideas During Organizational Decision Making." *Management Science* 39, no. 9 (1993): 1071–85.

사후 평가에 관한 자료

1. Klein, Gary. "Performing a Project Premortem." *Harvard Business Review,* September 2007.
2. Klein, Gary, Paul D. Sonkin, and Paul Johnson. "Rendering a Powerful Tool Flaccid: The Misuse of Premortems on Wall Street." 2019. Retrieved from: https://capitalallocatorspodcast.com/wp-content/uploads/Klein-Sonkin-and-Johnson-2019-The-Misuse-of-Premortems-on-Wall-Street.pdf.

공정한 프로세스에 관한 자료

1. Kim, W. Chan, and Renée Mauborgne. "Fair Process Managing in the Knowledge Economy." *Harvard Business Review,* January 2003.
2. Sunstein, Cass R., and Reid Hastie. *Wiser: Getting Beyond Groupthink to Make Better Decisions.* Boston: Harvard Business Review Press, 2015.

기타 자료

1. "How We Do It: Three Executives Reflect on Strategic Decision Making." Interview with Dan Lovallo and Olivier Sibony. *McKinsey Quarterly,* March 2010.
2. Schmidt, Eric. "Eric Schmidt on Business Culture, Technology, and Social Issues." *McKinsey Quarterly,* May 2011, 1–8.

Chapter 15

마이클 베리에 관한 자료

1. Lewis, Michael. *The Big Short: Inside the Doomsday Machine.* New York: W. W. Norton, 2010.

다양한 아이디어의 가치에 관한 자료

1. Gino, Francesca. *Rebel Talent: Why It Pays to Break the Rules at Work and in Life*. New York: Dey Street Books, 2018.
2. Grant, Adam. *Originals: How Non-Conformists Change the World*. New York: Penguin, 2017.

레드팀과 구조적 분석 기법에 관한 자료

1. Chang, Welton, et al. "Restructuring Structured Analytic Techniques in Intelligence." *Intelligence and National Security* 33, no. 3 (2018): 337–56.
2. U.S. Government. "A Tradecraft Primer: Structured Analytic Techniques for Improving Intelligence Analysis. March 2009." Center for the Study of Intelligence, CIA.gov, March 2009, 1–45. https://www.cia.gov/library/center-for-the-study-of-intelligence/csi-publications/books-and-monographs/Tradecraft%20Primer-apr09.pdf.

집단의 지혜에 관한 자료

1. Atanasov, Pavel, et al. "Distilling the Wisdom of Crowds: Prediction Markets vs. Prediction Polls." *Management Science* 63, no. 3 (March 2017): 691–706.
2. Galton, Francis. "Vox Populi." *Nature* 75 (1907): 450–51.
3. Mann, A. "The Power of Prediction Markets." *Nature* 538 (October 2016): 308–10.
4. Surowiecki, James. *The Wisdom of Crowds*. New York: Doubleday, 2004.

기준점 재설정에 관한 자료

1. Lovallo, Dan, and Olivier Sibony. "Re-anchor your next budget meeting." *Harvard Business Review*, March 2012.

체계적 유추에 관한 자료

1. Lovallo, Dan, Carmina Clarke, and Colin F. Camerer. "Robust Analogizing and the Outside View: Two Empirical Tests of Case-Based Decision Making." *Strategic Management Journal* 33, no. 5 (2012): 496–512.
2. Sepp, Kalev I. "Best Practices in Counterinsurgency." *Military Review*, May 2005.

전략적 의사결정 과정에 관한 자료

1. Sibony, Olivier, Dan Lovallo, and Thomas C. Powell. "Behavioral Strategy and the Strategic Decision Architecture of the Firm." *California Management Review* 59, no. 3 (2017): 5–21.

외부자의 관점과 참조집단 예측에 관한 자료

1. De Reyck, Bert, et al. "Optimism Bias Study: Recommended Adjustments to Optimism Bias Uplifts." UK Department for Transport, n.d. Available at https://assets.publishing.service.gov.uk/government/uploads/system/uploads/attachment_data/file/576976/dft-optimism-bias-study.pdf.

2. Flyvbjerg, Bent. "Curbing Optimism Bias and Strategic Misrepresentation in Planning: Reference Class Forecasting in Practice." *European Planning Studies* 16, no. 1 (2008): 3–21.

3. Flyvbjerg, Bent, Massimo Garbuio, and Dan Lovallo. "Delusion and Deception in Large Infrastructure Projects: Two Models for Explaining and Preventing Executive Disaster." *California Management Review* 51, no. 2 (2009): 170–93.

4. Flyvbjerg, Bent, and Allison Stewart. "Olympic Proportions: Cost and Cost Overrun at the Olympics 1960–2012." *SSRN Electronic Journal*, June 2012, 1–23.

5. Kahneman, Daniel. Beware the 'Inside View.'" *McKinsey Quarterly*, November 2011, 1–4.

6. Lovallo Dan, and Daniel Kahneman. "Delusions of Success." *Harvard Business Review*, July 2003, 56–63.

베이즈 정리를 이용한 생각 바꾸기에 관한 자료

1. Silver, Nate. *The Signal and the Noise: Why So Many Predictions Fail—But Some Don't*. New York: Penguin, 2012.

2. Tetlock, Philip E., and Dan Gardner. *Superforecasting: The Art and Science of Prediction*. New York: Broadway Books, 2016.

기타 자료

1. Sorkin, Andrew Ross. "Buffett Casts a Wary Eye on Bankers." *New York Times,* March 1, 2010, citing Warren E. Buffett's annual letter to Berkshire Hathaway shareholders.

Chapter 16

모험적 기업가들의 위험 성향에 관한 자료

1. Grant, Adam. *Originals: How Non-Conformists Change the World*. New York: Penguin, 2017.

실험에 관한 자료

1. Halpern, David. *Inside the Nudge Unit: How Small Changes Can Make a Big Difference*. New York: W. H. Allen, 2015.

2. Lourenço, Joana Sousa, et al. "Behavioural Insights Applied to Policy: European Report 2016."

3. Ries, Eric. *The Lean Startup*. New York: Crown Business, 2011.

'하룻밤 미루기'의 유익함에 관한 자료

1. Dijksterhuis, Ap, et al. (2006). "On Making the Right Choice: The Deliberation Without Attention Effect." *Science* 311 (2006): 1005–7.

2. Vul, Edward, and Harold Pashler. "Measuring the Crowd Within: Probabilistic Representations Within Individuals." *Psychological Science* 19, no. 7 (2008): 645–48.

결론

주

심리학자 게리 클라인은 이렇게 말한다

1. "Strategic Decisions: When Can You Trust Your Gut?" Interview with Daniel Kahneman and Gary Klein. McKinsey Quarterly, March 2010.

레벨 5 리더들

2. Collins, Jim. *Good to Great*. New York: HarperBusiness, 2001.

옮긴이 **안종희**

서울대학교 지리학과와 환경대학원, 장로회신학대학원을 졸업하고 바른번역 아카데미를 수료한 후 전문번역가로 활동하고 있다. 옮긴 책으로 《과학, 인간의 신비를 재발견하다》, 《피터 드러커의 산업사회의 미래》, 《위닝》, 《삶을 위한 신학》, 《시대가 묻고 성경이 답하다》, 《내 인생을 완성하는 것들》 등이 있다.

선택 설계자들
어떻게 함정을 피하고 탁월한 결정을 내릴 것인가

초판 1쇄 2021년 6월 2일
초판 2쇄 2021년 6월 30일

지은이 | 올리비에 시보니
옮긴이 | 안종희

발행인 | 문태진
본부장 | 서금선
책임편집 | 송현경   편집 1팀 | 한성수 송현경 박지영

기획편집팀 | 임은선 박은영 허문선 이보람 김다혜   저작권팀 | 정선주
마케팅팀 | 김동준 이재성 문무현 김혜민 김은지 정지연   디자인팀 | 김현철
경영지원팀 | 노강희 윤현성 정헌준 조샘 최지은 김기현
강연팀 | 장진항 조은빛 강유정 신유리

펴낸곳 | (주)인플루엔셜
출판신고 | 2012년 5월 18일 제300-2012-1043호
주소 | (06619) 서울특별시 서초구 서초대로 398 BNK디지털타워 11층
전화 | 02)720-1034(기획편집) 02)720-1027(마케팅) 02)720-1042(강연섭외)
팩스 | 02)720-1043   전자우편 | books@influential.co.kr
홈페이지 | www.influential.co.kr

한국어판 출판권 ⓒ (주)인플루엔셜, 2021

ISBN   979-11-91056-62-4 (03320)